Die Homepage-Schule

Für meine Eltern und alle Seminarteilnehmer der letzten Jahre.

Ohne euch wäre dieses Buch nicht entstanden.

Die Homepage-Schule

Der effektivste Weg zur eigenen Website

PETER MÜLLER

Markt+Technik

Bibliografische Information der Deutschen Nationalbibliothek
Die Deutsche Nationalbibliothek verzeichnet diese Publikation in der
Deutschen Nationalbibliografie; detaillierte bibliografische Daten sind
im Internet über <http://dnb.d-nb.de> abrufbar.

10 9 8 7 6 5 4 3 2 1
14 13 12
ISBN 978-3-8272-4742-1

© 2012 by Markt+Technik Verlag,
ein Imprint der Pearson Deutschland GmbH,
Martin-Kollar-Straße 10-12, D-81829 München/Germany
Alle Rechte vorbehalten
Covergestaltung: Marco Lindenbeck, webwo GmbH, mlindenbeck@webwo.de
Lektorat: Boris Karnikowski, bkarnikowski@pearson.de
Fachlektorat: Robert Brandl, websitetooltester.de
Herstellung: Elisabeth Prümm, epruemm@pearson.de
Korrektorat: Brigitte Hamerski
Satz: text&form GbR, Fürstenfeldbruck
Druck und Verarbeitung: Drukarnia Dimograf, Bielsko-Biala
Printed in Poland

Inhaltsübersicht

Inhaltsverzeichnis

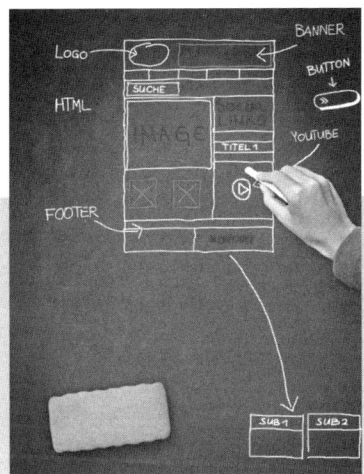

Vorwort

Die Idee zu diesem Buch entstand – genau wie bei meinem »Little Boxes«-Buch – im Laufe der Jahre in zahlreichen Seminaren, in denen die Teilnehmer auf dem Weg zur eigenen Website immer wieder über dieselben Steine gestolpert sind.

Genau genommen waren es eigentlich nicht einmal Steine, die im Weg lagen, sondern eher fehlende Wegweiser, die die Orientierung erschwerten. Und wenn dann einmal ein Schild am Wegesrand stand, half es ungefähr so viel wie der Zen-Wegweiser in Kyoto, der nach links *und* rechts zeigt und einfach nur sagt: »This way«. Hierlang.

»Die Homepage-Schule« ist der fehlende Ratgeber auf dem Weg zur eigenen Website.

Der Aufbau des Buches

Das Buch besteht aus vier Teilen:

■ **Teil I – Grundlagen**. Ihre Homepage ist ein Teil des World Wide Web, und in diesem Teil geht es um Wissenswertes über dieses Web. Vom Unterschied zwischen Internet und Web bis hin zu Themen wie Browser und Domain Namen und Suchmaschinen und Quelltext. In diesem Teil werden viele Details ihren Platz im Puzzle finden.

■ **Teil II – Vorbereitung**. In diesem Teil ordnen Sie Ihre Gedanken bezüglich Ihrer Website und erstellen einen Plan. Was wollen Sie mit der Website erreichen? Was möchten Sie veröffentlichen? Viele Fragen warten auf Antworten und Teil II zeigt Ihnen den roten Faden durch das Labyrinth.

■ **Teil III – Umsetzung**. Am Beispiel von Jimdo erstellen Sie eine kostenlose Website. Sie lernen, wie man Texte so schreibt, dass sie für Menschen und Maschinen gut lesbar sind, wie man Grafiken für das Web aufbereitet und wie man die Homepage für Suchmaschinen optimiert.

■ **Teil IV – Wichtige Werkzeuge**

Zum Abschluss werden Ihnen einige nützliche Programme und hilfreiche Websites zum Erstellen, Testen und Veröffentlichen von Webseiten vorgestellt.

Was Sie auf der CD gefunden hätten …

… können Sie besser direkt auf *die-homepage-schule.de* downloaden.

Es gibt zu diesem Buch nur wenige Beispieldateien und die meisten beschriebenen Programme sind nur wenige Megabyte groß. Bis Sie dieses Buch in Händen halten, hätte es bestimmt neue Versionen gegeben, sodass nach einer Installation von der Buch-CD erst einmal ein Update fällig gewesen wäre. Da können Sie sich besser gleich die aktuelle Version aus dem Web holen und für das Buch etwas weniger bezahlen.

Vorkenntnisse: Was Sie bereits wissen sollten

Leser dieses Buches sollten über einige wenige Vorkenntnisse verfügen, um den Inhalt optimal verstehen und anwenden zu können. Zunächst einmal sollten Sie keine Probleme haben, grundlegende Dinge auf Ihrem Computer zu erledigen:

■ Ordner und Dateien erstellen, kopieren, verschieben etc.

■ Programme installieren

▨ Wechseln zwischen mehreren geöffneten Programmen: unter Windows mit ⌑Alt⌑ + ⌑⇆⌑, auf dem Mac mit ⌑⌘⌑ + ⌑⇆⌑.

▨ ZIP-Dateien entpacken

▨ Im Windows Explorer die Datei-Endungen sichtbar machen. Unter Windows XP geht das so:

– EXTRAS – ORDNEROPTIONEN – ANSICHT

– Das Kontrollkästchen vor ERWEITERUNGEN BEI BEKANNTEN DATEI- TYPEN AUSBLENDEN darf nicht angekreuzt sein.

Bei Vista und Windows 7 ist diese Option ins Menü ORGANISIEREN – ORDNER- UND SUCHOPTIONEN gewandert.

Die Eingabe von Sonderzeichen wie @ auf der Tastatur sollte Ihnen keine großen Probleme bereiten: auf dem PC mit ⌑AltGr⌑ + ⌑Q⌑, auf dem Mac mit ⌑Alt⌑ + ⌑L⌑.

Last, but not least sollten Sie einen nicht zu langsamen Internet- zugang und einen modernen Browser (Internet Explorer, Mozilla Firefox, Safari, Google Chrome etc.) zur Verfügung haben und diesen auch regelmäßig nutzen. Je mehr Sie sich im Web zu Hause fühlen, desto leichter wird es Ihnen fallen, die richtigen Entscheidungen zu treffen.

Die mit Abstand wichtigsten Voraussetzungen zur Lektüre dieses Bu- ches sind ein grundlegendes Interesse am Web und Spaß am Lernen.

Viel Erfolg!

Teil I

Grundlagen:
Wissenswertes übers Web

Kapitel 1

Das Internet und das Web

Worin erklärt wird, wie das Internet entstand und wie es sich entwickelt hat. Außerdem werden die bekanntesten Nutzungsmöglichkeiten vorgestellt. Am Ende des Kapitels ist deutlich, warum Internet und Web eigentlich nicht dasselbe sind.

Die Themen im Überblick:

Um die Zusammenhänge rund um dieses Netz ein bisschen besser verstehen zu können, werden auf den folgenden Seiten einige grundlegende Sachverhalte kurz erklärt.

Falls Sie gerade überhaupt keine Lust auf Grundlagenwissen haben und lieber etwas ausprobieren möchten, können Sie diesen Teil auch später lesen und erst einmal zu Seite 179 springen und in Kapitel 13, »Eine Homepage mit Jimdo erstellen«, praktisch ausprobieren.

1.1 Computer und Netzwerke

Begriffe wie »Straßennetz« oder »Telefonnetz« sind völlig alltäglich und bereiten keinerlei Probleme. Sobald aber von einem »Computernetz« die Rede ist, denken viele Leute, dass es automatisch kompliziert wird. In diesem Abschnitt beginnen Sie zunächst mit dem Kennenlernen von ein paar gängigen Abkürzungen.

Ein LAN ist ein kleines Netzwerk

In den 80er Jahren hielten die Personal Computer Einzug in unseren Alltag. Zunächst waren das überwiegend Singles, also Einzelplatzgeräte ohne Netzwerkanschluss, aber das blieb nicht lange so. In Firmenumgebungen bekamen die Rechner schon bald Netzwerkkarten, die per Kabel miteinander verbunden wurden.

Sinn und Zweck von Computernetzwerken ist es, Dinge wie zum Beispiel Drucker, Dateien oder auch einen Internetzugang zu teilen und so gemeinsam zu nutzen. In fast jedem Büro und in immer mehr privaten Haushalten gibt es inzwischen solche kleinen Netzwerke, die als *Local Area Network* bezeichnet werden (kurz LAN), was auf Deutsch soviel heißt wie *Netzwerk in einem Gebäude* (Abbildung 1.1).

Abbildung 1.1:
Ein LAN ist ein
lokales Netzwerk.

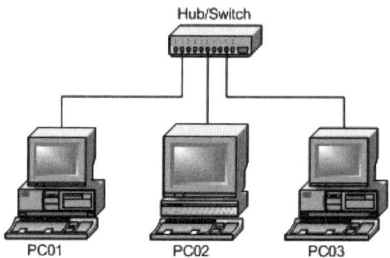

Wie in den meisten Beziehungskisten gibt es auch bei Netzwerken einen Haufen Probleme, die Singles nicht haben, zum Beispiel welcher Benutzer wann auf welche Daten zugreifen darf und welcher nicht, aber in Beziehungskisten und Netzwerken hat man eben auch Möglichkeiten, die man als Single nicht hat.

Router verbinden Netzwerke miteinander

Um mehrere LANs miteinander zu verbinden, kommen so genannte *Router* zum Einsatz. Ein Router ist ein Gerät, das beide Netzwerke kennt und die Datenpakete von einem Netzwerk zum anderen leitet. Das kann ein ganz normaler Computer mit zwei oder mehr Netzwerkkarten sein oder ein spezielles Gerät für mehr oder weniger viel Geld.

In Privathaushalten sind DSL-Router weit verbreitet, die das hausinterne LAN mit dem Netzwerk des Internet Providers verbinden (Abbildung 1.2).

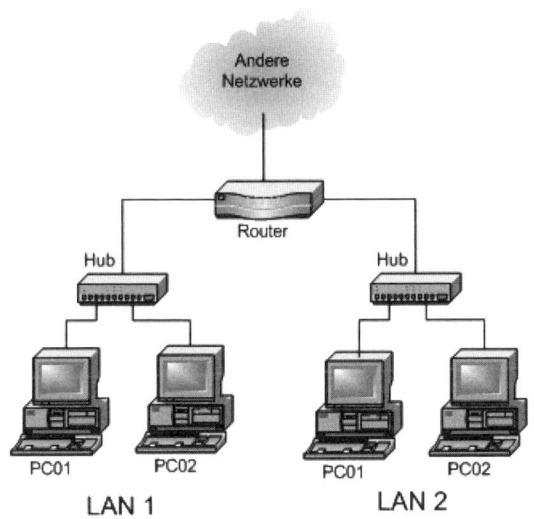

Abbildung 1.2: Router verbinden Netzwerke miteinander.

Ein *Internet Provider* ist eine Firma, die ein an das Internet angeschlossenes Netzwerk betreibt und ihren Kunden den Zugang zum Internet gegen ein Entgelt zur Verfügung stellt. Eine treffendere Bezeichnung wäre *Internetzugangsprovider*, um ihn vom *Webspace Provider* (auch *Webhoster* genannt) zu unterscheiden, der Speicherplatz für Ihre Website zur Verfügung stellt.

Ein großes Netzwerk ist ein WAN

Große Netzwerke bestehen aus vielen über Hochgeschwindigkeitsleitungen miteinander verbundene kleineren Netzwerke und werden oft *WAN* (»Wide Area Network«) genannt. Durch WANs wird die Welt zum Dorf und Informationen, für deren Überbringung Marco

Polo vor einigen Jahrhunderten noch Jahre angestrengten Reisens brauchte, legen die gleiche Entfernung heute in Sekundenbruchteilen zurück.

Das Internet ist ein WAN.

Einer der Pioniere der Computervernetzung, Robert Metcalfe, hat einmal gesagt, dass die Nützlichkeit eines Netzwerkes mit der Anzahl seiner Benutzer steigt, und so gesehen ist das Internet das nützlichste aller Computernetzwerke.

Hinweis

Ein WLAN ist ein LAN ohne Kabel

Da die Verkabelung eines Netzwerkes besonders in Privathaushalten oft problematisch ist, werden dort meist drahtlose Netzwerke eingesetzt, die WLAN genannt werden (Wireless LAN). Nicht zu verwechseln mit einem WAN (ohne L).

1.2 Das Internet ist einfach nur ein Computernetzwerk

Das Internet ist also schlicht und einfach ein riesiges, ganz normales Computernetzwerk, und nur dadurch, dass man die Computer miteinander vernetzt, entsteht ein völlig neues Medium. Aber wie ist dieses Internet entstanden?

1969 – Die Keimzelle des Internets

1969 war das Jahr der Mondlandung. Am 21. Juli betritt der erste Mensch den Mondboden. »Ein kleiner Schritt für einen Menschen, aber ein gewaltiger Sprung für die Menschheit« waren die ersten Worte Armstrongs, nachdem er mit dem linken Fuß zuerst die Leiter der Landefähre »Eagle« verlassen hatte.

Im Herbst 1969 gab es – von der Öffentlichkeit unbemerkt – einen weiteren Schritt, der große Folgen haben sollte: Wissenschaftlern gelang es in einem Experiment erstmals, Computer an den Standorten San Francisco (Stanford Research Institute, SRI), University of California in Santa Barbara (UCSB), University of California in Los Angeles (UCLA) und in Utah miteinander zu vernetzen und Daten von einem Computer zum anderen zu übertragen. Die legendäre Skizze aus Abbildung 1.3 zeigt dieses Netzwerk, das zur Keimzelle des Internets wurde.

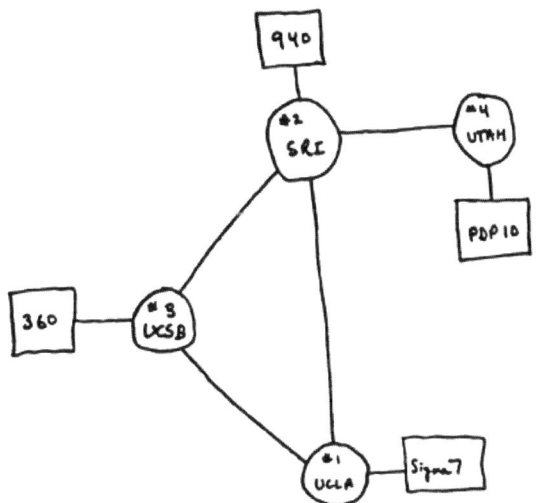

Abbildung 1.3:
Die Keimzelle
des Internets

Dieses Netz wuchs in den 70er Jahren zunächst relativ langsam und in den 80ern dann immer schneller:

- Im Oktober 1984 waren 1024 Computer an das Internet angeschlossen, darunter auch die ersten deutschen Universitäten in Dortmund und Karlsruhe.

- Im Oktober 1989 waren es weltweit bereits 159.000 Computer.

Ab den 90er Jahren wuchs das Internet explosionsartig, aber immer noch ist jeder Computer mit jedem Computer verbunden, genau wie im Straßennetz der kleinste Feldweg irgendwie mit der schnellsten Autobahn verbunden ist.

Was man früher im Internet so gemacht hat: E-Mail und FTP

Das Internet ist also ein gigantisches Computernetzwerk und es wurde benutzt, um Daten von einem Computer zum anderen zu transportieren. Schon sehr früh gab es Programme zum Versenden von elektronischen Nachrichten (*E-Mail*) und zum Dateien kopieren von einem Computer auf den anderen (*FTP*, kurz für File Transfer Protokoll).

Während Internetbenutzer ohne eigene Website den Dateikopier-dienst *FTP* heute oft gar nicht mehr kennen, ist *E-Mail* noch immer ein wichtiger Grund zur Nutzung des Internets. Abbildung 1.4 zeigt diesen Sachverhalt: Ein Benutzer startet ein Programm für E-Mail oder FTP und diese Daten werden dann über das Internet zum Ziel befördert.

Abbildung 1.4:
Zwei traditionelle
Möglichkeiten,
das Internet zu
nutzen

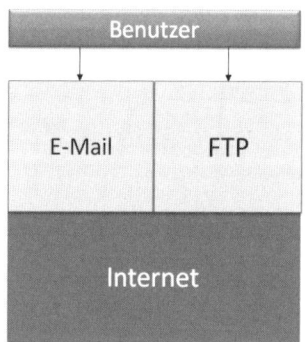

Die Bedienung dieser Dienste war für Laien in den 70er und 80er Jahren eher kompliziert und nicht mit dem zu vergleichen, was man heute auf modernen Computern so gewohnt ist. Wer zum Beispiel die Eingabeaufforderung von MS-DOS umständlich oder kompliziert findet (oder gar nicht mehr kennt), hätte damals nicht viel Spaß am Internet gehabt (Abbildung 1.5). Und das World Wide Web war noch nicht erfunden ...

Abbildung 1.5:
Nicht wirklich
bedienerfreund-
lich – FTP per
Befehlszeile

```
C:\>ftp little-boxes.de
Verbindung mit little-boxes.de wurde hergestellt.
220 FTP on          kasserver.com ready
Benutzer (little-boxes.de:(none)):
```

1.3   Das World Wide Web: Hypertext im Internet

Das Internet war bereits zwanzig Jahre alt, als der Physiker Tim Berners-Lee im CERN, einem Forschungszentrum für Teilchenphysik in Genf, 1989 auf die Idee kam, Wissenschaftlern das Auffinden von weltweit verteilten Forschungsergebnissen im Internet zu erleichtern. Um es vorwegzunehmen: Das Ergebnis seiner Bemühungen kennen wir heute unter dem Namen *World Wide Web*. Das Web wurde also ursprünglich von Wissenschaftlern für Wissenschaftler entworfen.

Tim Berners-Lee dachte sich ein System aus, wie man Dateien, die auf verschiedenen an das Internet angeschlossenen Computern gespeichert sind, per Hypertext miteinander verknüpfen kann. Das Neue am World Wide Web war die Kombination von Internet und Hypertext. Abbildung 1.6 zeigt einen Nachbau der Startseite des ersten Webservers der Welt.

Abbildung 1.6: info.cern.ch – die Startseite des allerersten Webservers

Wie Abbildung 1.7 zeigt, war das Web anfangs neben E-Mail und FTP nur eine weitere Möglichkeit, das Internet zu nutzen.

Abbildung 1.7:
Das Web ist nur eine weitere Möglichkeit, das Internet zu nutzen.

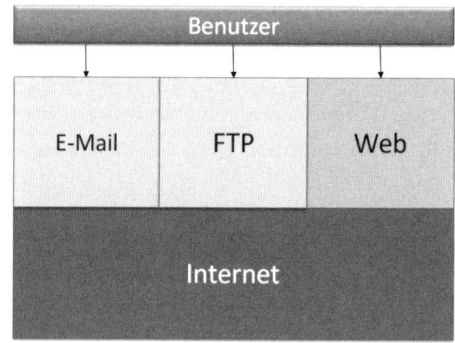

1.4 Hypertext ist Text mit Hyperlinks

Das Besondere am Web ist also die Kombination aus Internet und Hypertext. Das Internet ist – wie gesehen – einfach nur ein Computernetzwerk, aber was genau ist dieser »Hypertext«?

Die Buchstaben HT für Hyper-Text tauchen rund um das Web immer wieder auf:

- Jede Webadresse beginnt mit *http* (»**H**yper**t**ext Transfer Protokoll«).

- Jede Webseite ist in *HTML* geschrieben (»**H**yper**t**ext Markup Language«).

Die Vorsilbe *hyper* kennzeichnet eine Steigerung, wie z. B. in Markt, Supermarkt, Hypermarkt. »Hypertext« ist also eine Steigerungsform von »Text«: Text, Supertext, Hypertext. Hypertext ist also so toll, dass man »Supertext« glatt übersprungen hat.

Hypertext hat etwas, das normaler Text nicht hat, und dieses gewisse Etwas klingt zunächst völlig unspektakulär:

- In einem normalen Text müssen Sie Querverweise manuell nachschlagen und zur entsprechenden Seite blättern oder sogar erst das entsprechende Buch besorgen.

In einem Hypertext sind Querverweise – bildlich gesprochen – »automatisch«: ein Klick genügt.

Diese automatischen Querverweise werden im Alltag »Hyperlinks« genannt. Andere häufig verwendete Begriffe sind »Links«, »Verknüpfungen« oder »Verweise«. Sie erkennen einen Hyperlink daran, dass der Mauszeiger zu einer Hand mit klickbereitem, erhobenem Zeigefinger wird, wenn er darüber schwebt. Ein Klick und schon sind Sie woanders. Hyper-Text.

1.5 Internet und Web sind also nicht wirklich dasselbe

Das Internet und World Wide Web nicht wirklich dasselbe sind, kann man schon daran erkennen, dass das Internet bereits über 20 Jahre alt war, als das World Wide Web erfunden wurde. Trotzdem werden die Begriffe »Internet« und »World Wide Web« im Alltag häufig durcheinandergewürfelt. Das ist nicht wirklich schlimm, erschwert aber manchmal das Verstehen von bestimmten Sachverhalten, und deshalb soll das hier noch einmal kurz zusammengefasst werden.

Der Begriff »Internet« bezeichnet eigentlich nur das Netzwerk, die Infrastruktur, vergleichbar mit dem »Straßennetz«.

Auf diesem Internetz fahren verschiedene Fahrzeuge (Dienste) wie Postautos (E-Mail) oder LKWs (FTP) hin und her.

Das World Wide Web war ursprünglich nur eine weitere Möglichkeit, das Internet zu nutzen.

Im Englischen sagt man übrigens, dass man etwas *on the internet* gefunden habe, also »auf dem Internet«, und in Abbildung 1.8 sehen Sie, dass das dem tatsächlichen Sachverhalt genau entspricht. Im Deutschen hingegen sagen wir dagegen, dass wir etwas *im Internet* gefunden haben. Dabei meint »Internet« dann nicht mehr nur das Netzwerk, sondern auch die Dienste wie E-Mail, FTP oder eben das World Wide Web. Das ist zwar ein bisschen so, als ob man mit »Straßennetz« auch den darauf fließenden Verkehr meinen würde, aber auch wenn es nicht ganz korrekt ist, ist dieser Sprachgebrauch weit verbreitet.

Abbildung 1.8 zeigt, dass mit »Internet« zweierlei Dinge gemeint sein können.

Abbildung 1.8:
Mit Internet sind
zweierlei Dinge
gemeint.

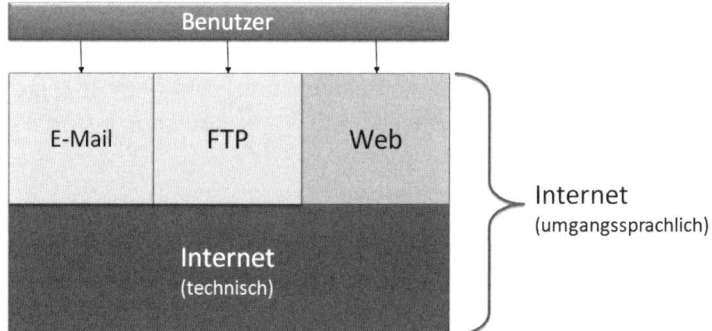

Im Alltag ist diese begriffliche Ungenauigkeit zwischen Internet und Web meistens nicht weiter schlimm, aber wenn man zum Beispiel verstehen möchte, warum das Domain Name System nicht nur für Websites, sondern auch für E-Mail gilt, dann wird das ohne diese Unterscheidung schwierig.

1.6 Auf einen Blick

Hier noch einmal das Wichtigste im Überblick:

■ Computer werden vernetzt, um Ressourcen zu teilen.

■ Ein kleines Netzwerk nennt man LAN, die drahtlose Variante WLAN.

■ Ein großes Netzwerk nennt man WAN.

■ Das Internet ist ein WAN, ein ganz normales Computernetzwerk.

■ Das World Wide Web ist die Verbindung von Internet und Hypertext.

■ Hypertext ist Text mit Hyperlinks, also mit automatischen Querverweisen.

■ Internet und World Wide Web sind nicht wirklich identisch, aber in der Umgangssprache werden die Begriffe oft synonym gebraucht.

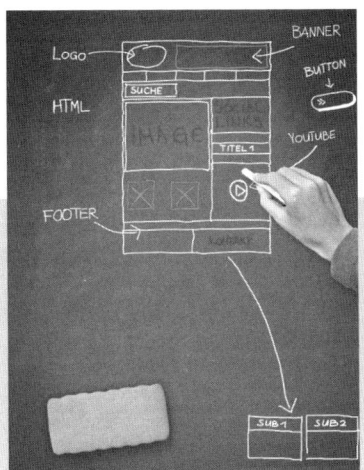

Kapitel 2

Das World Wide Web:
Ein weltweites Gewebe

Worin Sie erfahren, dass das Web ein weltweites Gewebe aus Hyper-
text ist. Anschließend geht es um einige Begriffe wie »Homepage« und
»Website« und um die Schwierigkeiten bei der Orientierung im Web.

Die Themen im Überblick:

Das Web besteht aus Milliarden einzelner »Webseiten«, die auf über
die ganze Welt verteilten Rechnern gespeichert und per Hyperlinks
miteinander verbunden werden.

2.1 Das Web besteht aus Webseiten

Das Grundprinzip des Web ist ebenso genial wie einfach:

- Alle Informationen werden auf Webseiten gespeichert.

- Jede Webseite hat eine weltweit einmalige Adresse.

Abbildung 2.1 zeigt fünf (fast) beliebige Webseiten mit ihren Adressen.

Abbildung 2.1:
Jede Webseite hat
eine weltweit ein-
malige Adresse.

http://info.cern.ch/

http://infotekten.de/index.php?itemid=417

http://little-boxes.de/aktuelles.html

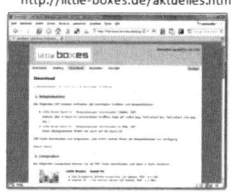

http://delicious.com/pmmueller/internet

http://www.useit.com/papers/webwriting/

Die Webseiten werden in einem *Browser* genannten Programm (z. B. Mozilla Firefox oder Internet Explorer) betrachtet. Um auf eine bestimmte im Web gespeicherte Information zugreifen zu können, benötigen Sie lediglich die korrekte Adresse der entsprechenden Seite:

- Zur Anzeige einer Webseite tippen Sie die Adresse im *Browser* ein.

- Um die Seite jemandem zu zeigen, verschicken Sie die Adresse per *E-Mail*.

- Um eine interessante Webseite später leicht wiederzufinden, speichern Sie die Adresse im Browser als *Lesezeichen* oder *Favorit*.

Im Web dreht sich buchstäblich *alles* um diese Webadressen. Je intensiver Sie das Web nutzen, desto mehr gilt dieser Satz.

Tipp

2.2 Hyperlinks verknüpfen Webseiten miteinander

Hypertext ist das Besondere am World Wide Web und das Besondere am Hypertext sind die Hyperlinks, die Webseiten miteinander verbinden.

Auf fast allen Webseiten gibt es solche Links, die nichts anderes als Querverweise auf andere Webseiten sind und die als virtuelle Fäden ein dichtes Gewebe aus miteinander verbundenen Webseiten knüpfen.

Abbildung 2.2 zeigt die Webseiten aus Abbildung 2.1 mit einigen Hyperlinks.

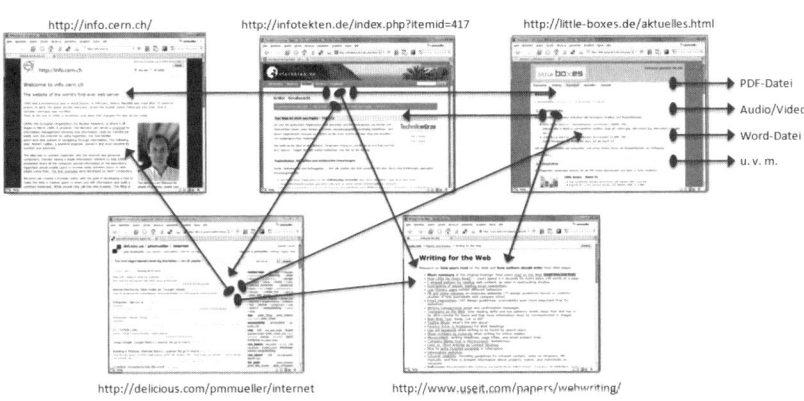

Abbildung 2.2: Hyperlinks sind die Fäden, mit denen das Web gesponnen wird.

Durch die Verknüpfung der Webseiten entsteht ein fein gesponnenes, *weltweites* Gewebe, auf Englisch »World Wide Web«. Etwas prosaischer ausgedrückt:

- Hyperlinks sind die Fäden, mit denen das World Wide Web gesponnen wird.

Links unten in der Statuszeile des Browserfensters können Sie übrigens schon vor dem Klick sehen, zu welcher Adresse die Reise gehen wird. Wenn Sie auf den Hyperlink klicken, springt diese Adresse nach oben in die Adresszeile des Browsers (Abbildung 2.3).

Abbildung 2.3:
Hyperlinks sind
automatische
Querverweise.

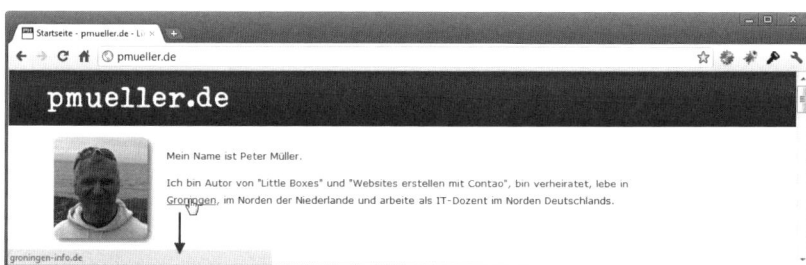

Hypertext gibt es übrigens nicht auf Papier, sondern nur in elektronischen Medien. Sobald Sie Hypertext ausdrucken, verliert er das »hyper« und wird ganz normaler Text. Die Links funktionieren auf einer ausgedruckten Webseite nicht mehr, und Sie können draufdrücken so viel Sie wollen, Sie springen nirgendwo mehr hin.

Tipp

Webstandards und das World Wide Web Consortium

Tim Berners-Lee hat seine Ideen nicht patentieren lassen, sondern der Öffentlichkeit zur Verfügung gestellt. Das Web gehört als niemandem, ist aber trotzdem nicht unorganisiert oder chaotisch. Das 1994 von Tim Berners-Lee gegründete World Wide Web Consortium (W3C, *www. w3.org*) übernimmt die Organisation der Standards im Web.

2.3 Begriffe: »Website«, »Webseite« und »Homepage«

Begriffe wie *Webseite*, *Internetseite*, *Website* und *Homepage* sorgen im Alltag immer wieder für Verwirrung. So hört man zum Beispiel im Radio oder im Fernsehen oft einen Satz wie »Weitere Informationen finden Sie auf unserer Internetseite www.sender.de«, der genau genommen gleich zwei Fehler enthält:

- Eigentlich gibt es keine »Internetseiten«, weil das Internet ja nur das Netzwerk ist, auf dem *Webseiten* übertragen werden.

▓ Im Beispiel ist nicht eine einzelne Webseite, sondern das kom-plette Webangebot gemeint, also die *Website*.

»Internetseite« statt »Website«. Für diese und ähnliche Begriffsver-wirrungen, die das Verstehen der Sachverhalte rund ums Web eini-germaßen erschweren, gibt es zwei Ursachen: zum einen die bereits erwähnte Verwechslung von Internet und Web und zum anderen eine unvollständige Übersetzung. Aber immer schön der Reihe nach.

Ziel der folgenden Zeilen ist es nicht, dass Sie danach immer und überall die korrekten Begriffe verwenden, sondern einfach nur die existierende Begriffsverwirrung ein wenig zu lichten. Letztendlich ist es egal, wie Sie eine Website nennen, solange Ihre Zielgruppe Sie versteht. So spricht aus meiner Sicht nichts dagegen, in einem Ge-meindebrief von »unserer neuen Internetseite« zu sprechen, auch wenn es technisch nicht korrekt ist.

Eigentlich korrekt: »Website«, »Webseite« und »Homepage«

Zunächst einmal die technisch korrekten Begrifflichkeiten im Über-blick:

▓ Das Web besteht aus *Webseiten*, kurz einfach nur *Seiten* genannt.

▓ Mehrere Webseiten bilden eine *Website* (wörtlich »ein Platz im Web«), kurz *Site*.

▓ Die erste Seite einer Website heißt *Homepage*, auf Deutsch *Start-seite*.

Eine *Website* (gesprochen »webssseit«, mit scharfem S) besteht aus also aus *Webseiten* (mit weichem S), und die erste Seite einer solchen Site heißt *Homepage*.

Bemerkenswert ist dabei, dass die englischen Begriffe nur zum Teil eingedeutscht wurden: Aus dem englischen *web page* wird zwar *Web-seite*, aber der Oberbegriff *web site* wird nicht übersetzt und bleibt auch im Deutschen eine *Website*. Lediglich die Rechtschreibung wird angepasst.

Und dadurch entsteht ein Problem: Während auf Englisch zwischen *web page* und *web site* keinerlei Verwechslungsgefahr besteht, kommt es im Deutschen durch die klangliche Ähnlichkeit zwischen *Webseite* und *Website* ständig zu Verwechslungen und Verständnisproblemen.

Im Alltag: »Homepage« und »Webseite« statt »Website«

Da auch bei überdeutlicher Aussprache des scharfen S die Verwechslungsgefahr zwischen Website und Webseite bestehen bleibt und inhaltlich korrekte deutsche Gegenstücke wie etwa *Webangebot* oder *Webpräsenz* zu behäbig sind, hat sich die Umgangssprache andere Auswege gesucht.

Die erste Variante stammt schon aus den 90er-Jahren und ist im Deutschen immer noch weit verbreitet:

■ *Homepage* meint oft nicht nur die Startseite, sondern die gesamte Website.

Mit *Homepage* ist also je nach Kontext manchmal eine einzelne Seite und manchmal die gesamte Site gemeint.

Eine zweite Variante ist Ihnen vielleicht auch schon begegnet:

■ Statt *Website* wird immer häufiger einfach *Webseite* verwendet.

Wenn jemand sagt »Wir haben jetzt auch eine Webseite«, meint der Sprecher ziemlich sicher nicht nur eine einzige Webseite. Dieser neueste Trend führt zu mehr oder weniger absurden Fragen in der Art von »Wie viele Seiten hat Ihre Webseite denn?«.

Uns fehlt im Deutschen ein gutes Wort für »Website«

In der Papierwelt sind im Laufe der Jahre gleich mehrere Begriffe für ein komplettes Produkt entstanden. Zusammengehörige Seiten werden je nach Art des Druckerzeugnisses *Buch* oder *Zeitschrift* oder *Heft* oder *Zeitung* genannt. Im Web suchen wir noch nach einem guten Wort für die *Website*, also für »das Ganze«.

Ich bin gespannt, welche Begriffe sich in der Alltagssprache in den nächsten Jahren durchsetzen. Mein Tipp ist *Webseite*. Das ist zwar eigentlich ziemlich falsch, klingt aber doch irgendwie gut und vor allem so ähnlich wie *Website*. Abbildung 2.4 zeigt diese fast babylonische Sprachverwirrung im Überblick.

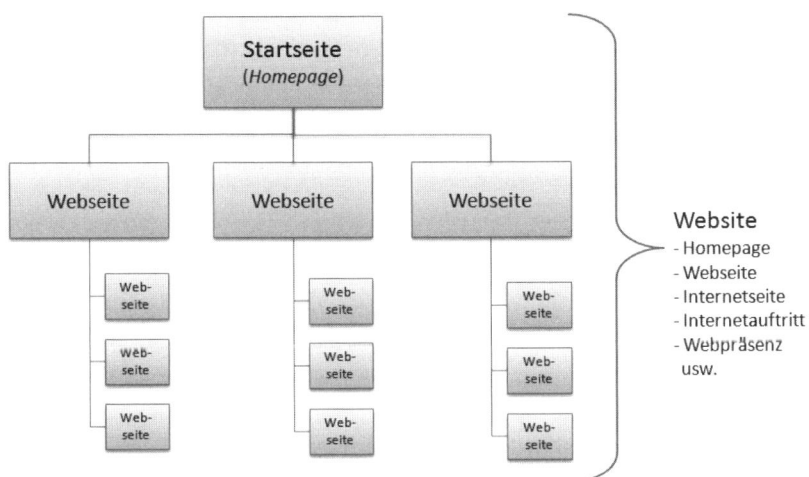

2.4 Orientierung im Web: Navigation

Sich zu verirren und die Orientierung zu verlieren, gehört zu den Urängsten des Menschen, und beim Surfen verliert man die Orientierung recht schnell.

Eine Website verhält sich anders als ein Buch

Genau wie ein Buch besteht eine Website aus einzelnen Seiten, aber es gibt doch wichtige Unterschiede: Erstens können Sie ein Buch im Gegensatz zu einer Website in die Hand nehmen und zweitens sehen Sie beim Blättern in einem Buch immer das Ganze, bei einer Website nicht:

- Beim Blättern im Buch sehen Sie immer das Verhältnis der einzelnen Seite zum ganzen Buch.

- Beim Blättern in einer Website sehen Sie im Browser immer nur eine Seite zurzeit.

Um die Auswirkungen dieses Unterschiedes zu begreifen, stellen Sie sich vor, Sie würden dieses Buch nicht als Ganzes lesen, sondern Seite für Seite, ohne Seitenzahlen und ohne Inhaltsverzeichnis. Sie lesen dann eine Seite, ohne deren Einordnung im Buch zu kennen und kommen dem »Lost in Hyperspace«-Gefühl, das Neulinge beim Surfen im Web anfangs haben, recht nahe.

Der Besucher einer Website liest die Seiten nicht linear in einer vorgegebenen Reihenfolge, sondern er springt mithilfe von Hyperlinks darin herum. Er kommt auch nicht immer über die Startseite, sondern landet oft über eine Suchmaschine direkt auf einer Unterseite, und trotzdem sollte er sich auf der Site sofort zurechtfinden.

Navigation dient zur Orientierung innerhalb der Site

Orientierung im Web ist also um einiges schwieriger als in Printmedien und darum gibt es auf Webseiten anders als auf Papierseiten spezielle Bereiche, die dem Besucher bei der Orientierung innerhalb der unsichtbaren Site helfen sollen, die »Navigation« genannt werden. In einem Buch würde niemand auf die Idee kommen, auf jeder Seite ein kleines Inhaltsverzeichnis abzudrucken, auf Webseiten ist das ganz normal.

Abbildung 2.5 zeigt eine Webseite mit einer gut durchdachten Navigation.

Abbildung 2.5:
Navigationsbereiche helfen bei der Orientierung.

Die Webseite aus Abbildung 2.5 hat mehr Navigationsbereiche als Inhalt:

1. Der horizontale Navigationsbereich zeigt den Überblick über die ganze Site, wobei die aktuelle Rubrik optisch hervorgehoben wird (»Ratgeber«).

2. Die Suchfunktion ermöglicht die Suche innerhalb dieser Website.

3. Die linke Spalte bietet den Überblick über die Themen innerhalb der Rubrik »Ratgeber«. Der angezeigte Artikel ist in der Kategorie »Multimedia« zu finden.

4. Die »Stichwortwolke« darunter ermöglicht es, Beiträge zu einem bestimmten Stichwort zu finden. Je größer die Schrift, desto mehr Beiträge gibt es.

5. Am rechten Rand befindet sich ein Navigationsbereich mit Hinweisen auf die ARD-Sendung und Links zu möglicherweise interessanten anderen Beiträgen.

Navigation ist wie gesagt notwendig, weil man nie die gesamte Site auf einmal sieht, sondern immer nur eine Seite zurzeit, und eine übersichtliche, gut durchdachte Navigation ist ein wichtiger Bestandteil einer benutzerfreundlichen Website.

Achten Sie beim Surfen auf die Navigation   Tipp

Eine gute Vorbereitung zur Erstellung Ihrer Homepage ist es, bei Ihren nächsten Surftouren gut darauf zu achten, welche Websites und Navigationen Sie übersichtlich finden und welche nicht. Und dann fragen Sie sich, warum das so ist.

Wie Sie ab Seite 143 bei der inhaltlichen Planung sehen, bildet eine geschickte Sortierung des Inhalts oft die Grundlage für eine gute Navigation. Aber alles zu seiner Zeit.

2.5 Auf einen Blick

Hier noch einmal die wichtigsten Punkte dieses Kapitels im Überblick:

- Das World Wide Web ist ein weltweites Gewebe aus mit Hyperlinks verbundenen Webseiten.

- Die Webseiten werden vom Webserver über das Internet zum Surfer transportiert.

- Jede Webseite hat eine einmalige Adresse (URL).

- Eine *Website* besteht aus *Webseiten*. Die erste Seite einer Site heißt *Homepage*.

- Orientierung innerhalb einer Website ist schwierig, da man immer nur eine Seite zurzeit sieht. Aus diesem Grund gibt es auf jeder Webseite eine *Navigation*, die versucht, dem Besucher der Webseiten diese Orientierung zu geben.

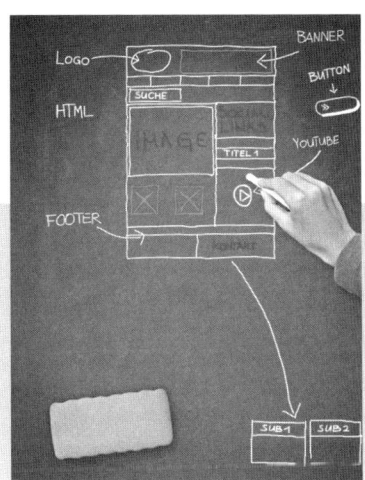

Kapitel 3

Die Browser: Surfen im Web

Worin Sie die wichtigsten Browser und die wichtigsten Bedienelemente kennen lernen. Außerdem erfahren Sie, dass Lesezeichen wichtig sind und sehen ein paar Tricks zur effektiven Bedienung der Browser.

Die Themen im Überblick:

»To browse« heißt so viel wie »schmökern« oder »umsehen« und um sich im Web umzusehen und auf den Webseiten zu schmökern, benötigen Sie einen *Browser*, ein Programm zum Betrachten von Webseiten.

3.1 Die bekanntesten Browser

Die bekanntesten Vertreter dieser Softwaregattung namens »Browser« sind:

- Microsofts Internet Explorer

- Mozilla Firefox

- Opera aus Norwegen

- Safari von Apple

- Google Chrome

Es gibt noch viele andere Browser, aber Abbildung 3.1 zeigt die großen Fünf und deren Logos in der Browser-Auswahl von Windows auf einen Blick.

Abbildung 3.1:
Die bekanntesten
Browser in der
Browser-Auswahl
von Windows

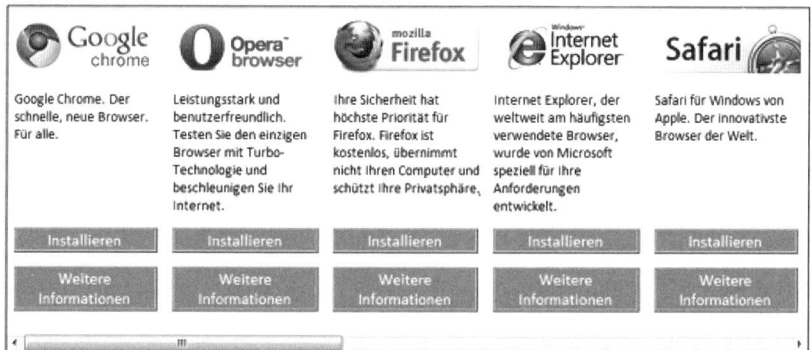

Mit welchem Browser Sie selbst durchs Web surfen, ist für die Erstellung einer eigenen Homepage nicht wichtig, aber da Sie nicht wissen, welche Browser Ihre Besucher benutzen, ist es gar keine schlechte Idee, einmal ein paar andere Browser zu installieren und auszuprobieren.

3.2 Die Browserbedienung im Überblick

Orientierung im Web ist schwierig, weil Sie – wie gesehen – nie die ganze Site auf einmal sehen, und von daher lohnt es sich, sich die Zeit zu nehmen, um die Orientierungshilfen in Ihrem Browser bewusst kennen zu lernen. Auch wenn die Browser alle etwas anders aussehen, hat fast jeder irgendwo die in Abbildung 3.2 gezeigten Bedienelemente.

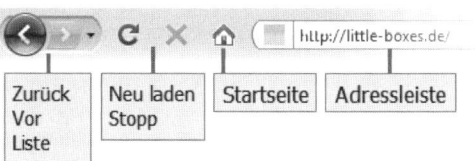

Abbildung 3 2:
Die Navigations-
hilfen in einem
Browser

Alle modernen Browser bieten übrigens ein Suchfeld, in das Sie Suchbegriffe eingeben können, ohne erst zu einer Suchmaschine surfen zu müssen. In immer mehr Browsern fungiert die Adressleiste zur Eingabe der URL auch gleichzeitig als Suchfeld. Einfach ausprobieren.

Blättern durchs Web: Die Symbole ZURÜCK und VOR

Mit den beiden Symbolen ZURÜCK und VOR bewegen Sie sich in Ihrem Webbrowser eine Webseite zurück bzw. vor, und zwar in genau der Reihenfolge, in der Sie die Seiten in diesem Browser betrachtet haben.

Diese beiden Schaltflächen haben zwei wichtige Einschränkungen. Erstens merkt der Browser sich die Liste der besuchten Seiten *nur während einer Sitzung*. Eine *Sitzung* (englisch »session«) dauert solange, wie das Browserfenster geöffnet ist. Wenn das Browserfenster geschlossen wird, ist die Sitzung beendet und die Liste wird gelöscht: Browser zu – Liste weg.

Kommen wir zur zweiten Einschränkung: Jedes Browserfenster und jeder Tab darin haben jeweils ihre eigene Sitzung. Wenn also mehrere Tabs oder Browserfenster geöffnet sind, rufen die Symbole ZURÜCK und VOR in jedem Fenster andere Seiten auf. Dieser Punkt führt manchmal zu Verwirrungen, denn einige Hyperlinks öffnen die angeklickte Seite heimlich und ohne es zu sagen in einem neuen Tab oder Fenster, und dann funktioniert der ZURÜCK-Button nicht mehr.

Am besten überprüfen Sie nach jedem Klick auf einen Hyperlink mit einem kurzen Blick, was genau passiert ist. Nach kurzer Zeit wird diese schnelle Prüfung zur Gewohnheit und Sie merken es gar nicht mehr. Checken Sie nach jedem Klick:

1. Erscheint die angeklickte Seite im selben Browserfenster?

   Das ist das Standardverhalten und die Buttons für VOR und ZURÜCK funktionieren dann wunderbar.

2. Erscheint die angeklickte Seite in einem neuen Tab?

   Ein kurzer Blick an den oberen Rand des Browserfensters verrät es Ihnen. In diesem Fall kommen Sie zurück auf die vorherige Seite, indem Sie den neuen Tab schließen (per Maus oder Strg + W) oder in den alten Tab wechseln (per Maus oder Strg + ⇥).

3. Erscheint die angeklickte Seite in einem neuen Browserfenster?

   Ein kurzer Blick in die Taskleiste am unteren Bildschirmrand genügt. Auch hier gilt: Zurück auf die alte Seite geht es durch das Schließen oder Wechseln der Fenster (Alt + F4 bzw. Alt + ⇥ in diesem Fall, oder per Maus).

Sie können Hyperlinks übrigens auch *absichtlich* in einem neuen Tab oder Fenster öffnen: rechter Mausklick auf einen Link und den entsprechenden Befehl aus dem Kontextmenü wählen.

Wenn Sie auf die Symbole für VOR und ZURÜCK klicken und die Maustaste gedrückt halten, erscheint in vielen Browsern eine Liste mit den Seitentiteln der in dieser Sitzung besuchten Seiten. Je länger die Sitzung, desto länger die Liste.

Hinweis

Blättern im Web per Tastatur

In den meisten Browsern können Sie statt mit der Maus auch mit der Tastenkombination Alt + ← bzw. Alt + → eine Webseite zurück- oder vorblättern.

Die Symbole Abbrechen und Aktualisieren

Eine Webseite kommt nicht in einem Stück auf Ihren Bildschirm. Der Browser läuft los, holt alle Einzelteile und baut sie zu Hause wieder zusammen. Das kann manchmal eine Weile dauern.

Wenn Ihnen das Laden einer Webseite zu lange dauert, klicken Sie einfach auf Abbrechen. Das ist nicht verboten. Wie lange Sie warten, bestimmen Sie selbst und das kann je nach Tagesform durchaus unterschiedlich sein.

Wenn Sie das Gefühl haben, dass eine Seite nicht richtig angezeigt wird oder veraltet ist, klicken Sie auf das Symbol Neu laden, das manchmal auch Aktualisieren heißt. Per Tastatur geht das Aktualisieren in (fast) allen Browsern mit der Taste F5 oder der Kombination Strg + R (kurz für *Reload*). Auf dem Mac ⌘ + R.

Manchmal klemmen Webseiten auch und kommen scheinbar gar nicht. Um einer solchen »verklemmten« Webseite auf die Sprünge zu helfen, können Sie Abbrechen und Aktualisieren direkt hintereinander benutzen: zuerst den Ladevorgang abbrechen und ihn dann direkt danach neu starten. Manchmal hilft es.

Zurück nach Hause: Das Symbol Startseite

Wenn Sie den Browser starten, ruft er meistens sofort eine bestimmte Webseite auf, ohne dass Sie dieses veranlasst haben. Das ist die Startseite Ihres Browsers (manchmal auch *Homepage* genannt) und durch das Anklicken des Symbols für die Startseite kommen Sie zu dieser Seite zurück.

Standardmäßig ist die Startseite eines Browsers oft die Website des Herstellers oder eines Sponsoren, aber Sie können sich in jedem Browser eine eigene Startseite einstellen. Dies geht meist irgendwo in einem Menü namens Einstellungen, das in verschiedenen Browsern aber verschieden heißen kann.

Wenn Sie wissen, wie man Webseiten erstellt, können Sie sich als Startseite eine eigene Webseite erstellen mit den Links, die Sie am häufigsten besuchen. Diese Seite speichern Sie irgendwo auf der Festplatte und tragen sie in Ihrem Browser als Startseite ein.

Tipp

> **Alles auf einen Blick: toool.de**
>
> Ein Beispiel für eine gute Startseite, die sich hervorragend als Aus-
> gangspunkt für Surftouren eignet, finden Sie im Web unter *toool.de*,
> mit drei o in der Mitte.

3.3 Lesezeichen: Ihr Adressbuch für das Web

Favoriten, Bookmarks, Lesezeichen. Egal wie man es nennt, Lesezei-
chen sind gespeicherte Webadressen (URLs) und eine gute gepflegte
Favoritensammlung ist die Grundlage für eine effektive Nutzung des
World Wide Web.

Oder anders ausgedrückt: Wenn Sie jede Surftour mit einer Suchmaschine wie Google beginnen, dann probieren Sie einfach einmal,
sich eine kleine Lesezeichensammlung aufzubauen. Das ist wie ein
kleines, persönliches Adressbuch, das die für Sie wichtigsten URLs
enthält und eine Art »Findmaschine«.

Die Pflege einer Lesezeichensammlung kostet natürlich Zeit, aber
ohne gesammelte Lieblingsadressen fangen Sie jedes Mal wieder bei
Null an zu suchen. Das wäre im übertragenen Sinne so, als ob Sie vor
jedem Anruf erst einmal die Auskunft anrufen, um die gewünschte
Nummer zu bekommen.

Lesezeichen sammeln auf einer Symbolleiste

Zum Sammeln der Lesezeichen bieten Ihnen alle Browser neben
einem Menü namens LESEZEICHEN oder FAVORITEN auch eine Symbolleiste, die je nach Browser LESEZEICHENLEISTE oder FAVORITENLEISTE heißt.
Diese Lesezeichen-Symbolleiste ist wirklich praktisch, muss aber in
den meisten Browsern erst einmal eingeblendet werden, bevor Sie
unterhalb der Adressleiste angezeigt wird.

Da der Platz auf der Lesezeichenleiste horizontal begrenzt ist, bietet
es sich an, mit der rechten Maustaste Ordner anzulegen, in denen
dann die eigentlichen Lesezeichen gesammelt werden. Abbildung
3.3 zeigt eine Lesezeichenleiste mit einigen Ordnern. Ausgeklappt ist
der Ordner HP-SCHULE, in dem ich Lesezeichen für dieses Buch sammle.

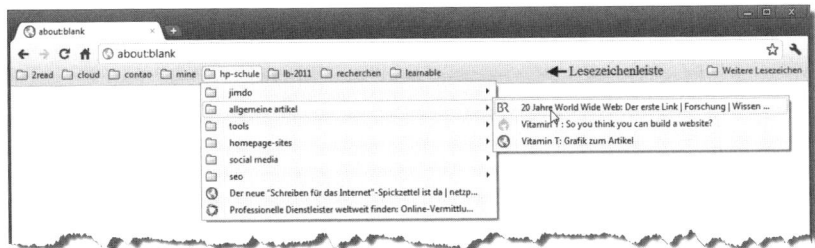

Abbildung 3.3:
Lesezeichenleis-
te mit Ordnern,
Unterordnern und
Lesezeichen

Die schnelle Bearbeitung zum Löschen, Umbenennen und so weiter der Lesezeichen erledigen Sie am besten über die rechte Maustaste. Zur ausführlichen Verwaltung der Lesezeichen finden Sie in jedem Browser irgendwo einen Befehl namens LESEZEICHEN-MANAGER oder so ähnlich.

Lesezeichen für Fortgeschrittene

Beim Sammeln von Lesezeichen gibt es außer der zur Pflege benötigten Zeit noch zwei andere potenzielle Probleme:

- **Mehrere Browser**. Jeder Browser hat seine eigene Methode, Lesezeichen zu speichern. Die in einem Browser gespeicherten Lesezeichen stehen Ihnen in einem anderen Browser nicht automatisch zur Verfügung.

- **Mehrere Computer**. Wenn Sie an mehreren Rechnern surfen, z. B. tagsüber im Büro und abends zu Hause, sind die gerade benötigten Lesezeichen garantiert immer auf dem anderen Rechner.

Um die Lesezeichen zwischen mehreren Computern abzugleichen, bieten viele Browser inzwischen die Möglichkeit der Synchronisierung. Dazu müssen Sie sich in irgendeiner Form bei dem Browserhersteller auf einer Website registrieren und ein Konto anlegen und dann im Browser die Synchronisierung aktivieren.

Außerdem gibt es Websites, die das Speichern, Filtern und Teilen von Lesezeichen im Web ermöglichen, wie z. B. *delicious.com* (Abbildung 3.4).

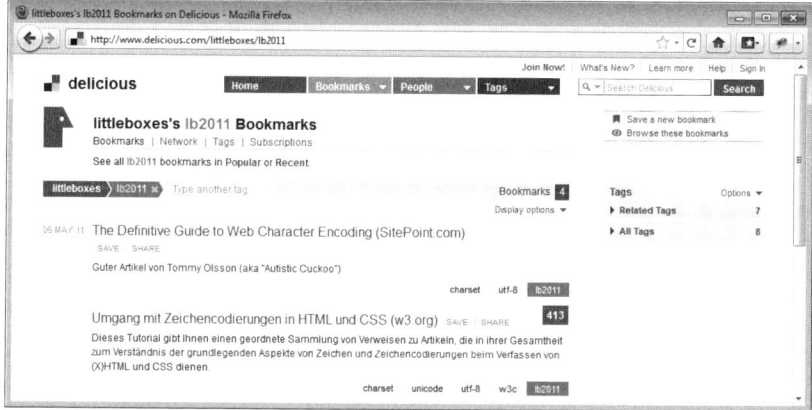

Andere Dienste sind *pinboard.in* (eher spartanisch) oder *zootool.com* (eher visuell). Falls Sie einen dieser Dienste nutzen möchten, sollten Sie schauen, ob es für Ihren Browser Tools oder Erweiterungen gibt, die die regelmäßige Nutzung effektiver machen.

3.4 Suchen und Finden im Browser

Zwei Funktionen zum schnellen Finden von Informationen in Ihrem Browser möchte ich Ihnen noch kurz zeigen. Die Tastenkürzel funktionieren in allen modernen Browsern und nach dem Aufrufen der Funktion wartet der Cursor bereits auf den Suchbegriff:

- Die im Browser angezeigte Seite durchsuchen mit Strg + F (wie »Finden«).

- Im Browser bereits besuchte Seiten durchsuchen mit Strg + H (wie »History«).

Die Tastenkombination Strg + F öffnet irgendwo im Browserfenster einen kleinen Suchschlitz, in dem Sie die momentan im Browser angezeigte Webseite nach bestimmten Zeichen durchsuchen können. Das ist schneller und zuverlässiger als die Seite mit den eigenen Augen zu überfliegen.

Das zweite Kürzel Strg + H ermöglicht es Ihnen, den Cache des Browsers zu durchsuchen, in dem dieser bereits besuchte Seiten aufbewahrt. Diese Funktion heißt in Browsern »Verlauf« oder »Chronik« (englisch »history«). Also immer wenn Sie das Gefühl haben

»Ich war da letztens auf so einer Seite, aber ich weiß die Adresse nicht mehr?«, sollten Sie einen kurzen Blick in Ihre Browser-History werfen (Abbildung 3.5).

Abbildung 3.5:
Die Surfgeschichte im Firefox
([Strg] + [H])

Nützliche Tastenkürzel für den Alltag im Browser   Tipp

Die folgenden, leicht zu merkenden Tastenkürzel funktionieren unter Windows in allen modernen Browsern:

- [Strg] + [T] öffnet eine neue Registerkarte (»Tab«) im selben Browserfenster.
- [Strg] + [W] schließt den aktuellen Tab.
- [Strg] + [L] springt direkt in die Adresszeile, um eine neue Adresse einzutippen.

3.5   Auf einen Blick

Hier noch einmal die wichtigsten Punkte dieses Kapitels im Überblick:

- Webseiten werden in einem Programm namens *Browser* betrachtet.

- Die bekanntesten Browser sind Mozilla Firefox, Microsoft Internet Explorer, Google Chrome, Apple Safari und Opera.

- Sie wissen nicht, mit welchem Browser die Besucher Ihre Webseiten betrachten werden und sollte diese daher mit verschiedenen Browsern testen.

- In jedem Browser gibt es Schaltflächen für Vor und Zurück, Abbrechen und Aktualisieren (Neu laden) und zum Aufrufen der Browser-Homepage.

- Lesezeichen sind Ihre Sicht des World Wide Web und eine Art Findmaschine.

- Alle modernen Browser haben eine Lesezeichenleiste.

- Zwei Funktionen und Tastenkürzel helfen beim Suchen und Finden im Browser:

  - [Strg] + [F] durchsucht die aktuell angezeigte Seite.

  - [Strg] + [H] durchsucht den Verlauf bzw. die Chronik (»History«).

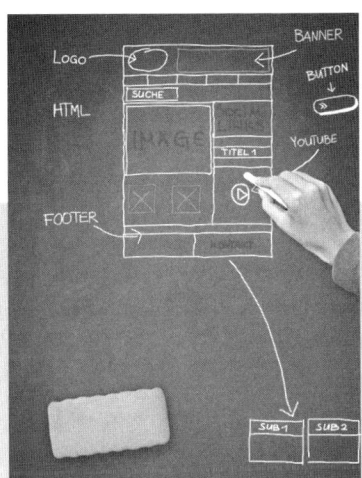

Kapitel 4

Die Suchmaschinen:
Zeichen vergleichen

*Worin Sie erfahren, dass Suchmaschinen nicht wirklich live das World
Wide Web durchsuchen. Außerdem wird gezeigt, wie eine Websuche
funktioniert und was Karl Marx mit ägyptischen Pyramiden zu tun hat.*

Die Themen im Überblick:

In diesem Kapitel möchte ich Ihnen kurz zeigen, wie Suchmaschinen funktionieren, denn wenn Sie möchten, dass Ihre Webseiten
später über eine Suchmaschine gefunden werden, sollten Sie ein paar
grundlegende Dinge darüber wissen.

4.1 Suchmaschinen durchsuchen nicht live das Web

Wichtig zu wissen ist zunächst Folgendes:

1. *Keine* Suchmaschine durchsucht wirklich live das Web. Das geht nicht, weil das Web über Zig-Millionen Servercomputer verteilt ist, und die kann man in so kurzer Zeit nicht alle abklappern.

2. Suchmaschinen haben *Robots* oder *Crawler* genannte Programme, die eine Liste mit URLs bekommen und anhand dieser Liste rund um die Uhr durchs Web surfen.

3. Die Robots machen *Kopien* vom Quelltext der besuchten Webseiten und speichern diese in der Datenbank der Suchmaschine.

4. Die Suchmaschine durchsucht *nur diese Datenbank*.

5. *Keine* Suchmaschine hat das *gesamte* World Wide Web in seiner Datenbank.

Diese Punkte gelten für *alle* Suchmaschinen. Auch für Google.

4.2 Der Ablauf einer Websuche

Alle Suchmaschinen funktionieren wie gesagt nach demselben Prinzip und sie unterscheiden sich hauptsächlich durch die Art und Weise, wie die gefundenen Ergebnisse sortiert werden.

Schritt 1: Der Benutzer gibt die Suchbegriffe ein

Zunächst einmal gibt der Benutzer einen oder mehrere Suchbegriffe in das Suchformular der Suchmaschine ein. Bei dem in Abbildung 4.1 gezeigten Beispiel sucht er zur Urlaubsvorbereitung einen Artikel über ägyptische Pyramiden, den er vor längerer Zeit mal im Web gesehen hat.

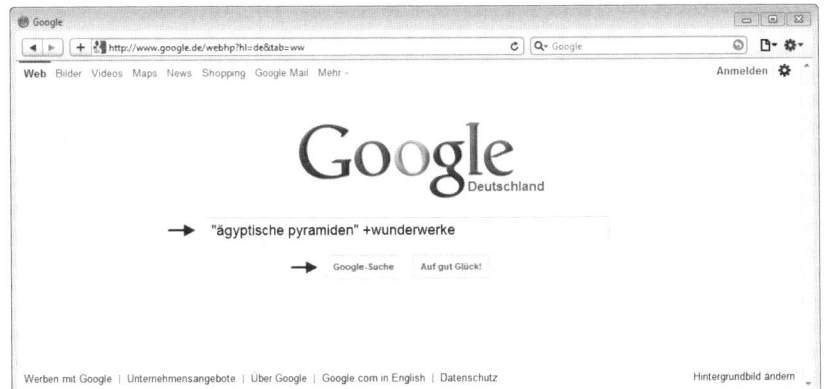

Abbildung 4.1:
Der Benutzer gibt
ein paar Such-
begriffe ein.

Da die Worte ägyptische und pyramiden auf der Webseite in dieser Reihenfolge direkt hintereinanderstehen sollen, werden Sie in Anfüh-
rungszeichen gesetzt. Außerdem erinnert der Benutzer sich dunkel,
dass das Wort wunderwerke in dem Artikel vorkam. Durch das Plus-Zeichen direkt davor (ohne Leerstelle) wird Google mitgeteilt, dass das
Wort auf der gefundenen Seite vorhanden sein soll.

Nach einem Klick auf die Schaltfläche GOOGLE-SUCHE werden die
Suchbegriffe über das Internet zum Webserver der Suchmaschine
transportiert.

Schritt 2: Die Suchmaschine sucht – und findet

Der nächste Schritt geschieht unsichtbar für den Benutzer, deshalb
habe ich ihn in Abbildung 4.2 schematisch dargestellt.

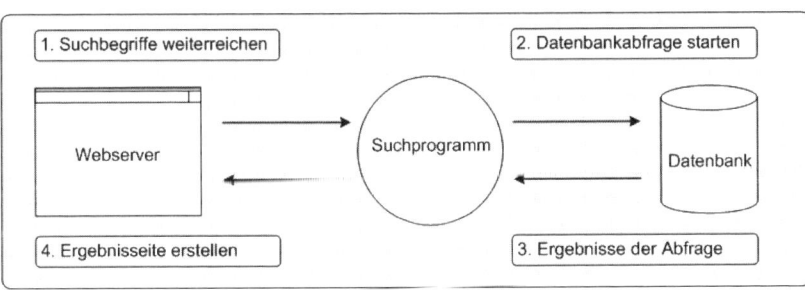

Abbildung 4.2:
Die Suchmaschi-
ne durchsucht
die Datenbank
und erstellt eine
Webseite mit den
Suchergebnissen.

55

Und hier die Erklärung für die in Abbildung 4.2 gezeigten Schritte:

1. Der Webserver reicht die Suchbegriffe weiter an das Suchprogramm.

2. Das Suchprogramm startet mit den Suchbegriffen eine Datenbankabfrage.

3. Die Datenbank erstellt eine Liste mit den Adressen der gefundenen Webseiten.

4. Die Suchmaschine erstellt eine Webseite mit den Suchergebnissen.

Schritt 3: Die Ergebnisseite wird angezeigt

Im letzten Schritt wird die Webseite mit den Suchergebnissen an den Browser ausgeliefert. Abbildung 4.3 zeigt, dass es insgesamt ungefähr 411 Treffer gab und dass die Suche sagenhafte 0,14 Sekunden gedauert hat.

Abbildung 4.3:
Marx, Engels und
die ägyptischen
Pyramiden

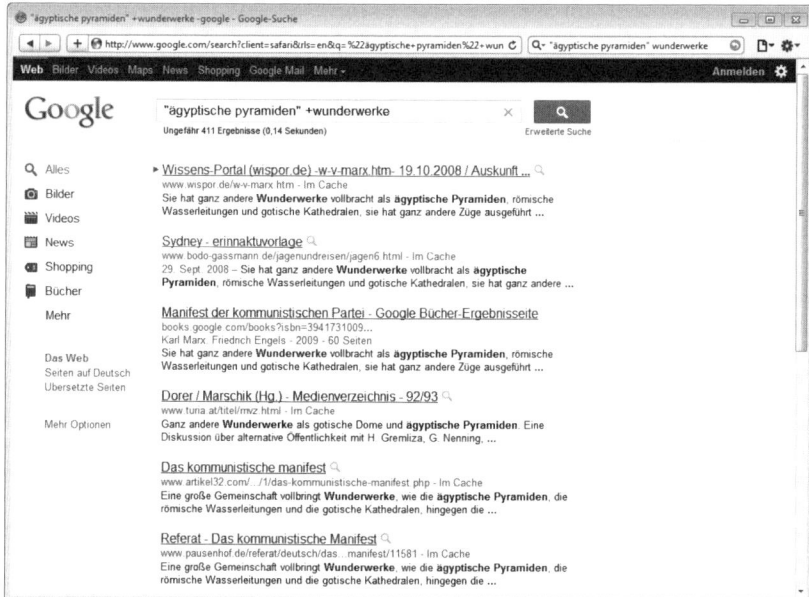

411 Treffer. Wenn Sie aber genauer hinschauen, werden Sie sehen, dass die gefundenen Webseiten allesamt direkt oder indirekt auf das kommunistische Manifest verweisen und nichts mit ägyptischen Py-

ramiden zu tun haben. Aber wie kommt Google darauf, bei einer Suche nach ägyptischen Pyramiden Webseiten zum kommunistischen Manifest anzuzeigen?

4.3 Zeichen vergleichen: Suchmaschinen denken nicht

Das Faszinierende an Suchmaschinen ist zum einen das Tempo, in dem das Suchergebnis bei uns eintrifft, und zum anderen, dass auf der Ergebnisseite meist auch noch nützliche Treffer angezeigt werden. Das ist insofern überraschend, als dass eine Suchmaschine keine thematischen Zusammenhänge versteht. Sie kann nicht denken, sie kann nur Zeichen vergleichen.

Wenn eine Suchmaschine also den Auftrag bekommt, Webseiten zu finden auf denen die Zeichen ägyptische Pyramiden und wunderwerke vorkommen, dann düst sie los und macht genau das. In Abbildung 4.4 wurde die Stelle hervorgehoben, die dafür sorgt, dass das kommunistische Manifest bei dieser Suche als Treffer gilt.

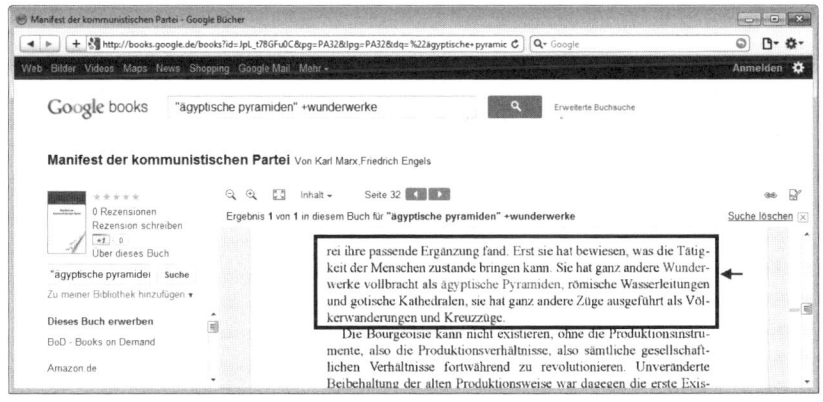

Abbildung 4.4:
Die ägyptischen
Pyramiden im
kommunistischen
Manifest

Im »Manifest der kommunistischen Partei« steht der Satz »Sie hat ganz andere *Wunderwerke* vollbracht als *ägyptische Pyramiden* ...«. Damit sind die Kriterien der Beispielsuche voll und ganz erfüllt und die Seite ist für eine Buchstaben vergleichende Suchmaschine ein absoluter Volltreffer. Sie weiß nicht, dass das kommunistische Manifest thematisch eher weniger mit ägyptischen Pyramiden zu tun hat.

Hinweis

Ägyptische Pyramiden und der Zahn der Zeit

Ägyptische Pyramiden sind schon sehr alt und der Zahn der Zeit hat erstaunlich wenig daran genagt. Das Web hingegen gibt es erst seit Kurzem und es verändert sich ständig. Das Suchbeispiel ist nicht gestellt, aber der Datenbestand im Web ändert sich fortlaufend und der Suchalgorithmus von Google wird kontinuierlich verbessert. Kurzum: Wenn Sie die Beispielsuche in diesem Kapitel ausprobieren, kann es gut sein, dass Sie ein anderes Ergebnis bekommen.

4.4 ToDo: Eine Liste mit Suchbegriffen erstellen

Die simple Tatsache, dass Suchmaschinen nur Zeichen vergleichen, hat für die Erstellung Ihrer Homepage weitreichende Konsequenzen, denn Texte auf Webseiten werden nicht nur für Menschen geschrieben, sondern auch für Maschinen.

Wenn Sie unter bestimmten Suchbegriffen gefunden werden möchten, dann müssen diese Suchbegriffe zunächst einmal auch tatsächlich auf den von Ihnen erstellten Webseiten vorkommen, und damit können Sie ohne weiteres bereits jetzt anfangen.

ToDo: Eine Liste mit Suchbegriffen für Ihre Homepage erstellen

1. Nehmen Sie sich einen Moment Zeit und ein leeres Blatt Papier oder ein neues Dokument in Ihrer Textverarbeitung.
2. Schreiben Sie als Überschrift »Suchbegriffe für meine Homepage« auf das Blatt.
3. Notieren Sie einige Begriffe, unter denen Ihre Homepage später gefunden werden soll.
4. Heben Sie das Blatt Papier gut auf bzw. speichern Sie die Datei, damit Sie es später ergänzen und überprüfen können.

Die Suchbegriffe auf Ihrer Liste werden übrigens manchmal auch als *Keywords* bezeichnet. Weiter hinten im Buch erfahren Sie mehr über das Schreiben von Texten im Web und über die Optimierung Ihrer Homepage für Suchmaschinen.

Dabei sehen Sie dann auch, wie eine Suchmaschine die gefundenen Ergebnisse sortiert, und lernen professionellere Werkzeuge wie das »Google Keyword Tool« zur Analyse geeigneter Suchbegriffe kennen, aber für den Moment reicht ein ganz normales Blatt Papier mit zehn oder zwanzig Stichwörtern völlig aus.

4.5 Auf einen Blick

Hier noch einmal das Wichtigste im Überblick:

- Suchmaschinen durchsuchen nicht live das Web, sondern nur ihre eigenen Datenbanken.

- *Crawler* oder *Robots* genannte Programme kopieren den Quelltext von Webseiten in diese Datenbanken.

- Eine typische Websuche läuft wie folgt ab:

    1. Der Benutzer gibt die Suchbegriffe ein.

    2. Die Suchmaschine sucht und findet diese Begriffe in ihrer Datenbank.

    3. Eine Webseite mit den Suchergebnissen wird an den Suchen-den geschickt.

- Suchmaschinen vergleichen nur Zeichen. Wenn die gesuchten Zeichen im Quelltext einer Webseite vorkommen, ist diese Seite ein Treffer.

- Deshalb enthält die Ergebnisseite der Suche `"ägyptischen Pyramiden"` `+wunderwerke` zahlreiche Links zum Manifest der Kommunistischen Partei.

- Wenn Besucher Ihre Homepage über Suchmaschinen finden sollen, erstellen Sie am besten bereits jetzt eine Liste mit Stichwörtern, die für Sie wichtig sind.

Kapitel 5

Das Domain Name System:
Die automatische Auskunft

Worin Sie das Domain Name System kennen lernen, das Namen zu Nummern umwandelt. Außerdem wird erklärt, wie eine komplette Webadresse (URL) aufgebaut ist.

Die Themen im Überblick:

Computer können hervorragend mit Zahlen umgehen, während Menschen sich Namen einfach besser merken können. Deshalb haben Server im Internet Namen wie zum Beispiel *pmueller.de*. Die beteiligten Computer verwandeln diese Namen aber so schnell es geht in Nummern, die so genannten IP-Adressen.

5.1 IP-Adressen – Die Telefonnummern des Internets

Es fällt uns relativ leicht, das Telefonnetz zu verstehen. Das Internet hingegen erscheint wahnsinnig kompliziert. Dabei sind sich beide im Prinzip sehr ähnlich, denn in beiden Netzen braucht man eine Nummer, um erreichbar zu sein:

■ Im Telefonnetz braucht jedes Gerät eine Telefonnummer.

■ Im Internet braucht jedes Gerät eine Internetnummer, die so genannte *IP-Adresse*.

IP-Adressen sind also so etwas wie die Telefonnummern des Internets: Um jemanden anrufen zu können, benötigen Sie dessen Telefonnummer, um eine Verbindung zu einem anderen Computer im Internet aufbauen zu können, benötigen Sie dessen IP-Adresse.

IP-Adresse heißt ausgesprochen »Internet Protokoll Adresse« und der Aufbau einer traditionellen IP-Adresse entspricht folgenden Bedingungen:

■ IP-Adressen bestehen aus vier Dezimalzahlen zwischen 0 und 255.

■ Die vier Zahlen sind durch drei Punkte getrennt: 207.201.183.81

Jeder Computer hat eine solche IP-Adresse, wenn er ans Internet angeschlossen ist. Auch Handy, Fernseher oder Mikrowellen benötigen eine IP-Adresse, wenn sie über das Internet kommunizieren sollen.

Ihre aktuelle IP-Adresse erfahren Sie zum Beispiel auf der Seite *wieistmeineip.de*

Hinweis

Mehr Adressen mit Ipv6

Die im Text beschriebenen und weit verbreiteten IP-Adressen (Version 4) haben das Problem, dass die möglichen, etwas mehr als vier Milliarden (2^{32}) Adressen weitgehend vergeben sind. Mit Version 6, früher frei nach Star Trek auch Internet Protocol next Generation genannt, werden 340 Sextillionen Adressen möglich (2^{128}).

5.2 Domains und IP-Adressen: Namen statt Nummern

Da wir Menschen aus Sicht der Computer fehlerhaft konstruiert sind, können wir uns wie gesagt Namen besser merken als Nummern, und haben deshalb extra ein System erfunden, um statt der IP-Adressen einfacher zu merkende Namen benutzen zu können. Dieses System heißt *Domain Name System*, abgekürzt *DNS*.

Wichtig zu wissen ist dabei, dass das Domain Name System auf den IP-Adressen aufsetzt. Die Computer wandeln einen Domain Namen *zuerst* in eine IP-Adresse um und stellen *dann* die Verbindung zum gewünschten Computer her:

- Sie geben im Browser eine Adresse wie `http://pmueller.de/` ein.

- Die Domain *pmueller.de* wird sofort in eine IP-Adresse wie `85.13.139.204` umgewandelt.

Meistens geht diese Umwandlung so schnell, dass man überhaupt nichts davon mitbekommt, manchmal dauert es eine wahnsinnig lange Zeit (z. B. 5 Sekunden oder so) und manchmal klappt es auch gar nicht. Sollte die Auflösung nicht klappen, gibt es eine nicht besonders viel sagende Fehlermeldung in der Art von »Host name could not be resolved«. Sonst nichts. Keine Webseite.

Das Geniale am DNS ist, dass keine zentrale Stelle für die Aktualität der Einträge verantwortlich ist. Das DNS ist eine verteilte Datenbank und existiert auf vielen Name Servern auf der ganzen Welt. Kein Server enthält dabei alle Informationen.

Die Maus erklärt das Internet

Eine unterhaltsame Erklärung der Funktionsweise des Internets und insbesondere des Domain Name Systems finden Sie als Fotogeschichte bei der Sendung mit der Maus:

- *bit.ly/wdrmaus-internet*

Hinweis

5.3 Der Aufbau von Domain Namen

Ein Domain Name wie *www.pmueller.de* ist hierarchisch aufgebaut und besteht aus mehreren Teilen, die jeweils durch einen Punkt voneinander getrennt werden (Abbildung 5.1).

Abbildung 5.1:
Domain Name –
Aufbau

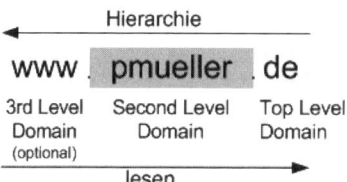

Ungewöhnlich dabei ist, dass Domain Namen zwar wie üblich von links nach rechts gelesen werden, die Hierarchie aber *von rechts nach links aufgebaut* ist:

- Ganz *rechts* steht die oberste Ebene, die *Top Level Domain* (TLD).

- Links davon ist die zweite Ebene, die *Second Level Domain*.

- Rechts ist die optionale *Third Level Domain*, oft auch *Subdomain* genannt.

Als Subdomain hat sich bei Webseiten das *www* eingebürgert, aber erstens muss eine Subdomain nicht unbedingt vorhanden sein und zweitens muss sie nicht unbedingt *www* lauten, sondern kann zum Beispiel auch einfach nur *sport.zdf.de* heißen.

Domains gelten nicht nur für das World Wide Web, sondern für das gesamte Internet, also auch für Dienste wie E-Mail oder FTP. Hier ein paar Beispiele:

- In E-Mail-Adressen steht die Domain rechts vom @-Zeichen: *info@little-boxes.de*.

- FTP-Server sind auch über Domain Namen erreichbar.

Die Top Level Domain

Die Top Level Domain teilt das Internet in verschiedene Bereiche und alle Top Level Domains sind bei der obersten Internetbehörde ICANN (*icann.org*) registriert. Es gibt einige wenige mit drei Buchstaben, noch weniger mit vier und viele mit zwei Buchstaben, die alle für ein Land stehen.

Hier eine kleine Auswahl aus den TLDs:

TLD	Abgeleitet von	Bedeutung
com	commercial	Kommerziell orientierte Organisationen
org	organization	Nicht kommerzielle Organisationen
net	Network	Für Internetfirmen und -organisationen
edu	education	Amerikanische Colleges und Hochschulen
gov	government	Amerikanische Regierungsbehörden
mil	Military	Amerikanische Militärbehörden
int	International	Internationale Organisationen wie z. B. die UNO
de	Deutschland	BRD
at	Austria	Österreich
ch	Confederatio Helvetica	Schweiz
tv	Tuvalu	Insel im Pazifik, ca. 10 000 Einwohner
info	Information	neue TLD

Tabelle 5.1:
Einige Top Level
Domains

Jede dieser Top Level Domains wird von einem Network Information Center (NIC) verwaltet. Für die Top Level Domain *.de* ist zum Beispiel das DE-NIC zuständig, das Sie im Web unter *denic.de* finden.

Die NICs haben unter anderen folgende Aufgaben:

- Sie verwalten für ihre Top Level Domain die jeweiligen Second Level Domains und passen auf, dass keine Namen doppelt vergeben werden.

- Sie verwalten eine Datenbank, die alle Second Level Domains unterhalb ihrer Top Level Domain und die entsprechenden IP-Adressen enthält.

Es wird neue Top Level Domains geben

Hinweis

Die oberste Internet-Behörde ICANN hat die Einführung neuer Top Level Domains beschlossen, sodass ab voraussichtlich 2013 einige TLDs wie .eco, .sport oder .berlin benutzt werden können.

Die Second Level Domain (und alle darunter)

Die Second Level Domains werden beim jeweils zuständigen Network Information Center (NIC) registriert. Der Endkunde tritt aber meist nicht direkt mit den NICs in Kontakt, sondern beauftragt eine Firma mit der Registrierung. Meistens ist das die Firma, bei der er auch seinen Webspace mietet, aber das muss nicht zwangsläufig so sein. Diese Firmen, wie z. B. Strato oder 1&1, werden übrigens *Webhoster* genannt. Mehr darüber erfahren Sie ab Seite 162, im Abschnitt »Der eigene Webspace«.

Sie als Besitzer der Domain entscheiden dann, ob und wenn ja, welche weiteren Domainlevels eingerichtet werden sollen. Die Third Level Domains werden wie gesagt oft auch als *Subdomain* bezeichnet.

In der Regel ist die Subdomain *www* automatisch verfügbar, weil das Schema *www.domainname.de* für viele Internetnutzer einen gewissen Wiedererkennungswert hat. Aber das ist nur eine Gewohnheit. Das Sie im Web unterwegs sind, erkennen Sie am *http* am Anfang einer URL, nicht am *www* im Domain Namen. Ob der Aufruf einer Website auch ohne *www* am Anfang funktioniert, liegt an den Einstellungen des zuständigen Domain Name Servers.

In einigen Ländern wie Japan oder dem United Kingdom ist die Second Level Domain übrigens fest vergeben (z. B. *co* für commercial) und erst die Third Level Domains sind frei wählbar: *bbc.co.uk* oder *cnn.co.jp*.

Tipp	**Wie Sie eine eigene Domain bekommen**
	Wie Sie einen eigenen Domain Namen bekommen, erfahren Sie ab Seite 155, in Kapitel 12 über »Webhosting: Domain und Webspace«.

5.4 Der Aufbau einer Webadresse (URL)

Das Web besteht aus Webseiten, die eine einzigartige Adresse haben, per Hyperlinks miteinander verknüpft und in einem Browser dargestellt werden.

Die Adressen der Webseiten werden oft als *URL* bezeichnet, kurz für *Uniform Resource Locator* (auf deutsch etwa »Vereinheitlichter Quellenlokalisierer«). Da die nahe liegende Aussprache »uhrrl« schwer von der Zunge geht und viele deutschsprachige Surfer eher an Wutzens »Urrmellii« aus der Augsburger Puppenkiste erinnert denn an eine Webadresse, haben sich zwei gebräuchliche Aussprachevarianten eingebürgert:

- U-R-L, also alle Buchstaben einzeln.

- *örl*, wie in »Örl Grey« oder »Örlkönig«.

URLs sind nicht in erster Linie für Anwender, sondern für den Browser entstanden, was den geringen Merkwert und den etwas kryptisch anmutenden Aufbau erklärt. Abbildung 5.2 zeigt ein Beispiel.

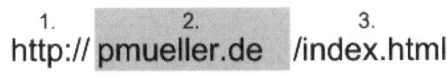

1.   2.   3.

http:// pmueller.de /index.html

1. Gehe zu einem Webserver
2. mit diesem Namen
3. und bitte ihn um diese Datei.

Abbildung 5.2:
Der Aufbau
einer URL

Die abgebildete URL besteht aus den folgenden drei Teilen:

1. Das **Protokoll**. Es bedeutet vereinfacht gesagt »Gehe zu einem Webserver.«

   Hier steht im Web fast immer *http* (»Hypertext Transfer Protokoll«, frei übersetzt »Regeln zum Übertragen von Hypertext«) oder *https* (verschlüsseltes HTTP). Doppelpunkt und Doppelslash dienen nur dazu, den ersten vom zweiten Teil der URL zu trennen.

2. Der **Domain Name** des Webservers.

   Teil 2 ist der Name des Webservers. Er beginnt nach dem doppelten Schrägstrich und geht bis zum ersten einfachen Schrägstrich. Im Beispiel ist der zweite Teil der URL *pmueller.de*.

3. Die **Wegbeschreibung** zur gewünschten Datei.

   Beginnt mit dem ersten einfachen Schrägstrich und beschreibt, wo auf dem Webservercomputer die gewünschte Webseite gespeichert ist. Im Beispiel ist das die Datei *index.html* im Hauptordner des Webservers. Ein einfacher Schrägstrich *am Ende* der Adresse bedeutet »Bitte gib mir die Startseite aus diesem Ordner«.

Der dritte Teil einer URL kann übrigens ziemlich lang sein und nach einem Fragezeichen kryptische Zeichenketten wie z. B.

index.php?itemid=309&catid=26 enthalten, aber es geht fast immer darum, dem Webserver mitzuteilen, was genau der Browser gerne hätte.

Zwei kleine Besonderheiten sollen zum Abschluss noch erwähnt werden:

- Falls Sie in der Adressezeile nur einen Domain Namen wie *pmueller.de* eingeben, setzen fast alle Browser automatisch das *http://* davor und einen einfachen Slash / dahinter. Achten Sie mal drauf.

- Grafiken und andere Objekte, die auf einer Webseite dargestellt werden, haben eine eigene URL, die im Quelltext der Webseite eingebunden wird, quasi als Wegbeschreibung für den Browser.

Eines der ungeschriebenen Grundgesetze im Web ist es, dass eine URL immer nur für eine Webseite bzw. ein Objekt steht.

Tipp

Groß- und Kleinschreibung in URLs

Im ersten und zweiten Teil der URL spielt die Groß- und Kleinschreibung keine Rolle. Ab Teil 3 der URL kann sie wichtig sein, und zwar wenn der Webserver unter einem UNIX-Betriebssystem wie Linux läuft, weil UNIX in Dateinamen zwischen Groß- und Kleinschreibung unterscheidet.

5.5   ToDo: Gedanken über eine Domain machen

Details darüber, wie Sie einen Domain Namen registrieren, erfahren Sie etwas weiter hinten im Buch in Kapitel 12, »Webhosting: Domain und Webspace«, ab Seite 155.

An dieser Stelle sollen ein paar Hinweise genügen:

- Ein guter Domain Name lässt sich vor allem gut merken und enthält idealerweise ein oder zwei Suchbegriffe von der Liste, die Sie ab Seite 58 erstellt haben.

  Wenn Sie zum Beispiel in Ulm eine Praxis für Reflextherapie eröffnen möchten, ist die Domain *reflextherapie-ulm.de* unter Umständen besser zu behalten (und besser in den Suchmaschinen zu finden) als *ihr-name.de*.

■ Der Domain Name taucht auch in einer E-Mail-Adresse auf.

Eine eigene E-Mail-Adresse wie *info@meine-site.de* gibt Kunden und Besuchern ein anderes Signal als zum Beispiel *peter2742@ hotmail.de*. Sie sollten also überlegen, ob Sie eine E-Mail-Adresse einrichten möchten. Details dazu finden Sie im Abschnitt »Der Mailspace: POP3, IMAP und Webmail« ab Seite 173.

An dieser Stelle reicht es wie gesagt aus, sich erst einmal ein paar Gedanken über einen eventuell geeigneten Domain Namen zu machen. Falls Sie gleich prüfen möchten, ob dieser noch frei ist: Im Abschnitt »Domain überprüfen: Ist »mueller.de« noch frei?« ab Seite 157 wird beschrieben, wie das geht.

5.6   Auf einen Blick

Hier noch einmal die wichtigsten Punkte dieses Kapitels im Überblick:

■ Computer benutzen zur Kommunikation im Internet *IP-Adressen*.

■ Menschen können sich Namen besser merken und haben das *Domain Name System* erfunden, das Domain Namen in IP-Adressen umwandelt.

■ Domain Namen werden von links nach rechts gelesen, die Hierarchie geht aber von rechts nach links.

■ Die Top Level Domains wie *.de* oder *.com* teilen das Internet in Bereiche auf.

■ Jede Top Level Domain wird von einer Organisation verwaltet, bei denen die Second Level Domains registriert werden. Für .de ist das das DENIC.

■ Eine Webadresse (URL) besteht aus drei Teilen:

1. Das Protokoll, das besagt »Gehe zu einem Webserver«

2. Der Domain Name des Webservers

3. Die Pfadangabe zur gewünschten Webseite

■ Der dritte Teil einer URL kann sehr lang sein und zwischen Groß- und Kleinschreibung unterscheiden.

Kapitel 6

Die Webseiten: Quelltext auf dem Webspace

Worin Sie erfahren, dass Webseiten auf einem Webserver gespeichert werden und der aus bis zu drei Sprachen bestehende Quelltext der Bauplan einer jeden Webseite ist.

Die Themen im Überblick:

- Der Quelltext ist der Bauplan der Webseite, Seite 71
- Browser bekommen den Quelltext vom Webserver, Seite 73
- Quelltext besteht aus HTML, CSS und JavaScript, Seite 76
- Auf einen Blick, Seite 84

Das Web besteht aus Webseiten, die auf einem Webserver gespeichert werden, und Webseiten bestehen aus Quelltext, auch wenn Sie das Wort noch nie gehört und Quelltext noch nie gesehen haben.

6.1   Der Quelltext ist der Bauplan der Webseite

Der Quelltext ist der Bauplan der Webseite und der Webserver liefert dem Browser nicht die fertige Webseite, so wie Sie sie im Browserfenster sehen, sondern nur den Quelltext. Die Aufgabe des Browsers ist es, diesen Bauplan in eine benutzbare Webseite umzuwandeln. Abbildung 6.1 zeigt den Quelltext einer Übungsseite aus »Das große Little Boxes-Buch«.

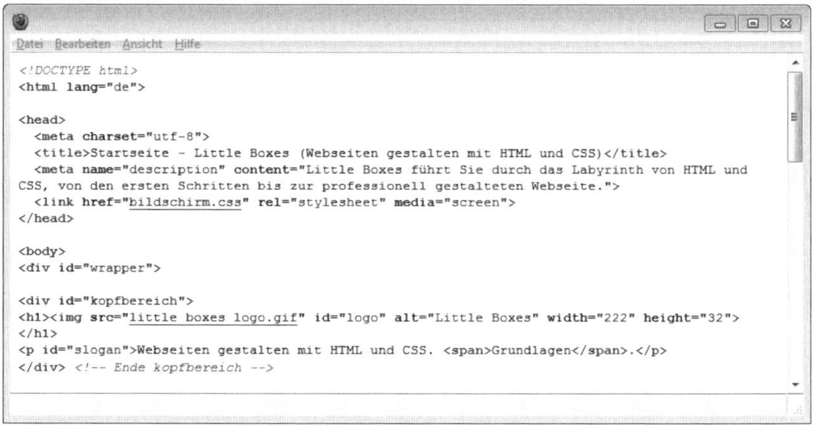

Abbildung 6.1: Der Quelltext ist der Bauplan der Webseite.

```
<!DOCTYPE html>
<html lang="de">

<head>
  <meta charset="utf-8">
  <title>Startseite - Little Boxes (Webseiten gestalten mit HTML und CSS)</title>
  <meta name="description" content="Little Boxes führt Sie durch das Labyrinth von HTML und
CSS, von den ersten Schritten bis zur professionell gestalteten Webseite.">
  <link href="bildschirm.css" rel="stylesheet" media="screen">
</head>

<body>
<div id="wrapper">

<div id="kopfbereich">
<h1><img src="little boxes logo.gif" id="logo" alt="Little Boxes" width="222" height="32">
</h1>
<p id="slogan">Webseiten gestalten mit HTML und CSS. <span>Grundlagen</span>.</p>
</div> <!-- Ende kopfbereich -->
```

Was Sie im Browserfenster als fertige Webseite sehen, ist nur die Umsetzung dieses Bauplans. Eine Webseite sieht zwangsläufig bei jedem Betrachter etwas anders aus, weil der Browser den Quelltext in unterschiedlichen Hard- und Softwareumgebungen etwas anders umsetzen muss.

Verstehen müssen Sie Quelltext nur, wenn Sie ihn selbst schreiben wollen, aber als angehender Homepage-Besitzer müssen Sie wissen, dass es ihn *gibt*, denn das unterscheidet eine Webseite ganz wesentlich von einer Papierseite.

Hinweis

Quelltext im Browser betrachten

In jedem Browser gibt es einen Befehl, um sich den Quelltext der gerade dargestellten Webseite anzeigen zu lassen. Meistens finden Sie ihn im Menü ANSICHT unter der Bezeichnung QUELLTEXT oder SEITENQUELLTEXT.

6.2 Browser bekommen den Quelltext vom Webserver

Webseiten werden auf über die ganze Welt verteilten Computern gespeichert. Auf diesen Rechnern läuft ein Programm, das auf Anfrage eines Browsers Webseiten serviert und das deshalb *Webserver* genannt wird.

Wenn Ihnen das Wort »Server« zu abstrakt ist, ersetzen Sie es einfach durch »Servierer«: Ein Webserver ist schlicht und einfach ein »Webseiten-Servierer«. Im Alltag ist damit übrigens sowohl die Software (also das Servierprogramm selbst) gemeint als auch die Hardware (also der Computer, auf dem dieses Programm läuft).

»Webspace«: Speicherplatz zum Veröffentlichen im Web

Der Speicherplatz auf dem die Webseiten aufbewahrt werden, heißt übrigens *Webspace* (wörtlich »Platz im Web«). Laut Wikipedia handelt es sich dabei um »einen Speicherplatz für Dateien auf einem Server, auf den über das Internet dauerhaft zugegriffen werden kann«.

Die minimale Webspace-Ausstattung sind ein paar Megabyte Speicherplatz auf einem Webservercomputer und Anschluss an einen Webserver, der die auf dem Webspace gespeicherten Webseiten serviert (Abbildung 6.2).

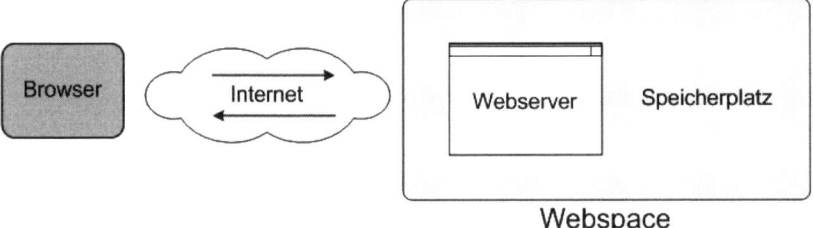

Abbildung 6.2:
Webspace –
Speicherplatz mit
Webserveran-
schluss

Überblick: Der Browser holt eine Webseite

Abbildung 6.3 zeigt, was passiert, wenn ein Benutzer im Browser eine Adresse eingibt oder auf einen Hyperlink klickt.

Abbildung 6.3:
Der Browser und
der Webserver

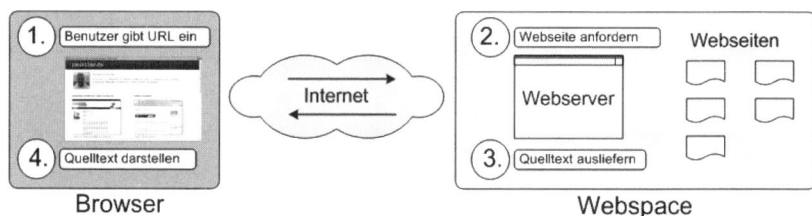

Und hier die vier Schritte im Detail:

1. Der Benutzer gibt eine URL in die Adressleiste ein oder klickt auf einen Link. Durch das `http` am Anfang der Adresse weiß der Browser, dass er zu einem Webserver gehen soll. Der Domain Name des Webservers beginnt nach dem doppelten Schrägstrich und geht bis zum Ende der Adresse oder bis zum ersten einfachen Schrägstrich, je nachdem, was eher kommt. Im Beispiel heißt der Webserver *pmueller.de*.

2. Die gewünschte Webseite anfordern. Findet der Browser den Webserver, bittet er ihn um die Webseite, die Sie nach dem ersten einfachen Schrägstrich angegeben haben. Da im Beispiel keine bestimmte Seite angefordert wurde, hat der Browser einen einfachen Schrägstrich ergänzt.

3. Quelltext ausliefern. Nachdem der Browser gesagt hat, welche Webseite er möchte, antwortet der Server. Lauschen Sie einmal einer typischen Unterhaltung zwischen beiden:

   Browser: »Hallo! Ist da der Webserver von *pmueller.de*? Mein Benutzer hat mich gebeten, ihm Ihre Startseite zu bringen.«

   Server: »Aber sicher, lieber Browser. Ich suche Ihnen gleich mal den Quelltext raus. Den müssen Sie zu Hause nur zusammenbauen, aber das wissen Sie ja selbst. Beehren Sie uns bald wieder. Wir sind immer für Sie da.«

   Browser: »Vielen Dank für den Quelltext und tschüss.«

   Der Browser bekommt also keine fertige Webseite, sondern nur *Quelltext*.

4. Quelltext darstellen

Der Browser nimmt den Quelltext mit nach Hause, durchsucht ihn nach in spitzen Klammern stehende `<html>`-Tags und versucht, daraus eine benutzbare Webseite zu bauen.

Grafiken werden erst nach dem Quelltext abgeholt

Bei Bildern gibt es noch eine kleine Besonderheit, denn bei der Analyse des Quelltextes findet der Browser oft Anweisungen wie zum Beispiel die folgende:

```
<img src="logo.gif">
```

Diese Anweisung bedeutet für den Browser, dass er ein Bild (englisch *Image*) namens `logo.gif` darstellen soll. Das ist leichter gesagt als getan, denn er hat kein Bild bekommen. Bis jetzt hat der Browser nur den Quelltext erhalten. Also macht er sich wieder auf den Weg zum Webserver:

Browser: »Hi! Ich bin's. Hier steht, ich soll ein Bild darstellen, aber ich habe keins. Das Ding heißt *logo.gif* und liegt im selben Ordner wie die Webseite, die ich gerade bekommen habe.«

Server: »Ja. Immer dasselbe. Für jedes Bild kommen sie wieder angerannt. Okay. Hier also das Bild. Viel Spaß dabei.«

Browser: »Danke. Und tschüss.«

Wieder zu Hause, baut der Browser das Bild in seinen Text ein. Webseite und Bilder bleiben also anders als auf einer Papierseite getrennte Dateien und werden nur im Browserfenster zusammen dargestellt.

Für jede Grafik muss der Browser übrigens wieder zum Server. Bei einer Webseite mit vier Grafiken läuft der Browser fünf Mal zum Webserver: ein Mal für den Quelltext und dann ein Mal für jedes Bild. Besonders mit einer langsamen Internetverbindung kann man diesen Vorgang wunderbar verfolgen: Zuerst kommt der Text und dann ein Bild nach dem anderen.

Grafiken ausstellen im Browser

Sie können die Option zum Holen der Grafiken im Browser auch ausstellen: Im Firefox müssen Sie im Menü EXTRAS – EINSTELLUNGEN im Register INHALT das Häkchen vor GRAFIKEN LADEN entfernen.

Probieren Sie es ruhig einmal aus. Statt der Grafiken sehen Sie einen Platzhalter mit ein bisschen Text, aber eine gut gebaute Webseite sollte auch ohne Bilder funktionieren. Das Surftempo erhöht sich enorm und ein Großteil der Grafiken ist ohnehin Werbung.

Übrigens: Wenn Sie auf den Webseiten trotzdem noch bunte Bilder sehen, sind das meist Flash-Filmchen. Die werden nicht vom Browser selbst, sondern von einem Zusatzprogramm namens Flash-Player dargestellt, das in den Browser integriert ist, und deshalb sehen Sie sie trotz ausgestellter Grafiken.

6.3 Quelltext besteht aus HTML, CSS und JavaScript

In diesem Abschnitt lernen Sie HTML, CSS und JavaScript kennen, drei Computersprachen, die zusammen den Quelltext bilden.

Sie müssen diese Sprachen nicht sprechen oder schreiben können, aber ihre Bedeutung kennen gelernt zu haben, ist bei vielen Entscheidungen rund um Ihre Website durchaus hilfreich. Der Quelltext einer Webseite setzt sich wie gesagt aus bis zu drei verschiedenen Sprachen zusammen, die einander perfekt ergänzen:

- HTML ist der Kern einer jeden Webseite und dient zum Ordnen des Inhalts.

- CSS gestaltet die HTML-Elemente und sorgt für das Styling der Webseite.

- JavaScript kann HTML und CSS manipulieren und damit das Verhalten und das Aussehen der Webseite beeinflussen.

Grafisch dargestellt sieht dieser Sachverhalt so aus wie in Abbildung 6.4.

Abbildung 6.4:
Quelltext besteht
aus drei Sprachen.

Als Einsteiger ist es nicht einfach, sich diesen Sachverhalt vorzustellen, aber im folgenden Abschnitt möchte ich versuchen, Ihnen kurz vorzustellen, was diese drei Sprachen auf einer Webseite *machen*.

Die Ordnung: HTML ist nicht hübsch, aber flexibel

Webseiten bestehen aus HTML-Elementen, mit denen der Inhalt einer Webseite strukturiert wird. Typisch für die »Hypertext Markup Language« sind die Tags im Quelltext, die von spitzen Klammern umgeben sind, wie z. B. <body>, <div>, <p>, <strong>.

HTML-Elemente ordnen den Inhalt einer Webseite und unterteilen ihn z. B. in Layoutbereiche, Überschriften, Fließtextabsätze, Listen, Bilder und Hyperlinks und so weiter.

Falls Sie den folgenden Abschnitt nicht nur lesen, sondern selbst ausprobieren möchten, geht das am besten mit dem Mozilla Firefox. Dort sollten Sie zunächst eine Einstellung ändern:

■ Surfen Sie zu *little-boxes.de*.

■ Rufen Sie im Menü ANSICHT das Untermenü WEBSEITEN-STIL auf. Falls Sie die Menüzeile nicht sehen, drücken Sie einfach kurz die Taste [Alt].

■ Aktivieren Sie dort die Option KEIN STIL.

Erschrecken Sie nicht, falls die Webseite im Browserfenster danach etwas anders aussieht. Der Befehl KEIN STIL sagt dem Browser, dass er die Seite komplett ohne Styling, also ohne CSS darstellen soll, und genau in diesem Zustand befindet sich die in Abbildung 6.5 gezeigte Startseite.

Abbildung 6.5:
Die Startseite
von little-boxes.
de nur mit HTML,
ohne CSS

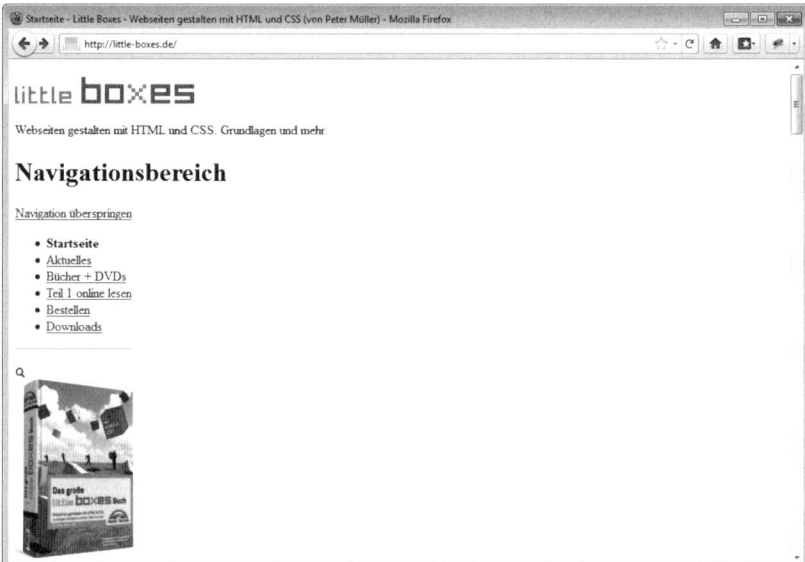

Die Seite ist voll funktionsfähig. Probieren Sie es ruhig einmal aus:

- Scrollen Sie nach unten. Die Texte sind noch da, die Bilder sind noch da, die Links funktionieren und es ist alles zu lesen.

- Verkleinern und vergrößern Sie das Browserfenster und beobachten Sie, wie die Seite sich anpasst.

- Verändern Sie die Schriftgröße (z. B. mit ⌜Strg⌟ + Scrollrad).

Der Inhalt einer nicht gestylten Webseite fließt in einer Spalte von oben nach unten. Die Seite ist vielleicht nicht hübsch, aber man könnte sie sich auch vorlesen oder auf einem kleinen Handy-Bildschirm darstellen lassen und sie würde sich automatisch an die Gegebenheiten anpassen.

HTML-Elemente ordnen die Inhalte einer Webseite in unsichtbaren rechteckigen Kästchen an, in lauter »Little Boxes«, denn eine Webseite besteht aus nichts anderem als rechteckigen Kästchen, die über-, neben- und ineinander gestapelt werden. In Abbildung 6.6 sind einige der rechteckigen Kästchen sichtbar gemacht worden.

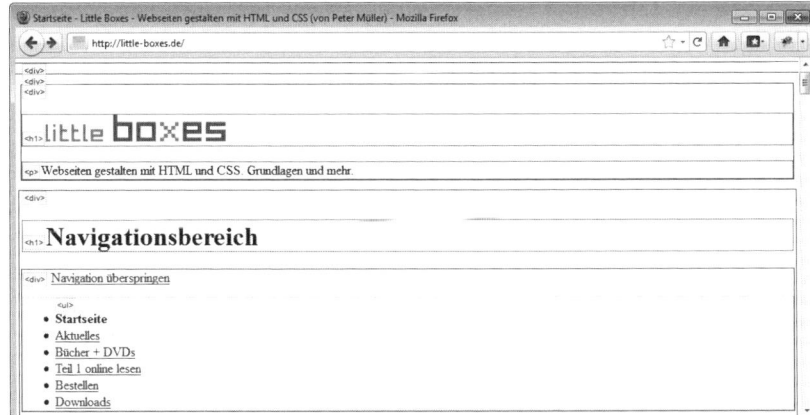

Abbildung 6.6: Webseiten bestehen aus rechteckigen Kästchen.

Das Styling: CSS gestaltet die HTML-Elemente

Die Sprache CSS (»Cascading Style Sheets«) ist eine Ergänzungssprache zu HTML und speziell dazu erfunden worden, die von Haus aus flexiblen, aber nicht sonderlich hübschen HTML-Elemente zu gestalten. CSS ist der Stylist für HTML.

Statt der in spitzen Klammern stehenden HTML-Tags finden Sie in CSS übrigens geschweifte Klammern und Semikola: Die CSS-Regel `body {background-color: yellow;}` weist einer Webseite die Hintergrundfarbe Gelb zu.

Um zu begreifen, was CSS macht, schauen Sie sich den Unterschied am besten selbst an:

- Laden Sie die »nackte« Startseite aus dem vorherigen Abschnitt im Firefox.

- Aktivieren Sie im Menü ANSICHT – WEBSEITEN-STIL die Option STANDARD-STIL.

Jetzt werden alle Webseiten im Browserfenster wieder *mit* CSS dargestellt. Abbildung 6.7 zeigt die normale Startseite mit HTML und CSS.

Abbildung 6.7:
Die Startseite von
little-boxes.de mit
Styling per CSS

Versuchen Sie einmal, bestimmte Elemente auf der Seite wiederzufinden, wie zum Beispiel die folgende Liste mit Hyperlinks ziemlich am Anfang der Seite:

Abbildung 6.8:
Die Liste auf der
Yahoo!-Startseite
nur mit HTML ...

Sie hat sich durch das CSS ziemlich verändert:

Abbildung 6.9:
... und mit Styling
per CSS

Die Navigation ist farblich hinterlegt, die Listenpunkte stehen nebeneinander, die Aufzählungspunkte sind verschwunden und das Suchfeld steht ganz rechts am Rand.

Hinweis

Falls eine Webseite sich ohne CSS kaum verändert ...

Wenn eine Webseite sich nach dem Ausstellen von CSS im Browser kaum verändert und vielleicht sogar mehrspaltig bleibt, liegt das wahrscheinlich daran, dass diese Seite mit unsichtbaren HTML-Tabellen gestaltet wurde. Im Quelltext einer Webseite wimmelt es dann wahrscheinlich von Elementen wie <table>, <tr> und <td>. Das ist gelinde gesagt nicht gerade ein Indiz für modernes Webdesign.

HTML und CSS: Die Trennung von Inhalt und Gestaltung

Dieses kleine Experiment zeigt, dass auf Webseiten der Inhalt und die Gestaltung voneinander getrennt werden. Der Vorteil dieser Vorgehensweise ist die enorme Flexibilität von Webseiten:

- Der Inhalt wird durch HTML geordnet. Das ist der unkaputtbare Kern einer Webseite, den jeder Benutzer zu sehen oder zu hören bekommt.

- Durch die Trennung von Inhalt und Gestaltung kann dieser Kern für verschiedene Ausgabemedien getrennt gestaltet werden. So kann jeweils ein anderes CSS serviert werden, wenn ...

    ... der Inhalt auf einem großen Bildschirm dargestellt wird.

    ... der Inhalt ausgedruckt wird.

    ... der Inhalt auf einem kleinen Bildschirm dargestellt wird.

    ... der Inhalt vorgelesen wird.

Im Englischen nennt man dieses Prinzip »single input, multiple output«. Der Inhalt wird einmal gespeichert und kann auf verschiedene Weise ausgegeben werden, ohne dass er geändert werden muss.

Hinweis

Mehr zu HTML und CSS?

Falls Sie mehr über HTML und CSS erfahren möchten: In »Das große Little Boxes-Buch« wird die Gestaltung von Webseiten mit HTML und CSS ausführlich erklärt.

JavaScript beeinflusst das Verhalten der Webseite

Die dritte Sprache im Bunde ist *JavaScript*. JavaScript wird nicht auf jeder Webseite eingesetzt und ist im Gegensatz zu HTML und CSS eine richtige Programmiersprache. Mit JavaScript kann der Autor der Webseite das Verhalten der HTML-Elemente beeinflussen, *nachdem* der Quelltext an den Browser ausgeliefert wurde.

Um zu verstehen, was mit »Verhalten der Webseite« genau gemeint ist, machen Sie am besten wieder ein kleines Experiment:

▨ Rufen Sie die Startseite von *little-boxes.de* im Firefox auf.

▨ Klicken Sie mit dem Mauszeiger auf das Buchcover in der linken Spalte.

▨ Das Cover erscheint vergrößert in einem eigenen Fenster mitten im Browserfenster und die Seite dahinter wird abgedunkelt.

Dieser Effekt nennt sich *Lightbox* und wird mithilfe von JavaScript realisiert. Abbildung 6.10 zeigt eine Lightbox mit dem Buch-Cover im Browserfenster.

Abbildung 6.10: JavaScript zeigt das Cover in einer schicken Vergrößerung.

Stellen Sie jetzt JavaScript aus. Im Firefox geht das wie folgt:

- Klicken Sie im Menü EXTRAS (auf dem Mac im Menü FIREFOX) auf den Befehl EINSTELLUNGEN.

- Wählen Sie oben das Register INHALT und deaktivieren Sie JAVASCRIPT (*nicht* die Option JAVA direkt darunter).

Wenn Sie jetzt die Startseite im Browser neu laden und dann wieder auf das Bild klicken, passiert etwas völlig anderes: Die vergrößerte Version des Buch-Covers wird auf einer Extra-Seite angezeigt (Abbildung 6.11). Zurück zur vorherigen Seite kommen Sie mit dem ZURÜCK Button des Browsers.

Abbildung 6.11: Ohne JavaScript erscheint das Coverfoto auf einer leeren Seite.

Was immer JavaScript genau sein mag, es hat offenbar bewirkt, dass die vergrößerte Version des Covers in einem eigenen Fenster erscheint und die dahinterliegende Webseite abgeblendet wird. Mit JavaScript verhält sich die Seite also anders und ist benutzerfreundlicher. Ohne JavaScript bleibt das große Cover-Foto trotzdem zugänglich.

Schön und gut, aber warum sollte jemand freiwillig JavaScript ausstellen? In erster Linie aus Sicherheitsgründen, denn viele Sicherheitsprobleme auf Webseiten basieren auf dem Missbrauch der eigentlich sehr nützlichen Sprache JavaScript.

Und Suchmaschinenrobots können kein JavaScript. Wenn Sie auf einer Seite bei deaktiviertem JavaScript nichts sehen, sehen auch die Suchmaschinenrobots nichts.

Hinweis

> ## Surfen ohne CSS und JavaScript
>
> Surfen Sie doch einfach mal ein bisschen mit ausgestelltem CSS und JavaScript. Sie werden sehen, dass die Auswirkungen sehr unterschiedlich sind. Einige Seiten werden sich kaum ändern, andere nicht einmal mehr funktionieren. Moderne und handwerklich gut gebaute Webseiten zeichnen sich durch zwei Eigenschaften aus:
>
> - Ohne CSS wird der Inhalt linear dargestellt. In einer Spalte untereinander weg.
> - Der Inhalt bleibt ohne CSS und JavaScript zugänglich. Sogar ohne Grafiken.

6.4 Auf einen Blick

Hier noch einmal die wichtigsten Punkte dieses Kapitels im Überblick:

- Webseiten werden auf einem Webspace gespeichert.
- Webseiten bestehen aus Quelltext.
- Der Quelltext ist der Bauplan einer Webseite.
- Der Browser bekommt den Quelltext von einem Webserver.
- Quelltext besteht aus HTML, CSS und eventuell JavaScript.
- HTML ist der Kern einer Webseite und ordnet den Inhalt.
- CSS gestaltet die HTML-Elemente und sorgt für das Styling.
- JavaScript kann das Verhalten der Webseite nach dem Laden im Browser beeinflussen.

Kapitel 7

Webpublishing:
Der Weg zum Content Management

Worin es darum geht, dass Webpublishing zunächst nur aus statischen Webseiten bestand, die bald um Webanwendungen zur Interaktion mit den Besuchern erweitert wurden. Content Management Systeme ermöglichen die Aktualisierung von Inhalten auf dem Webspace durch Nicht-Webdesigner.

Die Themen im Überblick:

In diesem Kapitel bekommen Sie einen Überblick über die Entwicklung des Webpublishing, von den statischen Ursprüngen bis zum Content Management System auf dem eigenen Webspace.

7.1 Webpublishing war ursprünglich statisch

Webpublishing ist ein Oberbegriff für alle Maßnahmen rund um das Veröffentlichen von Inhalten im World Wide Web. Diese Inhalte werden allesamt auf Webseiten gespeichert.

Ein wesentlicher Grund für die rasante Verbreitung des Web in den letzten Jahren ist, dass das Erstellen und Veröffentlichen von Webseiten keine Geheimwissenschaft, sondern auch für interessierte Laien relativ leicht zu lernen ist.

Webpublishing war anfangs eine rein statische Angelegenheit, und im Folgenden zeige ich Ihnen, was damit gemeint ist.

So funktioniert statisches Webpublishing

Auf dem Webspace werden Webseiten gespeichert. In ihrer einfachsten Form Textdateien mit der Endung *.htm* oder *.html*, die zunächst auf dem eigenen Computer erstellt und anschließend mit einem FTP-Programm über das Internet auf den Webspace kopiert werden:

1. Der Quelltext der Webseiten wird mit einem Editor auf dem eigenen Computer erstellt. Abbildung 7.1 zeigt eine Beispielseite aus »Das große Little Boxes-Buch« in einem Quelltext-Editor.

Abbildung 7.1:
Eine Webseite in
einem Editor

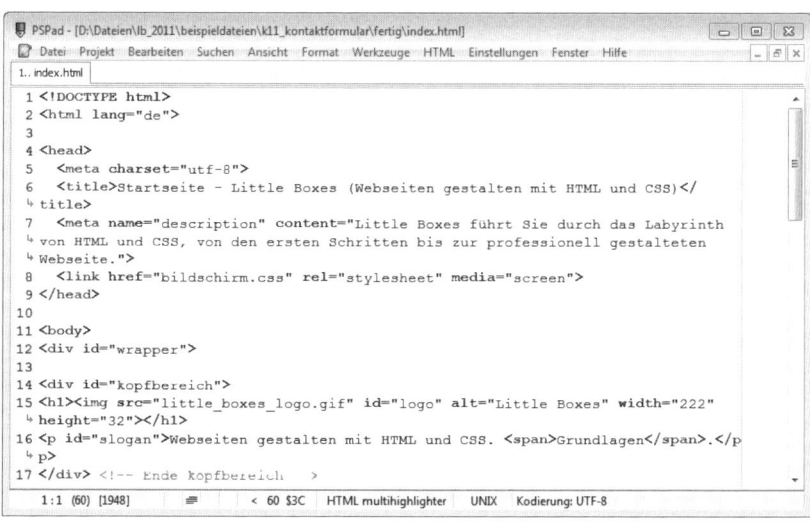

2. Zur Veröffentlichung werden die fertigen Webseiten vom eigenen Computer auf den Webspace kopiert (hochgeladen). Dazu benutzt man zum Beispiel ein FTP-Programm wie *FileZilla* (Abbildung 7.2).

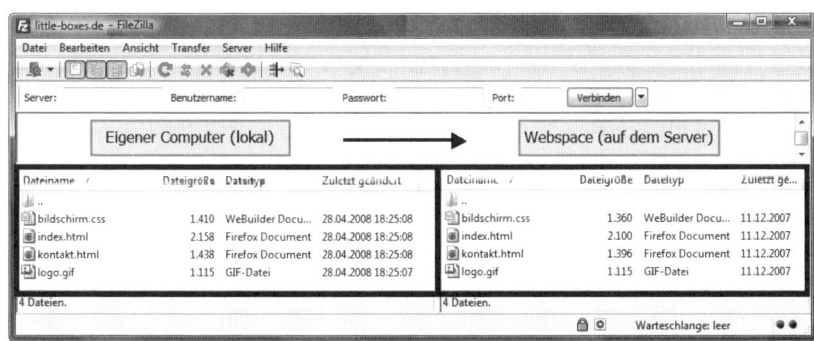

Abbildung 7.2:
Fertige Webseiten
(links) auf den
Webspace kopieren (rechts)

Danach sind die Webseiten auf dem Webspace (Abbildung 7.3) und werden, wenn sie von einem Besucher angefordert werden, wie ab Seite 73 beschrieben, vom Webserver ausgeliefert.

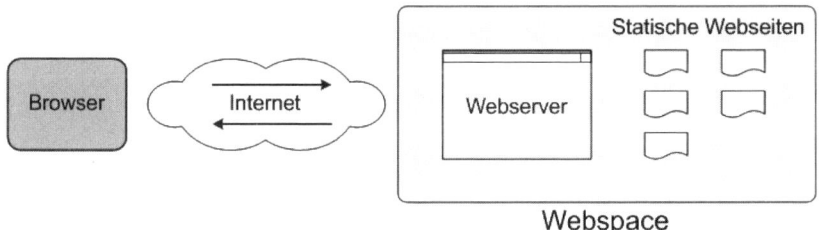

Abbildung 7.3:
Webspace mit
hochgeladenen
Webseiten

Wichtig ist dabei die Tatsache, dass die Webseiten auf dem Webspace in keinster Art und Weise verändert werden, weshalb diese Art des Webpublishing auch als *statisches Webpublishing* bezeichnet wird.

Statische Webseiten sind umständlich zu pflegen

Mitte der 90er Jahre waren statische Webseiten der Normalfall und es gibt sie auch heute noch, besonders bei privaten Homepages. Der größte Nachteil von statischen Webseiten ist, dass die Aktualisierung der Inhalte relativ aufwändig ist.

Um statische Webseiten zu ändern, sind immer dieselben Schritte nötig:

1. Kopie der Webseite auf Ihrem Computer im Editor öffnen.

2. Webseite wie gewünscht ändern und speichern.

3. Geänderte Webseite per FTP auf den Webserver hochladen.

Zum Ändern von Webseiten muss man also mindestens einen Editor zum Bearbeiten von Webseiten und ein FTP-Programm bedienen und eventuell sogar konfigurieren können. Außerdem besteht ständig die Gefahr, dass ein ungeübter Redakteur das Layout der Webseite versehentlich ändert oder zerstört.

Tipp

Fazit: Statische Webseiten

Um statische Webseiten zu bauen, muss man solide Kenntnisse in HTML und CSS und einigen anderen Themen wie Grafikdesign, Bildbearbeitung, Webspace und FTP haben. Die Erstellung dauert recht lange und das Ergebnis ist umständlich zu pflegen. Von Hand erstellte, statische Webseiten sind für Ihre Homepage wahrscheinlich keine gute Lösung.

7.2 Statisches Webpublishing wird interaktiv

Statische Webseiten wurden ab etwa Mitte der 90er Jahre durch Programme erweitert, die eine Interaktion zwischen Besucher und Webseite ermöglichten. Diese Programme laufen jenseits des Webservers auf dem Webspace und werden daher auch als *serverseitige Programme* oder *Webanwendung* bezeichnet. In den 90er Jahren wurden sie oft in einer Sprache namens *Perl* geschrieben, heute ist *PHP* sehr weit verbreitet.

Das Web ist ein interaktives Medium

Das Web ist im Gegensatz zum traditionellen Rundfunk (»Broadcast«) keine Einbahnstraße, sondern ein interaktives Medium. Wichtig zu wissen ist dabei, dass *jede* Interaktion mit dem Besucher einer Webseite zwei Dinge benötigt:

1. ein HTML-Formular im Browser, in das der Besucher Daten eingibt und

2. ein serverseitiges Programm, das die vom Besucher eingegebenen Formulardaten empfängt und verarbeitet.

Jede Interaktion im Web, also jede Suche, jede Anmeldung, jedes Kontaktformular, jede Bestellung und jede Webmail basiert auf diesem Grundprinzip: Ein Formular zur Eingabe der Daten und ein Programm zur Verarbeitung derselben.

Heutzutage sind Interaktionen wie zum Beispiel ein Kontaktformular zur einfachen Kontaktaufnahme oder eine Suchfunktion zum Durchsuchen der Webseiten völlig normale Elemente einer Website.

Ein Kontaktformular als Beispiel zur Interaktion

Als Beispiel für eine Webanwendung zur Interaktion mit den Besuchern möchte ich Ihnen zeigen, wie ein einfaches Kontaktformular funktioniert. Moderne Website-Baukästen wie Jimdo, Weebly oder Webnode stellen so ein Formular bereits fix und fertig zur Verfügung, aber nach der Lektüre dieses Abschnittes wissen Sie auch, wie es funktioniert.

Abbildung 7.4 zeigt zunächst einmal ein bereits ausgefülltes Formular.

Abbildung 7.4:
Ein einfaches
Kontaktformular

Nach einem Klick auf den Button ABSCHICKEN bekommt der Besucher meist eine Antwortseite, die ihm das erfolgreiche Verschicken seiner Nachricht bestätigt. Die Formulardaten hingegen werden als E-Mail an den Betreiber der Website geschickt (Abbildung 7.5).

Abbildung 7.5:
Die E-Mail mit
den Formularda-
ten des Besuchers

Bleibt nur noch die Frage, woher die Antwortseite kommt und wer die E-Mail mit den Formulardaten geschrieben und verschickt hat.

Formulardaten werden von einer Webanwendung verarbeitet

Sowohl die Danke-Seite für den Besucher als auch die E-Mail mit den Formulardaten werden von einem Programm generiert, das wie gesagt jenseits des Webservers auf dem Webspace läuft und *Webanwendung* genannt wird (Abbildung 7.6).

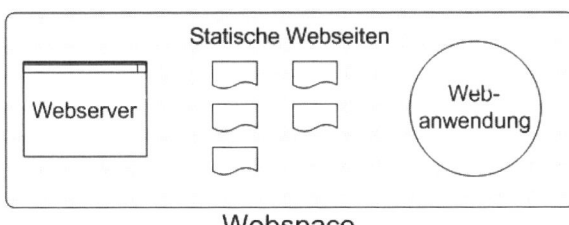

Abbildung 7.6: Eine Webanwendung verarbeitet die Formulardaten.

Jede Interaktion mit dem Besucher einer Webseite beruht auf einem HTML-Formular im Browser des Besuchers und einer Webanwendung, die die vom Besucher eingegebenen Formulardaten verarbeitet.

Für Sie als angehender Websitebetreiber bedeutet das, dass alle Interaktionen mit dem Besucher immer mit einem größeren Aufwand verbunden sind als rein statische Webseiten, weil irgendwie und irgendwo eine Webanwendung mitspielen muss.

Tipp

Fazit: Interaktion bedeutet Programmierung

Jede Interaktion mit Besuchern basiert auf Formularen und serverseitigen Programmen zur Verarbeitung der Formulardaten. Für Ihre Homepage bedeutet das, dass alle Interaktionen immer in irgendeiner Form mit Programmierung und deshalb mit einem relativ hohen Aufwand verbunden sind.

7.3 Dynamisches Webpublishing: Content Management

Einfache Programme wie das im vorherigen Abschnitt gezeigte Kontaktformular erweitern statische Seiten um interaktive Funktionen, aber die Anforderungen im Web stiegen stetig und so spielten Webanwendungen ab Anfang dieses Jahrtausends eine zentrale Rolle auf dem Webspace und wurden zum Motor für die Website.

Oder anders ausgedrückt: Um die Jahrtausendwende hatten so viele Freiberufler, Firmen, Vereine und andere Organisationen schlechte Erfahrungen mit statischen Webseiten gemacht, dass das Bedürfnis, die Inhalte auf einfache Art selbst verändern zu können, immer größer wurde.

Die Lösung lag in einer Webanwendung auf dem Webspace, die den Quelltext der Webseiten dynamisch aus einer Datenbank erstellt, sodass man auch von *dynamischem Webpublishing* spricht.

Die für moderne Websites wichtigste Variante des dynamischen Webpublishing sind *Content Management Systeme*, die es für Redakteure mit wenig Webwissen möglich machen, Inhalte auf einer Website zu erstellen und zu aktualisieren. Andere Beispiele wären *Foren*, *Wikis* oder auch *Online-Shops*.

So funktioniert ein Content Management System (CMS)

Der wichtigste Unterschied zwischen statischem und dynamischem Webpublishing ist, dass die Webseiten nicht mehr fix und fertig auf dem Webserver liegen, sondern erst kurz vor der Auslieferung zusammengebaut werden:

- Auf dem Webspace liegt statt der fertigen Webseiten nur eine oft *Vorlage* oder *Template* genannte Webseite mit zahlreichen Platzhaltern.

- Diese Platzhalter werden vor der Auslieferung an den Besucher vom CMS durch in einer Datenbank gespeicherte Inhalte ersetzt.

Abbildung 7.7 zeigt die Funktionsweise eines CMS im Überblick.

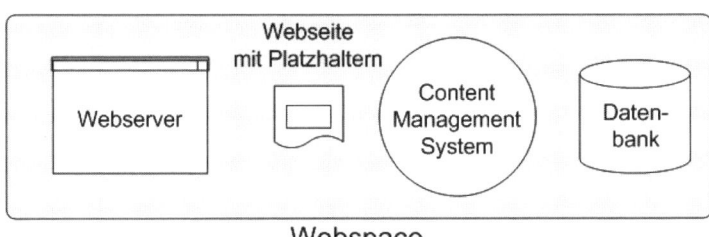

Abbildung 7.7:
Die Funktionswei-
se eines Content
Management
Systems (CMS)

Und so funktioniert ein Content Management System:

■ Der Webserver weiß, dass vor der Auslieferung noch die Platzhalter mit Inhalt gefüllt werden müssen, und sagt dem CMS
Bescheid.

■ Das CMS holt die gewünschten Inhalte für die Platzhalter aus der
Datenbank.

■ Das CMS baut die Inhalte aus der Datenbank in die Platzhalter ein
und reicht den fertigen Quelltext an den Webserver weiter, der
ihn dann an den Browser des Besuchers schickt.

Der Besucher und sein Browser merken von alledem nichts. Für sie ist
es kein Unterschied, ob der Quelltext schon fertig auf dem Webserver lag (statisch) oder ob er erst auf Anforderung zusammengebaut
wurde (dynamisch). Der dynamisch erstellte Quelltext unterscheidet sich für den Browser nicht von einem statisch erstellten.

Ein CMS auf dem eigenen Webspace erfordert Know-how

Eine Warnung vorweg: Ein CMS auf dem eigenen Webspace ist ein
Werkzeug für Webworker und die Installation sowie die Erstellung
einer eigenen Website damit erfordern eine Menge Know-how auf
den verschiedensten Gebieten. Interessierte Laien können das zwar
schaffen, benötigen dazu aber eine eher selten zu findende Kombination aus Zeit, Lernbereitschaft und Frustrationstoleranz.

Das beginnt bereits damit, dass Sie sich passenden Webspace suchen
und diesen auch selbst verwalten müssen. Die meisten CMSysteme
wurden in der Programmiersprache PHP geschrieben und benutzen eine MySQL-Datenbank zur Aufbewahrung der Daten, und der
Webspace muss zum System passen.

Danach müssen Sie das gewählte CMS kennen lernen, begreifen wie
es funktioniert und dann damit eine Website erstellen. Dazu benöti-

gen Sie solide Kenntnisse in HTML und CSS und zumindest Grundwissen zu Themen wie Hosting, Domains, FTP, Dateirechte (777 & Co.), Webserver etc. Je nach Vorwissen und System kann das ein paar Tage, Wochen oder auch Monate dauern.

Deutlicher ausgedrückt: Wenn Ihre Vorerfahrungen sich mit »gute Frontpage-Kenntnisse« umschreiben lassen oder sich auf einen Kurs »HTML für Einsteiger« beschränken, dann ist es ziemlich mutig, sich an einem CMS auf dem eigenen Webspace zu versuchen.

Es kann natürlich klappen, aber es bedeutet in jedem Fall eine Menge Zeit und Arbeit, und eventuell sind Sie mit einem der ab Seite 103 vorgestellten Baukästen besser dran. Falls diese nicht leistungsfähig genug sind, sollten Sie sich auf jeden Fall Hilfe besorgen oder jemanden mit der Erstellung der Site beauftragen, der sich damit wirklich gut auskennt.

Beispiele: WordPress, Joomla!, Contao, Drupal und TYPO3

Alle im Folgenden genannten Programme sind sehr gute Werkzeuge, mit denen man sehr gute Websites bauen kann. Ob ein bestimmtes System für Ihre Website geeignet ist, hängt von den Anforderungen an die Site ab, die Sie zu bauen beabsichtigen. Die Frage, welches CMS für Sie das Beste ist, kann man nicht beantworten, ohne die detaillierte Konzeption für die zu erstellende Site zu kennen.

Lassen Sie sich also von einem freundlichen Mitmenschen nicht ein bestimmtes CMS andrehen, nur weil es zufällig das einzige ist, mit dem dieser umgehen kann. Wie heißt es so schön: Wer als Werkzeug nur einen Hammer kennt, sieht in jedem Problem einen Nagel.

Die folgende CMS-Übersicht ist notwendigerweise unvollständig und soll nur einen kleinen Überblick geben. Ich bitte also schon jetzt Fans von nicht genannten Systemen um Nachsicht. Und hier die Kandidaten:

■ **WordPress** war ursprünglich ein reines Blogsystem und ist weltweit das wohl am häufigsten eingesetzte CMS. Entsprechend groß ist die Community und das Angebot von Büchern, Tutorials, Themes und Plugins. Auf *wordpress.org* gibt es WordPress zum Download, auf *wordpress.com* eine gehostete Version zum Ausprobieren ohne Installation.

- **Joomla!** ist ebenfalls weit verbreitet und das Angebot an Büchern und Tutorials sehr groß. Joomla! ist leicht zu installieren und bietet mit zahlreichen fertigen Templates schnelle Erfolge. Das System hieß früher Mambo und schleppt immer noch einige Altlasten mit sich rum. Fans stört das nicht. Infos auf *joomla.org*.

- **Contao** ist auf *contao.org* zu Hause und ideal für alle Websites, die auf einer hierarchischen Seitenstruktur basieren. Es war nicht unbedingt Liebe auf den ersten Blick, aber inzwischen bin ich Fan. Contao war das erste CMS, das ich nach einem größeren Projekt (*little-boxes.de*) besser fand als vorher und im Herbst 2010 habe ich ein Einführungsbuch dazu geschrieben.

- **Drupal** ist ein sehr leistungsfähiges CMSystem und eher in der Oberklasse angesiedelt. Zum Erlernen von Drupal sollte man je nach Know-how durchaus einige Wochen bis Monate einkalkulieren. Auf *drupal.org* kann man es downloaden, auf *drupalgardens .com* eine gehostete Version ausprobieren.

- **TYPO3** ist ein in Deutschland sehr bekanntes CMSystem und ebenfalls eher in der Oberklasse angesiedelt. Man kann mit TYPO3 buchstäblich alles machen, aber bis man das kann, vergeht viel Zeit. Infos auf *typo3.org*.

Die meisten Kandidaten bieten auf den genannten Websites eine vorinstallierte Demo-Version zum Ausprobieren. Eine Übersicht von Hunderten von Webanwendungen und eine Spielwiese zum Ausprobieren von CMSystemen – ohne diese selbst installieren zu müssen – finden Sie z. B. auf *opensourcecms.com* (Abbildung 7.8).

Abbildung 7.8: opensourceCMS. com – zum Ausprobieren von CMSystemen

Tipp

> ## Fazit: Ein CMS auf dem eigenen Webspace ist ein Werkzeug für Webworker
>
> Ein CMS auf dem eigenen Webspace erfordert eine Menge Know-how und Sie müssen sich auf jeden Fall ausführlich mit den technischen Gegebenheiten beschäftigen. Man könnte vereinfacht sagen: »Keine Lust auf Technik? Finger weg vom eigenen CMS.« Vielleicht sind Sie dann mit einem der ab Seite 103 vorgestellten Baukästen besser dran.

7.4 Auf einen Blick

Hier noch einmal das Wichtigste im Überblick:

- Zum Veröffentlichen im Web benötigen Sie *Webspace*.

- *Webpublishing* ist ein Überbegriff für das Veröffentlichen von Inhalten im Web.

- Webpublishing hat sich im Laufe der Jahre wie folgt entwickelt:

  1. *Statisches Webpublishing*: Dateien, die auf dem Webspace nicht verändert wurden.

  2. *Interaktion mit Besuchern*: Basiert auf HTML-Formularen. Statische Webseiten werden durch serverseitige Programme erweitert, die Formulardaten verarbeiten. Beispiele sind Kontaktformular oder Suchfunktion.

  3. *Dynamisches Webpublishing*: Serverseitige Programme erzeugen den Quelltext der Webseiten auf Anforderung. Beispiel sind Content Management Systeme oder Foren.

- Statische Webseiten sind umständlich zu pflegen.

- Interaktionen mit den Besuchern erfordern immer ein Formular und ein serverseitiges Programm zur Verarbeitung der Formulardaten.

- *Content Management Systeme* (CMS) ermöglichen Mitarbeitern mit wenig Webwissen die Pflege einer Website.

- Für größere Sites gibt es CMSysteme auf dem eigenen Webspace, die aber einiges an technischem Know-how erfordern und in erster Linie ein Werkzeug für Webworker sind.

Kapitel 8

Social Media, Blogs und Baukästen

Worin Sie verschiedene Wege kennen lernen, sich online zu präsentieren, ohne selbst Quelltext schreiben zu müssen. Die Palette reicht dabei von einer einfachen Profilseite bei einem sozialen Netzwerk bis hin zu Baukästen für Blogs oder komplette Websites.

Die Themen im Überblick:

In diesem Kapitel stelle ich Ihnen ein paar Entwicklungen der letzten Jahre vor, die es möglich machen, sich ohne tieferes Webwissen online zu präsentieren.

8.1   Social Media: Im Web aktiv ohne eigene Website

Während des Internet-Booms um die Jahrtausendwende erlebten Webanwendungen einen großen Schub und das Geschäftsmodell vieler Firmen basierte auf einer einzigen Webanwendung. Auch wenn kurz danach viele dieser Modelle wie Seifenblasen zerplatzten, gehören Websites wie Google, Amazon oder eBay heute zum Alltag.

Diese Dienste sind auch für Online-Neulinge leicht zu verstehen, denn sie haben eine Entsprechung im analogen Alltag: Google ist die Auskunft, Amazon ein Warenhaus und bei eBay gibt es Auktionen.

Themenorientierte Communities statt eigener Homepage

In den letzten Jahren hat sich das Wesen von Webanwendungen gegenüber den Anfängen aber so sehr geändert, dass man häufig von einem »Web 2.0« spricht. Ein Schwerpunkt dieser neuen Anwendungen liegt auf der sozialen Komponente, auf der Bildung von virtuellen Gemeinschaften, neudeutsch auch »Community« genannt.

Während man vor wenigen Jahren unbedingt eine eigene Homepage benötigte, um Dinge im Web zu veröffentlichen, kann man sich heute stattdessen aktiv an einer geeigneten Community beteiligen:

- Wenn Sie Ihre Fotos veröffentlichen möchten, gibt es dazu Sites wie *flickr.com* oder *fotocommunity.de*.

- Videos präsentiert man bei *youtube.com* oder *vimeo.com*.

- Verkaufen kann man mit eigenen Shops bei *ebay.de* oder *amazon.de*.

- Kunsthandwerk bietet man bei *dawanda.de*, *etsy.de* oder *bigcartel.com* an.

Die genannten Dienste sind nur eine kleine Auswahl. Es gibt buchstäblich Hunderte davon.

Soziale Netzwerke: Präsentieren Sie sich selbst

Sich selbst präsentiert man am besten in einem der zahlreichen sozialen Netzwerke. Der Social Networking Boom begann ironischerweise bald nach dem Platzen der Internet-Börsenblase Anfang dieses Jahrtausends.

- *Twitter.com* könnte man am besten als Micro-Blogging-Dienst umschreiben. Eine Nachricht wird *Tweet* genannt, hat ähnlich wie eine SMS maximal 140 Zeichen und wird von den *Followern* gelesen, die Ihre Tweets abonniert haben. Ideal, um eigene Artikel und Beiträge bekannt zu machen.

■ Soziale Netzwerke wie *facebook.com* dienen in erster Linie der Kommunikation mit Freunden und sind eine geschlossene Gesellschaft. Die Mitglieder präsentieren sich mit einem eigenen *Profil* und beteiligen sich in *Gruppen*. Mit einer *Fanpage* kann man aber auch Firmen oder Produkte darstellen (Abbildung 8.1).

Abbildung 8.1:
Die Pearson
Fanpage bei
Facebook

Social Networking ist in keinster Art und Weise auf junge Leute beschränkt. Auch gestandene Geschäftsleute nutzen soziale Netzwerke zur Pflege von Kontakten und zur gezielten Informationssuche:

■ *xing.com* wurde 2003 als rein deutsches Business-Netzwerk gegründet. Inzwischen ist XING weltweit tätig und hat über 10 Millionen Mitglieder.

■ *linkedin.com* ist das internationale Pendant, ebenfalls seit 2003 aktiv und hat international mit über 120 Millionen Mitgliedern die Nase vorn.

Die Akzeptanz dieser Dienste steigt auch bei Führungskräften im traditionell eher online-skeptischen Deutschland, sodass ein Profil bei einem seriösen Dienst durchaus als Ergänzung oder sogar als Ersatz für die eigene Bewerbungshomepage dienen kann.

Im Markt der sozialen Netzwerke hat im Sommer 2011 mit *google.de/ plus* ein neuer potenzieller Gigant die Bühne betreten und man darf gespannt sein, ob und wie sich die Verhältnisse in den nächsten Monaten und Jahren verändern.

Soziales Netwerk versus eigene Homepage

Der ernsthafte Einsatz von Diensten aus dem Social-Media-Bereich kostet jede Menge Zeit. Wichtigster Vorteil ist dabei, dass man über einen Kanal sehr viele Leute erreichen kann. Social Media für kommerzielle Absichten erfordert zusätzlich eine Menge Übung und Fingerspitzengefühl. Der direkte Dialog mit potenziellen Kunden steht im Vordergrund und Fehltritte sprechen sich oft noch schneller herum als Erfolge.

Oft dienen die Social-Media-Aktivitäten als Ergänzung zur eigenen Homepage und nicht als Ersatz. Die Bedeutung eines Dienstes kann sich in kurzer Zeit ändern, sodass es riskant ist, die Aktivitäten auf einen einzigen Kanal zu begrenzen.

Vor wenigen Jahren war zum Beispiel MySpace (*myspace.com*) der unumstrittene Branchenführer und eine MySpace-Seite war besonders für Bands aller Richtungen Pflichtprogramm. Heute hat MySpace erheblich an Reputation und Bedeutung verloren, sodass viele Bands ohne eine eigene Homepage erst wieder eine erstellen und bekannt machen müssen.

Die eigene Homepage kann also bildlich gesprochen als das Zentrum der Online-Aktivitäten und als Anlaufstelle für Besucher dienen.

Tipp

Fazit: Social Media als Ergänzung zur eigenen Homepage

Social-Media-Aktivitäten sind in den meisten Fällen ideal als Ergänzung zu einer eigenen Homepage, die als zentrale Anlaufstelle für Besucher dient, können aber sehr viel Zeit kosten.

8.2   Blogger dir einen: Baukästen für Blogs

Wenn Sie mehr möchten als ein Profil bei einem Social Networking Dienst und wenn Sie zwar etwas zu erzählen haben, aber keine komplette Site mit mehreren Seiten oder mehreren Navigationsebenen benötigen, dann ist vielleicht ein Blog etwas für Sie.

Blogs sind einfache CMSysteme und leicht zu bedienen

Blog ist die Kurzform von »Weblog«, was wiederum die Abkürzung von »Web Logbuch« ist. Vereinfacht gesagt sind Blogs ein im Web geführtes Journal.

Blogs gibt es ähnlich wie Telefonate zu allen möglichen Themen. Die Palette reicht von Teenie-Liebesherzschmerz (»Claudia hat in der großen Pause Dieter geküsst. Es tut so weh ...«) bis hin zu durchaus seriösen Themen und Firmendarstellungen.

Einen guten Einstieg in die Welt des Bloggens bietet *deutscheblog-charts.de*. Dort werden die hundert bekanntesten deutschsprachigen Blogs auf einer Seite präsentiert (Abbildung 8.2).

Abbildung 8.2: deutscheblog-charts.de – die beliebtesten deutschsprachigen Blogs

Technisch gesehen ist ein Blog ein einfaches CMS (siehe Seite 92), bei dem der Schwerpunkt auf unkomplizierter Bedienung und der Interaktion mit Besuchern und anderen Blogs liegt. Typisch für einen Blog sind folgende Features:

- *Umgekehrt chronologische Ausgabe* der Beiträge: Neue Beiträge stehen oben und rutschen langsam nach unten, bis sie im Archiv verschwinden.

- *Kommentarfunktion*, die Besuchern die Möglichkeit bietet, sofort auf einen Beitrag zu reagieren.

- *Abonnement* der Beiträge, die es dem Leser erleichtern, auf dem Laufenden zu bleiben (auch bekannt als »RSS-Feed«).

■ *Suchfunktion* und *Archiv*, die das Auffinden der Beiträge erleichtern.

Bemerkenswert ist die bei Blogs im Vergleich zu normalen Websites höhere Vernetzungsdichte untereinander, die zum einen manuell durch Links auf gern gelesene andere Blogs (»Blogroll«) und zum anderen durch automatische Benachrichtigungsfunktionen wie Ping und Trackback entsteht. Suchmaschinen wie Google, deren Lieblingsspeise Hyperlinks und Text sind, mögen Blogs deshalb besonders gerne.

Beispiele: Fertigblogs vom Bloganbieter

Zum Bloggen können Sie eine Blogsoftware wie *WordPress.org* auf Ihrem eigenen Webspace installieren, aber es gibt auch jede Menge Bloganbieter (*Bloghoster*), bei denen Sie kostenlos und in Minuten einen Blog einrichten und sofort loslegen können.

Wenn der Blog eingerichtet ist, wird das Veröffentlichen im Web so einfach wie das Schreiben einer Mail und für den Schnellstart und zum Ausprobieren, ob Bloggen etwas für Sie ist, sind Bloghoster ideal. Die folgende Abbildung zeigt mit *blogger.de*, *wordpress.com* (im Gegensatz zu *wordpress.org*, wo man die Software zur Installation auf dem eigenen Webspace bekommt), *blog.de*, *twoday.net*, *blogger.com* und *kulando.de* eine kleine Auswahl von Bloganbietern (Abbildung 8.3).

Abbildung 8.3:
Kleine Auswahl
von Blog-
anbietern

Falls Sie also etwas zu erzählen haben und das gerne im Web tun würden, schauen Sie sich einige dieser Bloganbieter kurz an. Bei fast allen gibt es eine Tour oder eine Kurzvorstellung und anhand der Aufmachung und Ansprache kann man oft die Zielgruppe schon recht gut erkennen.

Die einzelnen Dienste unterscheiden sich im Detail durch die zur Verfügung stehenden Funktionalitäten, die Benutzungsfreundlichkeit und viele andere Dinge. Finanziert werden sie meist durch mehr oder weniger Werbeeinblendungen, aber auch das ist nicht bei allen der Fall. Probieren Sie einfach aus, welcher Dienst Ihnen am meisten zusagt.

Blogs mit Soundbeiträgen werden übrigens *Podcast* genannt, weil sie anfangs meist über Apples iPod-Geräte abonniert und gehört wurden, während Blogs mit Videobeiträgen meist einfach *Video-Blog* heißen.

Fazit: Blogs sind für alle, die etwas mitzuteilen haben

Ein Blog ist eine ideale Veröffentlichungsplattform für alle, die etwas zu sagen haben und dies relativ regelmäßig zu tun beabsichtigen. Kennzeichnend für einen Blog ist wie gesagt die umgekehrt chronologische Darstellung der Beiträge. Wenn das nicht ausreicht, ist ein Website-Baukasten eventuell eine bessere Lösung.

Hinweis

8.3 »Instant Websites«: Baukästen für Websites

Ein Website-Baukasten ist technisch gesehen ein »gehostetes CMS«. Das klingt vielleicht nicht besonders einladend, ist aber gar nicht so schwer zu verstehen: Ein *gehostetes CMS* läuft auf den Servercomputern des Anbieters und ist sofort startklar. Es muss nicht erst installiert oder konfiguriert werden. »Host« heißt wörtlich übersetzt so viel wie »Gastgeber«, ist in der Praxis aber nur ein anderes Wort für »Server«.

Ein gehostetes CMS ist nach der Registrierung beim Anbieter sofort startklar und eine Installation ist nicht notwendig. Nach der Fertigstellung der Website müssen Sie sich »nur« noch um das Layout und die Inhalte Ihrer Website kümmern, und nicht um die Verwaltung des Webspaces. Wartung und Aktualisierung des Systems werden automatisch vom Anbieter erledigt.

Für wen kommt ein Website-Baukasten in Frage?

Zielgruppen der Anbieter sind neben Privatpersonen unter anderem Schulen, Vereine, kleine Firmen, Läden, Kneipen und Cafés, Handwerker, öffentliche und kirchliche Einrichtungen (Kindergärten etc.) und natürlich Selbstständige und Existenzgründer.

Kurzum: Ein Website-Baukasten kommt für alle in Frage, die eine Website brauchen und denen die Kombination aus wenig Webwissen und begrenztem Budget bekannt vorkommt.

Eine Wunschliste für einen einfachen Webauftritt könnte ungefähr so aussehen:

- attraktives Layout mit eigenem Kopfbereich und Logo
- ungefähr zehn bis zwanzig Webseiten (können ruhig auch ein paar mehr sein)
- einfache Aktualisierung der Inhalte auf den Webseiten
- einfache Erstellung interaktiver Bildergalerien
- Anfahrtskizze für Besucher (z. B. mit Google Maps)
- Kontaktformular (ohne eigene Programmierung)

Diese Wunschliste wird von den meisten modernen Website-Baukästen problemlos erfüllt und bei vielen gibt es noch zahlreiche andere Features wie z. B. einen integrierten Blog, passwortgeschützte Bereiche, Suchmaschinenoptimierung oder Newsletter-Systeme.

Website-Baukästen sind in erster Linie für Sites gedacht, an denen nur ein oder zwei Leute arbeiten, da es meist nur ein Login und keine oder nur sehr wenige unterschiedliche Benutzerrechte gibt. Websites, die von mehreren Redakteuren oder Mitarbeitern gepflegt werden sollen, benötigen in der Regel ein CMSystem auf dem eigenen Webspace.

Technische Einschränkungen bei einem Baukasten

Bei einem gehosteten CMS mieten Sie wie erwähnt den Webspace gleich mit und Sie haben im Gegensatz zu einem CMS auf dem eigenen Webspace in der Regel keinen Zugriff auf das Serversystem: kein FTP-Zugang, keine Datenbankkonfiguration und auch keine eigenen Skripte. Außerdem ist der Wechsel auf einen anderen Webspace meist nicht möglich.

Hinweis

Beispiele: Jimdo, Webnode, Weebly & Co.

Noch vor wenigen Jahren waren die Ergebnisse solcher Baukästen kaum der Rede wert. Sie waren zu umständlich zu bedienen, waren zu eingeschränkt in ihren Möglichkeiten oder lieferten zu schlechte Ergebnisse. Inzwischen gibt es aber einige Systeme, bei denen selbst gestandene Webworker aus dem Staunen nicht mehr herauskommen.

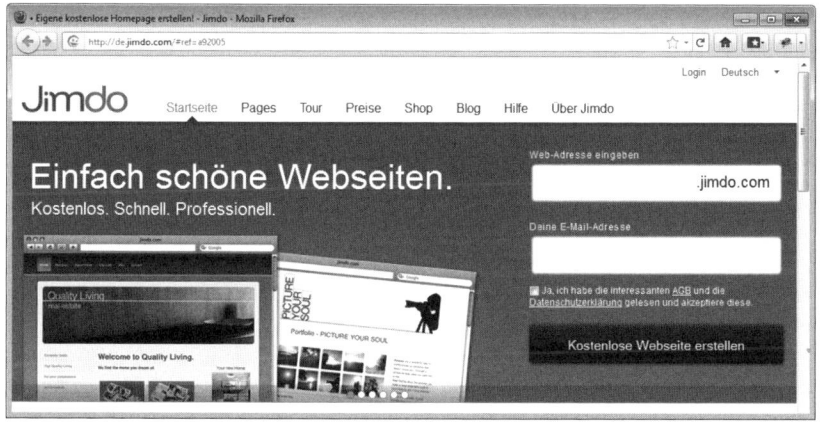

Abbildung 8.4: Jimdo aus Hamburg – einfach schöne Webseiten

Hier einige Website-Baukästen, die eine deutschsprachige Benutzeroberfläche haben:

- *jimdo.com* kommt aus Hamburg und Sie lernen das System in Kapitel 13, »Eine Homepage mit Jimdo erstellen«, ab Seite 179 ausführlich kennen.

- *webnode.com* kommt aus Tschechien, hat jede Menge Features und ist bis auf einen Link rechts unten im Footer auch in der kostenlosen Version werbefrei.

■ *weebly.com* ist in San Francisco ansässig, sehr einfach per Drag and Drop zu bedienen und hat ebenfalls eine dezente Werbung im Fußbereich.

■ Die *Do-It-Yourself Homepage* von 1&1 basiert technisch auf dem System von Jimdo. Pluspunkt bei 1&1 sind die branchenorientierten Designs, aber insgesamt bietet Jimdo mehr Features für das gleiche oder oft sogar weniger Geld.

Das Beste an allen diesen Baukästen ist, dass das Ausprobieren der Systeme bei den meisten Anbietern außer der dazu benötigten Zeit nichts kostet.

Die Website zu den Baukästen: »websitetooltester.com«

Robert Brandl schreibt auf *websitetooltester.com* über »Website-Tools«, also moderne Homepage-Baukästen. Ein schöner Artikel für den Einstieg listet deren Vor- und Nachteile auf einer Seite (Abbildung 8.5):

websitetooltester.com/vor-und-nachteile-eines-website-baukastens/

Neben ständig aktualisierten Testberichten gibt es auf der Site jede Menge Tipps und Tricks rund um das Erstellen einer eigenen Homepage. Die Website wurde übrigens mit Webnode erstellt.

Abbildung 8.5: websitetooltester. com – die Website rund um Baukasten-Systeme

Offline-Baukästen: Teurer und nicht so flexibel

Neben den gezeigten Online-Baukästen gibt es noch Baukasten-
systeme, mit denen Sie die Site offline auf Ihrem PC erstellen und
dann – wie früher beim statischen Webpublishing – per FTP auf den
Webspace hochladen. Die Pflege der Website ist somit nicht ortsun-
abhängig und erfolgt immer von dem PC aus, auf dem die Website-
Daten liegen und das Baukastensystem lokal installiert ist.

Tabelle 8.1 zeigt zwei der bekanntesten Vertreter, die es bereits seit
vielen Jahren gibt.

Name	Preis	Infos und Kurztest im Web
WebToDate (Data Becker)	ca. 180 €	Infos: *www.todate.de* Kurztest: *bit.ly/webtodate-kurztest*
Netobjects Fusion	ca. 200 €	Infos: *www.netobjects.de* Kurztest: *bit.ly/fusion-kurztest*

Tabelle 8.1:
Zwei bekannte
Offline-Baukästen

Der Anschaffungspreis von 180 bis 200 Euro ist für Firmen wohl
keine große Hürde, aber andererseits sind Sie bei einem modernen
Homepage-Baukasten für diese Summe bereits zwei bis drei Jahre online. Außerdem muss man sich bei Offline-Baukästen auch selbst um
Domain und Webspace kümmern und hat dadurch zusätzlich noch
monatliche Fixkosten.

Fazit: Website-Baukästen sind für viele kleine und mittlere Websites ideal

Tipp

Große Sites mit mehreren Redakteuren oder besonderen Anforderungen benötigen nach wie vor eine maßgeschneiderte Lösung mit einem
CMS wie WordPress, Contao oder sogar TYPO3 (siehe Seite 94). Für
viele kleine und mittelgroße Websites reicht ein Baukasten und ent-
sprechendes Know-how aber völlig aus, und letzteres bekommen Sie
in diesem Buch.

8.4   Auf einen Blick

Hier noch einmal die wichtigsten Punkte dieses Kapitels im Überblick:

- Man kann auch ohne eigene Homepage im Web aktiv sein, zum
  Beispiel auf Sites wie Facebook, Xing oder LinkedIn.

- Blogs sind ein im Web geführtes Journal. Technisch gesehen sind
  es einfache Content Management Systeme mit einigen typischen
  Features wie z. B. einer umgekehrt chronologischen Ausgabe der
  Beiträge.

- Bloghoster bieten fertige Blogs, die in wenigen Minuten startklar
  sind.

- Website-Baukästen sind gehostete CMSysteme und interessierte
  Laien können damit eine professionelle Website erstellen.

- Moderne Baukästen sind für kleinere und mittlere Sites geeignet,
  an denen nur ein oder zwei Personen arbeiten.

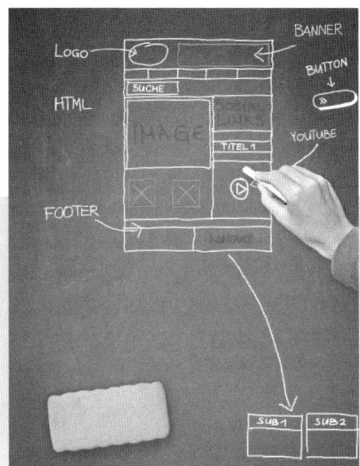

Kapitel 9

Gute Seiten, schlechte Seiten

Worin Sie sehen, dass eine Webseite zu Gast beim Surfer ist. Außerdem lernen Sie sieben Kriterien zur Beurteilung von Webseiten kennen und erfahren dann, dass die richtige Mischung das Wichtigste ist.

Die Themen im Überblick:

Bevor Sie sich näher mit der Konzeption Ihrer eigenen Website befassen, sollten Sie sich ein bisschen Zeit nehmen und ein paar ausgedehnte Spaziergänge im Web unternehmen. Überlegen Sie dabei, welche Seiten Ihnen gefallen und warum Sie sich auf einigen wohler fühlen als auf anderen.

9.1 Die Webseite ist zu Gast beim Surfer

Man spricht oft davon, dass eine Webseite Besucher hat, aber genau genommen ist es umgekehrt. Der Surfer lädt die Seite durch einen Klick oder das Eintippen der URL zwar zu sich nach Hause ein, aber der Quelltext geht zum Surfer und erscheint in dessen Umgebung in dessen Browser. Die Webseite ist also zu Gast beim Surfer, und sie sollte sich eigentlich auch wie ein Gast verhalten.

Das tun leider nicht alle. Einige sind sogar ziemlich unhöflich. Vielleicht kommt Ihnen folgende Situation ja ein bisschen bekannt vor:

- Sie haben eine Webseite eingeladen, die Ihnen bei der Planung des Kreta-Urlaubs behilflich sein soll. Es klingelt und Sie öffnen die metaphorische Haustür.

- Draußen steht jemand mit einem voll aufgedrehten Ghettoblaster auf der Schulter, aus dem laut plärrende Bouzoukis den sanft aus Ihrer Stereoanlage säuselnden Frühling von Vivaldi übertönen.

- In der anderen Hand hält er ein flackerndes Stroboskop, sodass Sie ihn vor lauter Blitzen und Blinken kaum noch erkennen können.

- Der Gast drängelt sich ohne zu fragen an Ihnen vorbei und noch nicht mal richtig drin, protestiert er schon, dass das Wohnzimmer zu klein sei und er sich in Zimmern unter 20 m² generell nur unter Protest und mit Scrollbalken niederlasse.

- Und er ist süchtig. Nach JavaScript. Ohne JavaScript redet er nicht mal mit Ihnen.

Wie gesagt. Eine Webseite ist zu Gast beim Surfer und sollte sich auch so benehmen. Obiges Beispiel geht eher in Richtung Hausfriedensbruch.

9.2 Überblick: Sieben Qualitätskriterien

Damit Sie sich bei der Beurteilung von Sites und Seiten nicht nur auf ihr Bauchgefühl verlassen müssen, möchte ich Ihnen sieben Kriterien vorstellen, mit deren Hilfe Sie die Qualität einer Webseite besser einschätzen können und die Sie bei der Planung Ihrer eigenen Site berücksichtigen können:

1. **Inhalt**: Was gibt es hier?

2. **Gestaltung**: Wie sieht es aus?

3. **Navigation**: Wie findet man sich zurecht?

4. **Performance**: Wie schnell wird die Seite geladen?

5. **Zugänglichkeit**: Kann Ihr Browser die Seite darstellen?

6. **Quelltext**: Entspricht der Quelltext modernen Standards?

7. **Interaktion**: Wird die Möglichkeit zur Interaktion adäquat umgesetzt?

Das Geheimnis liegt in der richtigen Mischung, und wird am Ende dieses Kapitels gelüftet. Natürlich ist eine Website, die in allen sieben Fächern eine gute Note bekommt, fast zwangsläufig auch eine benutzerfreundliche Website. Websites werden schließlich für Benutzer gebaut – und nicht für Webdesigner oder deren Kunden.

1. Der Inhalt: Darum kommen die Besucher

Der Inhalt einer Website, neudeutsch auch oft *Content* genannt, ist vereinfacht gesagt der Grund, warum jemand eine bestimmte Website besucht.

Für viele Sitebetreiber ist der Inhalt bei der Erstellung der eigenen Webseiten das größte Problem und die Antwort auf die Frage »Was soll ich auf die Seiten tun?« eine der schwierigsten. Bei privaten Homepages resultiert das oft in einem »Willkommen auf meiner Homepage« und einigen Katzenfotos, auf gewerblichen Websites in einer digitalen Kopie der Firmenbroschüre, die es vorher bereits offline gab.

Das Web ist multimedial und Inhalt kann in folgenden Varianten vorliegen:

- Text
- Bilder
- Audio
- Video

Inhalt muss besuchenswert und aktuell sein. Für eine Informationswebsite sind lesenswerte Beiträge wichtig, für Amazon hingegen günstige Angebote und hilfreiche Rezensionen. Für Flickr sind es sehenswerte Fotos, für YouTube interessante Videos.

Guten Content für eine Website zu erstellen und diesen dann immer aktuell zu halten, kostet viel Zeit oder Geld oder beides. Aber ohne guten Inhalt brauchen Sie sich um die anderen Kriterien in diesem

Kapitel eigentlich keine Sorgen zu machen, denn ohne guten Inhalt kommen wahrscheinlich sowieso nicht so viele Besucher oder sie gehen gleich wieder weiter, und dann ist es auch egal, ob die Site gut aussieht oder die Navigation übersichtlich ist.

Hinweis

Wenn die Benutzer den Inhalt selbst schreiben

Im Web gibt es viele Sites, bei denen die Besucher den Inhalt selber erstellen, wie z. B. bei einem Forum oder bei Communities wie flickr.com oder youtube.com. Das nennt man neudeutsch user generated content (wörtlich »von den Benutzern erzeugter Inhalt«). Der Betreiber der Website sorgt in dem Fall für das Funktionieren der Webanwendung, der Inhalt kommt von den Besuchern.

2. Die Gestaltung: So sieht's aus

Die grafische Gestaltung bestimmt das Aussehen Ihrer Site und besteht aus verschiedenen Komponenten. Unter anderem sind dies:

- Layout der Seiten
- Farbschema
- grafische Elemente
- Typographie

Viele angehende Websitebetreiber kümmern sich anfangs fast nur um die Gestaltung und vernachlässigen dabei Dinge wie Inhalt, Navigation oder Zugänglichkeit. Die grafische Gestaltung ist natürlich nicht unwichtig und bestimmt den ersten Eindruck, aber die Ästhetik wird bei Webseiten oft überschätzt. Gestaltung ist kein Selbstzweck, denn es gilt der schöne Satz: »Webseiten sind keine Gemälde. Sie werden nicht betrachtet, sondern *benutzt*.« (Jens Grochtdreis, *grochtdreis.de*).

Weder mit Google noch mit Amazon oder eBay würden Sie einen gestalterischen Blumentopf gewinnen, und doch gehören diese drei Sites zu den wahrscheinlich erfolgreichsten überhaupt. Sie haben guten Inhalt und die Gestaltung dient dazu, diesen möglichst effektiv zugänglich zu machen.

Achten Sie bei Ihren Surftouren also darauf, was Ihnen optisch gefällt, aber denken Sie daran, dass hübsch auszusehen nicht alles ist.

3. Die Navigation: Orientierung geben

In gewisser Weise ist eine Website wie ein öffentliches Gebäude. Bei beiden müssen Sie mit Besuchern rechnen, also wortwörtlich mit Menschen, die etwas *suchen*. Und sowohl bei öffentlichen Gebäuden als auch bei Websites sollte dafür gesorgt sein, dass die Besucher sich schon beim ersten Besuch gut zurechtfinden.

Bei Ihren Besuchen in öffentlichen Gebäuden (und auf Websites) werden Sie wahrscheinlich festgestellt haben, dass diese Orientierung manchmal problemlos gelingt und manchmal eher nicht. In Gebäuden ist die Verteilung der Zimmernummern dann oft ähnlich undurchsichtig wie die Sitzplatznummerierung der Deutschen Bahn und auf Websites suchen Sie vergeblich nach einem »Kontakt«.

Navigation heißt, den Besucher schnell und sicher an sein Ziel zu bringen. In einem öffentlichen Gebäude zum richtigen Zimmer, auf der Website zur richtigen Webseite.

Das Problem an der Sache ist natürlich, dass Sie im Voraus nicht wissen, was Ihre Besucher eigentlich suchen. Der Besucher einer Website liest die Seiten nicht in einer vorgegebenen Reihenfolge, sondern springt mithilfe von Hyperlinks darin herum. Er kommt auch nicht immer über die Startseite, sondern landet zum Beispiel über eine Suchmaschine oft direkt auf einer Unterseite.

Eine gute Navigation ...

■ **... ist konsistent und intuitiv.**

Eine gute Navigation erklärt sich selbst und muss nicht erlernt werden. Sie ist für den Besucher der Fixstern durch das Labyrinth der Webseiten. Position und Struktur sollten sich nicht ändern.

■ **... verwendet aussagekräftige Beschriftungen.**

Je eindeutiger die Beschriftung ist, desto leichter findet sich der Besucher zurecht. Klassiker sind STARTSEITE, KONTAKT oder auch ÜBER UNS. Aber was verbirgt sich hinter INFO?

- **... zeigt dem Besucher, wo er gerade ist.**

  Ähnlich wie ein in der Stadt aufgestellter Stadtplan eine »Sie sind hier« Markierung hat, sollte die Navigation dem Besucher signalisieren, wo er sich innerhalb der Site gerade befindet.

- **... beachtet allgemeine Konventionen.**

  Stellen Sie sich vor, Sie warten vor einer Ampel, und die springt plötzlich auf Blau. Blaue Ampeln verwirren. Eine gute Navigation vermeidet blaue Ampeln. In unserem Kulturkreis wird von links nach rechts gelesen und die Hauptnavigation sitzt dementsprechend meist links oder oben.

- **... bietet dem Besucher Alternativen.**

  In jedem Baumarkt können Sie beobachten, wie einige Besucher auf der Suche nach einem bestimmten Artikel stundenlang durch die Gänge irren, während andere direkt zum nächsten Mitarbeiter laufen und fragen. Erstere werden sich auf unbekannten Websites eher durchklicken, letztere gehen direkt zur Suchfunktion.

Es gibt bestimmt noch mehr Empfehlungen für eine gute Navigation, aber für den Anfang soll das erst einmal reichen.

4. Die Performance: Die Entdeckung der Langsamkeit

Ein weiterer Faktor bei der Beurteilung einer Webseite ist die Performance, also die Schnelligkeit, mit der die Webseite geladen wird. Auch im Zeitalter von DSL ist die Ladezeit einer Webseite ein Thema:

- Ich habe auch mit einer schnellen DSL-Anbindung beim Laden einer Webseite *schon oft* gedacht »Boah, ist dat laaaangsaaam!«.

- Hingegen hatte ich eigentlich *noch nie* das Gefühl »Nee, das war jetzt zu schnell«.

Die goldene Regel lautet, dass die Seite geladen sein muss, bevor der Besucher auf den Butten ABBRECHEN in seinem Browser geklickt hat. Wie lange ein Besucher wartet, hängt allerdings von vielen Faktoren ab. Spiegel-Leser warten auf die Startseite von Spiegel Online länger als Otto Normalsurfer auf irgendeine ihm noch unbekannte Seite, die er über eine Suchmaschine gefunden und vorher noch nie gesehen hat.

Fazit: Achten Sie beim Surfen darauf, welche Seiten Sie als schnell empfinden und, noch wichtiger, welche als langsam.

5. Die Zugänglichkeit: »Wie Sie sehen, sehen Sie nichts«

Webseiten werden in sehr vielen unterschiedlichen Umgebungen dargestellt und Zugänglichkeit bedeutet nichts anderes, als dass der Inhalt der Webseiten für möglichst jeden Besucher *zugänglich* bleiben sollte. Im Englischen heißt der Fachbegriff dafür *Accessibility*, im Deutschen hat sich der Begriff *Barrierefreiheit* eingebürgert.

Die Zugänglichkeit von Webseiten wird oft ignoriert, weil es etwas Vergleichbares für Papierseiten nicht gibt, aber sie ist wichtig. In Kapitel Kapitel 6 haben Sie ab Seite 71 gelesen, dass Webseiten aus Quelltext bestehen und dass dieser Quelltext vom Browser in den unterschiedlichsten Umgebungen in eine Webseite umgewandelt wird.

Versuchen Sie beim Surfen einmal, solche Umgebungen zu simulieren. Sie haben zum Beispiel gesehen, wie Sie …

- ◼ … im Browser Grafiken deaktivieren (Seite 75).

- ◼ … CSS und JavaScript ausstellen (ab Seite 77).

Auch ohne Grafiken, CSS oder JavaScript sollte der Inhalt der Webseite zugänglich bleiben.

Machen Sie beim Surfen einfach einmal das Browserfenster kleiner, vergrößern Sie die Schrift (Strg + *Rollrad*) oder versuchen Sie, die Webseiten nur mit der Tastatur zu navigieren (mit ⇆, ⇧ + ⇆ und ↵). Zugängliche Webseiten passen sich möglichst flexibel an ihre Umgebung an.

Falls Sie Zugänglichkeit für Firlefanz halten, so nach dem Motto »Was glauben Sie denn, wie viel Autos wir mehr verkaufen, wenn unsere Website auch für Blinde zugänglich ist«, dann halten Sie sich vor Augen, dass Ihre Website auch von Suchmaschinenrobots wie dem Googlebot besucht wird, und der kann nicht lesen, nicht hören, nicht denken und nicht klicken. Er klappert nur URLs ab und sammelt Buchstaben und Grafiken.

Eine zugängliche Website ist nicht automatisch auch eine suchmaschinenfreundliche, aber guter Inhalt und dessen Zugänglichkeit sind eine gute Voraussetzung für eine erfolgreiche Positionierung auf den Ergebnisseiten der Suchmaschinen.

Fazit: Achten Sie beim Surfen darauf, ob Sie bestimmte Inhalte nicht sehen können und versuchen Sie ruhig einmal, eine Site in verschiedenen Umgebungen wie zum Beispiel auf einem Smartphone zu betrachten.

Hinweis

Zugänglichkeit von Webseiten

Ausführlichere Informationen zur Barrierefreiheit finden Sie zum Beispiel auf *einfach-fuer-alle.de* oder *bik-online.info* (barrierefrei informieren und kommunizieren).

6. Der Quelltext: Verborgene Qualitäten

Moderner Quelltext beruht auf der auf Seite 81 beschriebenen Trennung von Inhalt und Gestaltung, die mit Webstandards wie HTML und CSS umgesetzt wird. Für Laien ist diese Tatsache etwas schwieriger zu überprüfen, da man beim Betrachten einer Webseite im Browser nicht erkennen kann, *wie* diese gebaut wurde. Das ist wie bei einem Haus: Obwohl es von außen vielleicht noch gut aussieht, kann die Bausubstanz schon ziemlich hin sein.

Die Qualität des Quelltextes ist nur mit einem Blick unter die Motorhaube zu erkennen, aber Indizien für einen nicht wirklich zeitgemäßen Quelltext sind zum Beispiel:

- Veraltete HTML-Elemente wie `<font>` zur Schriftgestaltung.

- HTML-Tabellen (`<table>`, `<tr>`, `<td>` etc.) zum Layouten der Seite.

In beiden Fällen wird HTML zum Gestalten benutzt und dadurch die Trennung zwischen Inhalt und Gestaltung aufgehoben. HTML dient zum Ordnen, zum Gestalten von Webseiten gibt es CSS.

Mit einem Validator können Sie das HTML im Quelltext einer Webseite auf Grammatikfehler überprüfen. Einen solchen Validator finden Sie zum Beispiel beim World Wide Web Consortium, das die Standards rund um das Web definiert:

- *http://validator.w3.org/*

Dort geben Sie einfach die URL der zu prüfenden Seite ein und klicken auf CHECK.

So ein Validator ist ziemlich pingelig und nicht jeder angezeigte Fehler ist wichtig. Die wenigsten Seiten validieren mit null Fehlern und im Alltagsbetrieb einer Site gibt es manchmal gute Gründe für bestimmte Fehler, die sich auch nur schwer abstellen lassen.

Validatoren sind hilfreiche Werkzeuge, deren Urteil aber nicht absolut gesetzt werden sollte. Es gibt gute Websites mit zahlreichen Validierungsfehlern und es gibt schlechte Websites, die durchaus valide sind.

Wenn aber nach dem Validator-Check im Browserfenster ein grüner Balken erscheint, dann ist das auf jeden Fall ein Indiz dafür, dass der Quelltext mit großer Sorgfalt erstellt wurde (Abbildung 9.1).

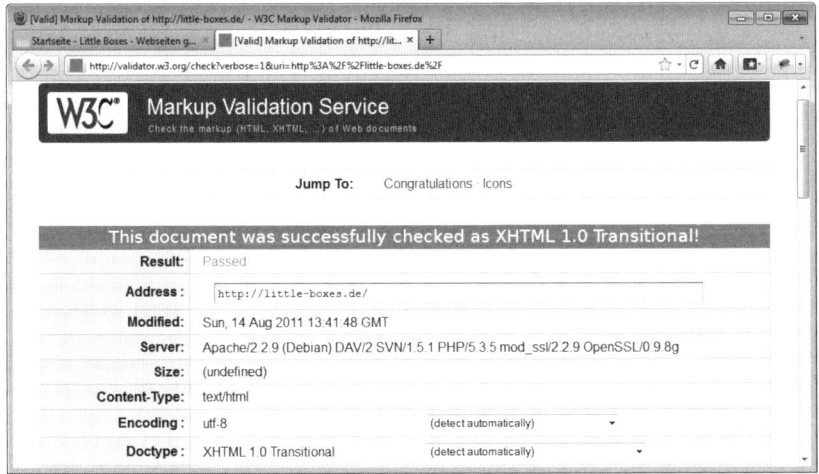

Abbildung 9.1:
Der HTML-Validator. Null Fehler. Eins. Setzen.

Der Qualidator

Während die Validatoren nur wie ein Buchhalter die Einhaltung der Grammatikregeln überprüfen, versucht der Qualidator einen etwas umfassenderen Ansatz und berücksichtigt auch andere Kriterien:

■ *http://www.qualidator.com/*

Hinweis

7. Die Interaktion: Mit den Besuchern kommunizieren

Auf Seite 88 haben Sie gelesen, dass das Web ein interaktives Medium ist und dass sich das Webpublishing in den letzten Jahren verändert hat. Achten Sie beim Surfen darauf, wie Webseiten diese Möglichkeiten integriert haben. Suchfunktion und Kontaktformular gehören heute eigentlich zum Pflichtprogramm für eine mediengereichte Website. Andere Möglichkeiten wären Gästebuch, Forum, Kommentarmöglichkeiten und vieles mehr.

Zwei potenzielle Nachteile für Sie als zukünftiger Websitebetreiber möchte ich dabei aber nicht verschweigen:

- Interaktion beruht auf Programmierung, denn wie ab Seite 91 beschrieben, müssen die vom Besucher eingegebenen Daten von einer Webanwendung verarbeitet werden, was für Sie bei der Erstellung der Site eventuell einen größeren Aufwand bedeutet.

- Nach der Inbetriebnahme einer Webanwendung verarbeitet diese die Daten zwar, aber Sie (oder jemand anders) müssen anschließend aktiv werden: Beantworten von Anfragen, Pflege der Daten, Wartung der Webanwendung usw.

Achten Sie beim Surfen darauf, welche interaktiven Features Ihnen gefallen und welche für Ihre geplante Site eventuell von Belang sind.

9.3　Die Mischung macht's: Bibliothek und Galerie

Wenn eine Site in allen Bereichen eine gute Figur macht, hat sie gute Chancen, als benutzerfreundlich zu gelten.

Aber die sieben Kriterien alleine reichen zur Bewertung einer Site noch nicht aus, denn:

- Eine Website kann potthässlich und trotzdem erfolgreich sein.

- Eine Website kann ein Augenschmaus sein und trotzdem ohne Besucher bleiben.

Zur Erklärung dieser Phänomene müssen die sieben Kriterien unterschiedlich gewichtet werden und den Schlüssel dazu liefert die folgende Metapher von Bibliotheken und Galerien.

Die Websites, die Ihnen auf Ihren Surftouren begegnen, liegen alle irgendwo zwischen den beiden folgenden Extremen:

- **Bibliothek**. Motto: »form follows function«

  Unmengen von Informationen systematisiert, geordnet, aber knochentrocken und trotz Kunst am Bau nicht unbedingt eine Augenweide.

- **Galerie**. Motto: »Function? What function?«

  Leere Räume mit viel Platz und einigen, überwiegend grafischen Objekten. Informationen? Nur zu den ausgestellten Objekten.

Besucher von Bibliotheken und Besucher von Galerien haben sehr unterschiedliche Prioritäten. Schauen Sie sich aber zunächst die beiden Pole etwas genauer an.

Über den Begriff »Galerie«

In diesem Abschnitt wird der Begriff »Galerie« als Bezeichnung für den Gegenpol zu einer stark informationsorientierten Webseite gebraucht und hat nichts mit einer Bilder- oder Fotogalerie zu tun, die Sie auf einer Webseite finden. Eine Webseite kann also durchaus eine Bildergalerie haben und trotzdem keine »Galerie« sein.

Die Bibliothek: form follows function

In einer Bibliothek steht die *Funktionalität* im Vordergrund: Viele Benutzer suchen nur eine bestimmte Information und wollen diese möglichst ohne Umwege erhalten. Danach verlassen sie die Bibliothek und gehen ihrer Wege. Für eine Website bedeutet das: kurze Ladezeiten, schnörkelloser Aufbau, Übersichtlichkeit und auf allen Systemen darstellbar. Abbildung 9.2 zeigt die Startseite der Website *useit.com* von Usability-Guru Jakob Nielsen, eine typische »Bibliothek«.

Abbildung 9.2:
Eine typische
Bibliothek –
useit.com von
Jakob Nielsen

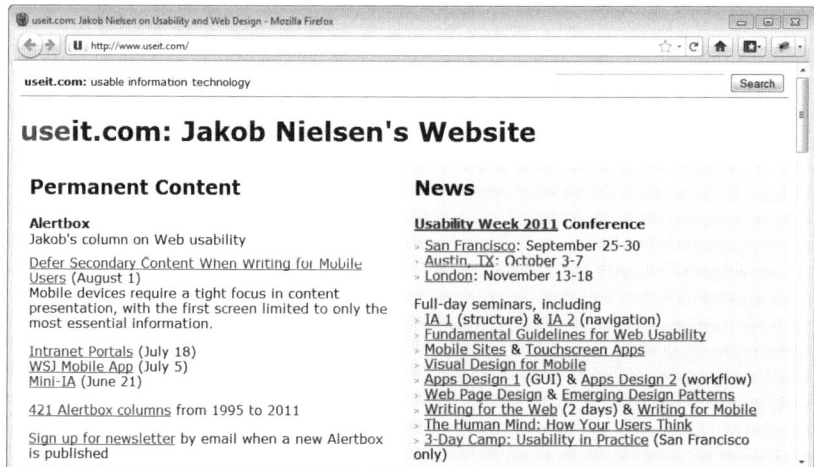

Abbildung 9.2:
Eine typische
Bibliothek –
useit.com von
Jakob Nielsen

Lesenswerter Inhalt, die Seite wird schnell geladen, ist leicht zu navigieren und man kann sie in jedem Browser ohne Probleme betrachten. Der Schwerpunkt liegt in der schnellen Verfügbarkeit bestimmter Informationen, und die Gestaltung hat sich diesem Ziel völlig untergeordnet: *form follows function*.

Die Galerie: form without function

In eine Galerie gehen Besucher aus anderen Gründen als in eine Bibliothek. In einer Galerie wollen die Besucher anspruchsvoll unterhalten werden und sind dafür eher bereit, auch mal Schlange zu stehen oder – übertragen auf das World Wide Web – etwas länger auf eine Seite zu warten. Im Gegenzug muss sich das Warten aber auch lohnen, ansonsten wird die Ausstellung ein Flop und die Galerie nicht wieder besucht.

Die Macher von *derbauer.de* zum Beispiel versuchen, die audiovisuellen Möglichkeiten von Flash auszuloten und haben überhaupt nicht den Anspruch, auf jedem System gut auszusehen (Abbildung 9.3).

Abbildung 9.3:
Eine typische
Galerie –
derbauer.de
(am besten mit
Sound)

Schwerpunkt dieser Site ist die Gestaltung. Schnelligkeit, Navigation und Zugänglichkeit sind nebensächlich. Sie müssen einen modernen Browser und ein bisschen Zeit mitbringen sowie das neueste Flash-Plugin installieren, bevor Sie die Site genießen können. Kein Flash? Keine Site.

Bibliotheken und Galerien haben unterschiedliche Prioritäten

Eine Bibliothek liefert Informationen. Kriterien wie Zugänglichkeit, Schnelligkeit und Navigation sind wichtig. Struktur ist das Zauberwort. Bei einer Galerie hingegen zählt fast nur die Gestaltung. Navigation, Schnelligkeit und Zugänglichkeit ordnen sich dem unter:

- Alles, was in einer Bibliothek wichtig ist, verliert in einer Galerie an Bedeutung.

- Alles, was in einer Galerie wichtig ist, ist in einer Bibliothek unwichtig.

Grafisch dargestellt sieht das so aus wie in Abbildung 9.4.

Abbildung 9.4:
Unterschiedliche
Prioritäten bei
Bibliotheken und
Galerien

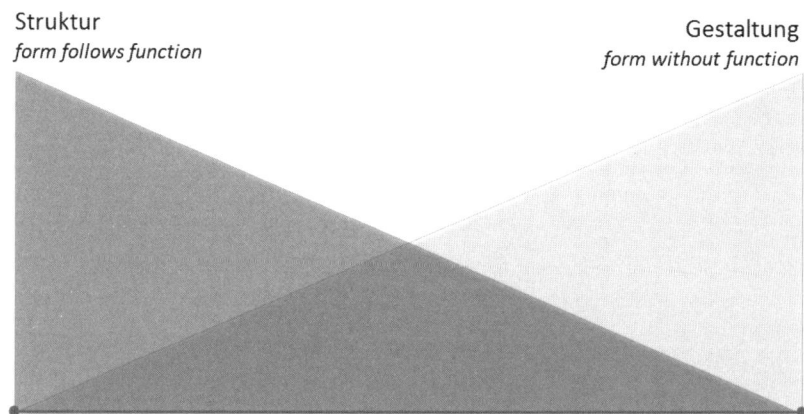

Abbildung 9.4: Unterschiedliche Prioritäten bei Bibliotheken und Galerien

Irgendwo zwischen diesen beiden Extremen liegt Ihre Website und bei der Erstellung ist die Einordnung auf dieser Skala sehr wichtig. Denn ein eher bei den Bibliothek-Sites angesiedeltes Projekt hat bei der Gewichtung der Kriterien andere Schwerpunkte als eine Galerie-Site.

Achten Sie auf die richtige Mischung. Lassen Sie zum Beispiel eine ansprechende Gestaltung nicht zu Lasten der Navigation oder der Zugänglichkeit gehen. Umgekehrt muss ein Schwerpunkt auf Zugänglichkeit nicht bedeuten, dass eine Site aussieht wie Aschenputtel *vor* dem Fest.

Fazit

Die Kriterien Inhalt, Gestaltung, Navigation, Performance, Zugänglichkeit, Quelltextqualität und Interaktion sind bei der Beurteilung der Qualität einer Website nützlich.

Bei der Gewichtung dieser Kriterien ist die Einordnung der Site in das Kontinuum zwischen einer informationsorientierten Bibliothek und einer auf Unterhaltung ausgerichteten Galerie hilfreich.

9.4   Auf einen Blick

Hier noch einmal die wichtigsten Themen im Überblick:

- ▨ Webseiten sind zu Gast beim Surfer und sollten sich auch so verhalten.

- ▨ Die Qualität von Webseiten kann man anhand von sieben Kriterien beurteilen:

  1. Inhalt

  2. Gestaltung

  3. Navigation

  4. Performance

  5. Zugänglichkeit

  6. Quelltext

  7. Interaktion

- ▨ Je nach Zielsetzung der Website (Bibliothek vs. Galerie) werden diese sieben Kriterien unterschiedlich stark gewichtet.

Teil II

Vorbereitung:
Die Homepage planen

Kapitel 10

Die Rahmenbedingungen festlegen

Worin Sie einen roten Faden kennen lernen, der Sie durch das Labyrinth der Website-Erstellung führt. Außerdem definieren Sie die Rahmenbedingungen, innerhalb derer das Projekt stattfindet.

Hier der Themenüberblick:

10.1 Überblick: Der rote Faden durch das Labyrinth

Eine Website hat viel Ähnlichkeit mit einem Haus oder genau genommen mit einem öffentlichen Gebäude, denn wie ein öffentliches Gebäude wird eine Website gebaut, um Besucher zu empfangen, und beide erfordern vor dem Bau ein bisschen Planung.

Da das Wort »Planung« bei vielen Leuten aber zu einer fast intuitiven Abwehrreaktion führt, erzähle ich Ihnen lieber erst mal eine kurze Geschichte:

Theseus hatte sich vorgenommen, den gefährlichen Stier des kretischen Königs Minos zu erlegen. Dieser »Minotaurus« war im Labyrinth des Daedalus gefangen, aus dem niemand wieder herausfand. Quasi zur Vorbereitung betörte Theseus zunächst des Königs Tochter Ariadne, sodass diese sich in ihn verliebte und ihm ein magisches Schwert und ein Wollknäuel schenkte.

Beide Geschenke erwiesen sich bei seinem Unternehmen als ausgesprochen praktisch: Mit dem Schwert erschlug er den Minotaurus, mit dem abgerollten Knäuel fand er wieder aus dem Labyrinth heraus.

Die Erstellung Ihrer Website wird Ihnen wahrscheinlich mehr als einmal wie das Labyrinth des Daedalus vorkommen, aber es gibt diesbezüglich zwei gute Nachrichten:

- Es ist kein Minotaurus drin. Ein magisches Schwert brauchen Sie also nicht.

- Ich bin zwar nicht Ariadne, möchte Ihnen aber trotzdem einen (roten) Faden mitgeben, der Sie durch dieses Labyrinth und wieder heraus führt.

Dieser rote Faden zur Erstellung einer Website besteht aus vier Teilen:

1. **Rahmenbedingungen festlegen**. Das machen Sie etwas weiter unten in diesem Kapitel und die drei Parameter heißen dabei *Ziele*, *Zeit* und *Zaster*.

2. **Konzeption**. In dieser Phase machen Sie sich Gedanken über die Bereich *Technik*, *Inhalte*, *Funktionen* und *Gestaltung*. Dieser Abschnitt wird in Kapitel 11, »Die Konzeption: Gedanken ordnen«, ab Seite 137 detailliert beschrieben.

3. **Umsetzung**. Nach der Konzeption muss die Site tatsächlich erstellt werden. In Kapitel 13, »Eine Homepage mit Jimdo erstellen«, werden Sie dies ab Seite 179 angehen.

4. **Wartung** ist ein Bereich, der gerne vergessen wird. Gewartet werden müssen sowohl der *Webspace* als auch die *Inhalte* der Website (ab Seite 152).

Diese vier Bereiche werden auf den folgenden Seiten näher erläutert. Schematisch dargestellt sieht das so aus wie in Abbildung 10.1.

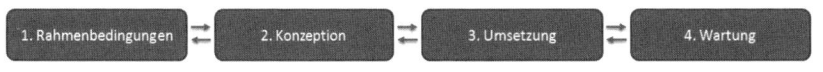

Abbildung 10.1: Der rote Faden als Schema

Vier Schritte? Klingt einfach und ist es auch, aber bevor es losgeht, noch eine kleine Bedienungsanleitung:

- **Es geht immer hin und her.**

  Versuchen Sie gar nicht erst, gleich im ersten Durchlauf alles perfekt zu machen. Das klappt sowieso nicht. Beginnen Sie mit den ungefähren Rahmenbedingungen und einem Grobkonzept, dessen Erstellung gefühlt nicht länger als, sagen wir mal, eine halbe Stunde dauern sollte, und dann verfeinern Sie beides Schritt für Schritt bei weiteren Durchläufen.

  Falls später bei der Umsetzung etwas nicht so läuft wie geplant, gehen Sie zurück, ändern den Plan und, falls nötig, auch die Rahmenbedingungen.

- **Planung immer schriftlich.**

  Erstellen Sie ein Planungsdokument, in dem Sie für jeden Abschnitt eine neue Seite beginnen, um genügend Platz für Änderungen zu lassen. Das muss nicht perfekt ausformuliert sein, Notizen reichen völlig, und es ist auch egal, ob Sie in einer Textverarbeitung oder auf einem Blatt Papier arbeiten. Aber machen Sie es schriftlich.

Noch eine letzte Anmerkung: Planen nervt. Basteln macht viel mehr Spaß, aber ein bisschen Planung hilft. Die Intensität der Planung hängt natürlich von der Größe des zu bauenden Gebäudes ab: Wenn Sie ein kleines, vierseitiges Ferienhaus bauen, können Sie die Sache etwas lockerer angehen als bei der Verwaltungszentrale eines multinationalen Konzerns. Aber egal wie groß das Haus wird, bevor man Handwerker und Steine bestellt, sollte man ungefähr wissen, was man vorhat.

Denken Sie dran: Einen Plan können Sie jederzeit über den Haufen werfen, aber *ohne* Plan haben Sie nichts zum über den Haufen werfen.

10.2 Die Rahmenbedingungen: Ziele, Zeit und Zaster

Im ersten Schritt legen Sie wie gesagt die Rahmenbedingungen fest, in denen das Projekt »Website erstellen« stattfindet. Bei einem kleinen Projekt kann das in wenigen Minuten erledigt sein, aber nichtsdestotrotz sollte alles kurz protokolliert werden.

Die Rahmenbedingungen sind nicht in Stein gemeisselt und können jederzeit geändert werden, aber durch das schriftliche Festhalten passiert das nicht mal so nebenbei, sondern wird es ein bewusster Prozess.

Die Festlegung der Rahmenbedingungen für das Projekt »Website erstellen« dreht sich im Wesentlichen um drei Faktoren:

- **Ziele**. Was wollen Sie mit der Site erreichen? Was erwarten Ihre Besucher?

- **Zeit**. Wann soll es fertig sein? Und wieviel Zeit beansprucht die Pflege?

- **Zaster**. Was darf die Erstellung kosten? Und wie hoch sind die laufenden Kosten?

Grafisch dargestellt könnte das so aussehen wie in Abbildung 10.2.

Abbildung 10.2: Rahmenbedingungen – Ziele, Zeit und Zaster

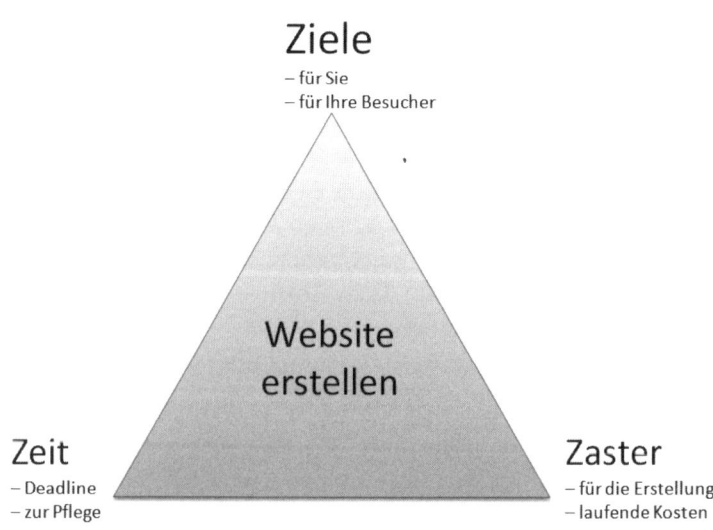

Ziele, Zeit und Zaster. Das sind die Stellschrauben, an denen Sie bei Problemen drehen können, um das Projekt erfolgreich abzuschließen. Hier ein paar Beispiele:

- Wenn das Datum der Freischaltung Ihrer Site feststeht (Zeit) und sie kein Geld kosten soll (Zaster), dann müssen Sie die Ziele anpassen und sich etwas weniger vornehmen. Die Kombination von »muss übermorgen fertig sein« und »darf nichts kosten« resultiert in »etwas weniger vornehmen«.

- Wenn die Ziele oberste Priorität haben und möglichst wenig Geld ausgegeben werden soll, dann müssen Sie mehr Zeit zur Verfügung stellen.

- Wenn die Ziele und das Enddatum des Projektes feststehen, müssen Sie an der Geldschraube drehen und mehr Ressourcen in das Projekt stecken, zum Beispiel in Form von Manpower, Know-how oder Dienstleistungen.

Im Folgenden werden diese drei Kriterien etwas näher erläutert.

Ihre Ziele – und die der Besucher

Zunächst sollten Sie sich ein paar Gedanken über die Ziele Ihrer Website machen, indem Sie die Antworten auf einige wichtige Fragen finden:

- **Ihre Ziele.** Was wollen Sie mit der Site erreichen?

- **Zielgruppen.** Für wen wird die Site gebaut?

- **Besucherziele.** Was suchen die Besucher auf Ihrer Site?

Sie haben immer irgendwelche Ziele mit der Erstellung einer Site, auch wenn Ihnen diese vielleicht nicht bewusst sind. Machen Sie sich einfach ein paar Notizen dazu. Warum wollen Sie diese Website bauen? Gibt es ein Alleinstellungsmerkmal für die Site? Warum sollen die Besucher die Site besuchen? Oft ist es übrigens fast genauso hilfreich zu notieren, was man definitiv *nicht* möchte!

Es kann zum Beispiel ein Ziel sein, dass Sie die Besucher einfach über sich, Ihren Verein oder die Firma informieren möchten. Es könnte aber auch sein, dass Sie eigentlich hoffen, bei Ihren Besuchern eine bestimmte Reaktion zu erreichen: Kontakt aufnehmen, Mitglied werden oder etwas bestellen. Das sollten Sie in jedem Fall kurz notieren, damit das Ziel bei der Konzeption und der Umsetzung entsprechend berücksichtigt wird.

Alex Tew aus Wiltshire in England hatte bei der Erstellung seiner Website zum Beispiel das eher ungewöhnliche Ziel »Ich will in einem halben Jahr Millionär werden«. Er wollte mit seiner Homepage Geld für sein Studium sammeln und seine Idee war einfach: Auf der Startseite ein Raster von 1000 x 1000 Pixel erstellen und diese Pixel unter dem Motto »1,000,000 Pixel für $1 per pixel« als Werbefläche verkaufen.

Abbildung 10.3:
The Million Dollar
Homepage

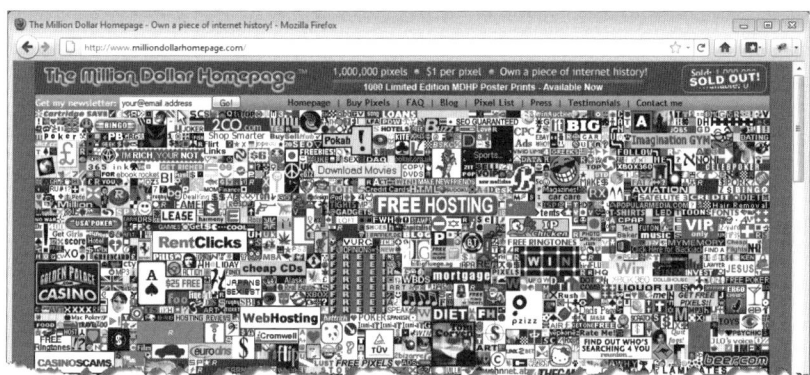

Am 26. August 2005 wurde seine Site »The Million Dollar Homepage« freigeschaltet und wenige Monate später, am 11. Januar 2006, wurden die letzten tausend Pixel bei Ebay für 38.100 Dollar versteigert. Insgesamt verdiente er 1.037.100 Dollar.

Die Zeit: Bis zur Freischaltung und danach

Webpublishing macht erstens Spaß und kostet zweitens jede Menge Zeit, und der Faktor Zeit spielt bei der Planung eine Rolle:

■ **Deadline**. Sie sollten sich ein Datum setzen, wann die Site online sein soll.

Wie sagte Douglas Adams, Autor von »Per Anhalter durch die Galaxis« einmal: »I like deadlines. I like the whooshing sound they make when they go by«. Sie können die Deadline verschieben, aber wenn Sie sich keine setzen, werden Sie wahrscheinlich nie fertig.

Wenn die Website online ist, gibt es auch nach der Freischaltung jede Menge zu tun: Inhalte neu erstellen, vorhandene Inhalte aktualisieren, Besucherstatistiken auswerten, Mailanfragen aus dem Kontaktformular beantworten, Präsenz in den Suchmaschinen checken und so weiter.

Außer einer Deadline sollten Sie sich also auch noch überlegen, wie viel Zeit für die Site nach der Freischaltung zur Verfügung steht:

- **Pflege**. Setzen Sie sich ein Limit, wie viel Zeit die Pflege der Site nach der Freischaltung maximal in Anspruch nehmen sollte.

Dieses Limit machen Sie am besten so konkret wie möglich, in Stunden pro Tag oder Woche. Wie viel Zeit Sie einplanen, hängt natürlich nicht zuletzt davon ab, ob Sie die Site rein privat als Hobby oder professionell betreiben möchten.

Der Zaster: Für die Erstellung und für die Wartung

Last, but not least sollten Sie sich überlegen, was das Projekt kosten darf. Auch hier gibt es zwei verschiedene Arten:

- **Einmalige Kosten**. Das wären zum Beispiel die Erstellung eines Logos durch einen Grafikdesigner oder der Lohn für eine Webagentur, die Ihnen die Site teilweise oder ganz erstellt.

- **Laufende Kosten**. Zum Beispiel der monatliche Betrag für Webspace oder – falls Sie es nicht selbst übernehmen – die Pflege des Inhalts und der Webanwendungen.

Setzen Sie sich hier möglichst eine Obergrenze, die nicht weh tut, auch wenn das Projekt kein Erfolg wird.

10.3   Selber bauen, bauen lassen oder Baukasten

Ich kann Ihnen in diesem Buch leider keine Schritt-für-Schritt Anleitung zur Erstellung Ihrer Homepage liefern, da wirklich jede Site anders ist. Aber sowohl für die gesamte Site als auch für die einzelnen Teile haben Sie jeweils drei Möglichkeiten zur Umsetzung, die Sie gleich bei der Konzeption berücksichtigen sollten:

- **Selber bauen**. Eine echte Herausforderung. Sie sind quasi Bauherr, Architekt und Handwerker in einem und das kann viel Zeit (und Nerven) kosten. Außerdem müssen Sie sich in diesem Fall selbst um den Baugrund alias Webspace kümmern (Details ab Seite 162).

- **Bauen lassen** hat eigentlich nur zwei Nachteile, die sich in einem Satz zusammenfassen lassen: Sie müssen erstens einen kompetenten, vertrauenswürdigen Bauträger finden und diesen zweitens bezahlen.

- **Baukasten benutzen**. In Kapitel 13, »Eine Homepage mit Jimdo erstellen«, zeige ich Ihnen einen Baukasten, mit dem Sie eine Site schnell erstellen oder erweitern können. Je mehr individuelle Wünsche Sie haben, desto schneller werden Sie bei einem Baukasten an die Grenzen stoßen, aber dafür gibt es eine Menge anderer Vorteile.

Sie können natürlich auch für verschiedene Teilbereiche der Site eine unterschiedliche Methode wählen. So können Sie zum Beispiel die Site mit einem Baukasten erstellen, sich ein ansprechendes Logo aber von einem Grafiker erstellen lassen. Oder Sie lassen sich die komplette Site von einer Agentur bauen, die auch die Wartung des Webspace übernimmt. Die Inhalte pflegen Sie anschließend aber selbst. Der Phantasie sind kaum Grenzen gesetzt.

10.4 ToDo: Surftour – was machen die anderen?

Als Vorbereitung für die Planung Ihrer Website im nächsten Kapitel bieten sich einige ausgedehnte Surftouren an, bei denen Sie ähnliche Websites und potenzielle Mitbewerber genauer unter die Lupe nehmen und bewerten, zum Beispiel unter Zuhilfenahme der in Kapitel 9, »Gute Seiten, schlechte Seiten«, ab Seite 109 beschriebenen Kriterien.

Achten Sie darauf, was Ihnen gefällt und vor allem auch, was Ihnen nicht gefällt. Man kann aus den Erfahrungen anderer viel lernen und muss nicht unbedingt jeden Fehler selbst machen.

10.5 Auf einen Blick

Hier noch einmal die wichtigsten Punkte dieses Kapitels im Überblick:

- Vier Schritte bilden den roten Faden bei der Erstellung einer Website:

  1. Rahmenbedingungen festlegen

  2. Konzeption erstellen

  3. Umsetzung

  4. Wartung von Webspace und Inhalten

- Die Rahmenbedingungen werden durch die drei Faktoren Ziele, Zeit und Zaster bestimmt, über die Sie zumindest kurz nachdenken sollten, bevor Sie anfangen.

- Als Vorbereitung zur Planung ist eine ausführliche Surftour zur Begutachung von ähnlichen Websites ideal.

Kapitel 11

Die Konzeption: Gedanken ordnen

Worin Sie einen Überblick über die Planung einer Website bekommen.
Diese unterteilt sich in die vier Themenbereiche Technik, Inhalte, Funk-
tionen und Gestaltung. Außerdem bedarf eine Website nach der Frei-
schaltung guter Pflege.

Hier der Themenüberblick:

- Die vier Bereiche zur Planung einer Website, Seite 138
- »Technik«: Das Fundament für die Website, Seite 139
- »Inhalte«: Darum kommen Ihre Besucher, Seite 143
- »Funktionen«: Interaktion und Verwaltung, Seite 146
- »Gestaltung«: So soll es aussehen, Seite 149
- » Wartung«: Die Pflege nach der Freischaltung, Seite 152
- Auf einen Blick, Seite 154

Nach der Festlegung der Rahmenbedinungen geht es in diesem Kapitel an die Erstellung einer Konzeption.

11.1 Die vier Bereiche zur Planung einer Website

Nach der Festlegung der Rahmenbedingungen geht es in diesem Kapitel weiter mit der Konzeption. Wie intensiv diese Planungsphase ist, hängt wie gesagt ganz wesentlich von der Wichtigkeit und der Größe des Projektes ab, aber Sie müssen sich in jedem Fall über die folgenden vier Bereiche ein paar Gedanken machen:

- **Technik**. Domain, Webspace, Webanwendungen, Mailspace.

- **Inhalte**. Texte, Grafiken und alles, was auf der Site veröffentlicht werden soll.

- **Funktionen** zur Interaktion mit den Besuchern und zur Verwaltung der Website.

- **Gestaltung**. Wie soll es aussehen?

Grafisch dargestellt sieht dieser Sachverhalt so aus wie in Abbildung 11.1.

Abbildung 11.1:
Vier Bereiche,
über die Sie nachdenken müssen

Inhalte	Funktionen	Gestaltung
- Texte	- Kontaktformular	- Layoutbereiche
- Grafiken	- Suchfunktion	- Farbschema
- Audio	- Newsletter	- Typographie
- Video	- CMS	- Logo

Technik
Domain, Webspace, Webanwendungen, Mailspace

Die vier Bereiche werden zwar getrennt gelistet, sind aber natürlich nicht vollständig unabhängig voneinander. Wenn Sie zum Beispiel beim Sammeln der Inhalte feststellen, dass von verschiedenen Personen regelmäßig neue Inhalte veröffentlicht werden sollen, dann sollte in der Sammlung der Funktionen ein CMS mit der Möglichkeit zur Verwaltung der Benutzerrechte für diese Redakteure nicht fehlen.

11.2 »Technik«: Das Fundament für die Website

Webseiten werden irgendwo auf einem Webspace gespeichert und mithilfe einer URL aufgerufen, deren zentraler Bestandteil ein Domain Name ist. Aus dieser Tatsache ergibt sich schon, dass das Fundament einer stabilen Webseite technischer Natur ist, und eine der wesentlichen Entscheidungen, die Sie treffen müssen ist, mit welcher Technik die Website umgesetzt werden soll.

Die verschiedenen Möglichkeiten zur Umsetzung lassen sich wie folgt zusammenfassen:

- von Hand gebaute, statische Webseiten

- ein Blog oder ein CMS auf dem eigenen Webspace

- Social Networks als Ergänzung oder als Ersatz für die eigene Homepage

- ein gehosteter Blog

- ein Website-Baukasten (gehostetes CMS)

Wenn Sie eine starke Unlust verspüren, sich näher mit der Technik zu beschäftigen, verbleiben eigentlich nur zwei Möglichkeiten: ein gehostetes CMS wie Jimdo oder eine Webagentur, die die Site für Sie erstellt und wartet. Selber bauen scheidet dann aus.

Im Folgenden möchte ich Ihnen ein paar typische Situationen kurz schildern: eine rein private Homepage, eine für Freiberufler, eine für Firmen, Vereine und Schulen und eine für einen Online-Shop. Diese Schilderungen sollen Ihnen bei der Entscheidungsfindung ein bisschen behilflich sein.

Die private Homepage

Für eine rein private Homepage reicht eventuell auch ein Profil in einem sozialen Netzwerk oder eine kostenlose Subdomain bei einem Baukasten. Eher private Netzwerke sind Facebook oder Google+, eher beruflich orientiert sind Xing oder LinkedIn.

Eine einfache Visitenkarte mit eingängiger Webadresse bieten Dienste wie *about.me* oder *flavours.me*, mit denen man eine Webseite mit seinen Kontaktdaten erstellen kann.

Wenn es eine möglichst kostenlose Homepage sein soll, dann kommen als Baukasten zum Beispiel Webnode oder Weebly in Frage, da dort die Werbung relativ dezent im Fußbereich unten auf der Seite platziert wurde, während die prominenter platzierte Werbebox bei Jimdo auf Dauer doch eher störend wirkt.

Die Freiberufler-Homepage

Sie arbeiten freiberuflich als Autor, Übersetzer, Grafikdesigner, Berater, Coach, Fotograf oder Ähnliches. Sie sind es gewohnt, alles selbst in die Hand zu nehmen und möchten deshalb auch Ihre Website möglichst selbst erstellen und natürlich anschließend in der Lage sein, diese zu pflegen.

Sie möchten eine eigene Domain inklusive E-Mail-Adresse, ein anpassbares Layout, ein Kontaktformular, eine Anfahrtsbeschreibung möglichst mit Routenplaner und möglichst eine integrierte Blog-Funktion für aktuelle Neuigkeiten. Außerdem wären passwortgeschützte Bereiche für Kundendownloads und eine Integration von Twitter oder Facebook nicht schlecht und das Ganze soll nach Möglichkeit nicht mehr als 5 bis 10 Euro im Monat kosten. Auf der anderen Seite benötigen Sie keine abgestuften Zugriffsrechte für mehrere Redakteure, keine Mehrsprachigkeit und auch keinen Online-Shop.

Für Sie kommen eigentlich alle vorgestellten Homepage-Baukästen in Frage. Alle haben Ihre Stärken und Schwächen, probieren Sie einfach aus, welcher Ihnen am besten gefällt.

Abbildung 11.2:
Eine mit Weebly erstellte Freiberufler-Homepage

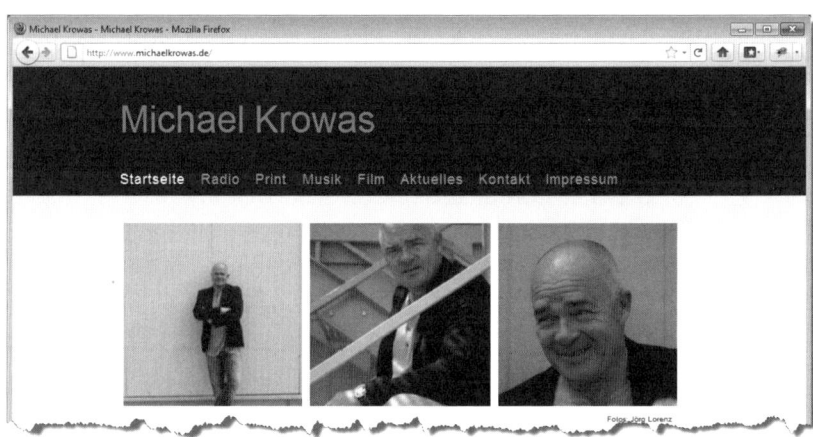

Die Homepage für Firmen, Vereine und Schulen

Wenn Sie eine kleine bis mittelgroße Firma, ein Café, einen Schuhladen oder einen Handwerksbetrieb haben und einfach und günstig eine Homepage erstellen möchten, sind Ihre Anforderungen ähnlich wie für eine Freiberufler-Website:

- eine eigene Domain inklusive E-Mail-Adresse,
- das Layout sollte sich möglichst am vorhandenen Design orientieren,
- ein Kontaktformular und eine Anfahrtsbeschreibung mit Routenplaner
- eine integrierte Blog-Funktion für aktuelle Neuigkeiten
- passwortgeschützte Bereiche für Kunden-Downloads
- guter Support, der Fragen schnell beantwortet

Diese Anforderungen gelten natürlich ebenso für öffentliche oder kirchliche Einrichtungen wie Kindergärten, Kirchengemeinden oder Ähnliches. Abbildung 11.3 zeigt eine mit Jimdo erstellte Firmen-Homepage.

Abbildung 11.3:
Mit Jimdo
erstellte Firmen-
Homepage

Ob ein Baukasten ausreicht oder ob Sie ein Content Management System auf dem eigenen Webspace benötigen, hängt von den genauen Anforderungen ab. Einige typische Fälle sind:

- mehrere Redakteure mit unterschiedlichen, detaillierten Zugriffsrechten

- mehrsprachige Websites, die von unterschiedlichen Personen gepflegt werden

- besondere, individuell programmierte Funktionen wie z. B. Buchungssysteme

Für die in Abbildung 11.4 dargestellte Kletterwald-Website wurde zum Beispiel für die Buchung von Kletterzeiten ein Buchungssystem entwickelt. Die Buchungen laufen im Backend direkt in ein speziell programmiertes Verwaltungsmodul, das als System zur kompletten Abwicklung aller Buchungen dient. So etwas ist mit einem Baukasten nicht möglich …

Abbildung 11.4:
Mit Contao
programmierte
Firmen-Home-
page

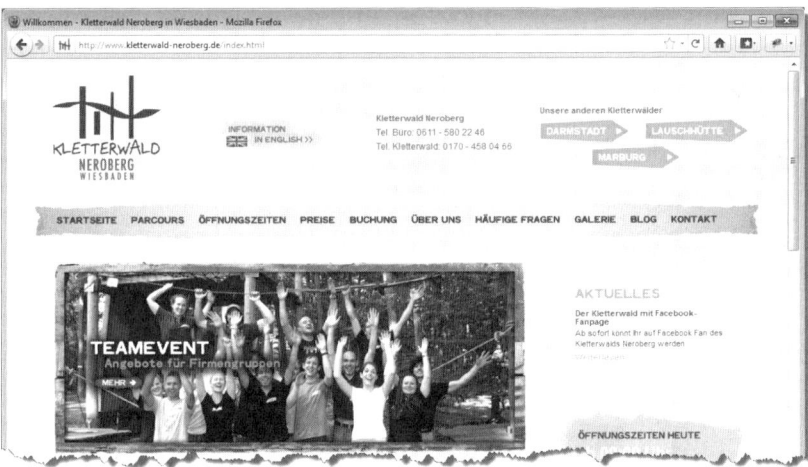

Falls Sie sich nicht sicher sind, ob Ihre Wünsche mit einem Baukasten umsetzbar sind, erstellen Sie in den nächsten Abschnitten eine Konzeption und probieren Sie dann einfach einen oder mehrere Baukästen aus. Sollten Sie dann merken, dass ein Baukasten nicht ausreicht, hat Sie das außer ein bisschen Zeit nicht viel gekostet.

Der kleine Online-Shop

Wenn Sie das Internet als Vertriebskanal nutzen möchten, ist die erste Frage, die sich stellen sollte, wie viel Umsatz Sie maximal erwarten. Die Kosten für die Umsetzung sollten sich daran orientieren. Und überlegen Sie sich, wie viele unterschiedliche Artikel Sie in ein oder zwei Jahren maximal anbieten werden, in wie vielen Varianten es diese Artikel gibt und welche Zahlungsmethoden Ihnen wichtig sind.

Mit Jimdo können Sie Ihren Online-Shop selbst erstellen – ohne Programmierung, mit Warenkorb, Bestellverwaltung und vielem mehr. Infos unter jimdo.de/shop.

Abbildung 11.5:
Mit Jimdo erstell-
ter Online-Shop

11.3 »Inhalte«: Darum kommen Ihre Besucher

In diesem Bereich machen Sie sich Gedanken über die zu veröffentlichenden Inhalte.

Schritt 1: Inhalte sammeln

Der Inhalt wurde als »Grund für den Besuch Ihrer Website« umschrieben (Seite 111), und die zentrale Frage in diesem Abschnitt lautet:

- Welche Inhalte sollen auf der Site veröffentlicht werden?

Die Antwort auf diese Frage bekommen Sie am besten mit einem Brainstorming. Wenn Sie alleine sind, reicht ein ganz normales Blatt Papier, ein neues Dokument in Ihrer Textverarbeitung oder zum Beispiel eine Mindmap. In einer Gruppe bieten sich kleine Karteikarten an: Ein Gruppenmitglied schreibt die von der Gruppe genannten Themen stichwortartig auf die Karten, die auf einem großen Tisch oder an einer Metaplanwand mit Magneten oder Stecknadeln unsortiert gesammelt werden.

Das Stichwort »unsortiert« ist wichtig. Versuchen Sie, die Schere im Kopf auszuschalten und im wahrsten Sinne des Wortes wirklich alles aus sich bzw. der Gruppe herauszuholen. Alle Vorschläge sollten zunächst unsortiert, unbewertet, unzensiert und unkommentiert bleiben und aufgenommen werden. Schreiben Sie alles auf, was Ihnen einfällt: Themen, Artikel, kurze Beiträge, News-Seite, Fotos, Filme.

Auch in diesem Schritt sollten Sie nicht sofort Vollständigkeit anstreben. Sie können später jederzeit wieder zurückkommen und die Liste ergänzen. Und vergessen Sie das »Impressum« nicht.

Genau wie bei der Festlegung der Ziele lohnt es sich außerdem eventuell auch aufzuschreiben, was man definitiv *nicht* veröffentlichen möchte.

Schritt 2: Inhalte sortieren – Kategorien und Hierarchien

Die Sammlung der Inhalte aus dem vorherigen Abschnitt wird in diesem Schritt sortiert. Dazu wird versucht, die Inhalte in Kategorien zu gruppieren und als Teil einer Hierarchie darzustellen, die im Idealfall als Basis für die Navigation dienen kann.

Zwei kurze Anmerkungen:

- Versuchen Sie beim Sortieren Gruppen mit ungefähr fünf Punkten zu erreichen. Minimum sollten drei und Maximum etwa sieben sein. Solche Gruppen kann das menschliche Auge am besten auf einen Blick erfassen.

- Versuchen Sie außerdem, nicht mehr als zwei oder drei Hierarchieebenen zu erstellen. Je mehr Ebenen Sie haben, desto aufwändiger wird die Umsetzung der Navigation.

Diese Sortierung des Inhalts ist manchmal nicht so einfach, wie es vielleicht klingt. Je mehr Inhalt Sie veröffentlichen, desto schwieriger und zeitraubender ist dieser Prozess, aber das Ergebnis dient im Idealfall als Grundlage für die Navigation.

Um Ihnen eine Vorstellung zu geben, wie so etwas aussehen könnte, zeigt Abbildung 11.6 den sortierten Inhalt für eine Site namens *groningen-info.de*. Diese ist ein Hobby von mir und wird ab Seite 288 noch ausführlicher vorgestellt. Diese Sortierung war der Ausgangspunkt zur Erstellung der Navigation für die Website.

Startseite	Anreise	Einkaufen	Events	Ausgehen	Übernachten	Dit en dat
	Vorbereitung	Allgemeines	Allgemeines	Kinos	Hotel buchen	Sehenswertes
	Auto	Markt	Kunst & Kultur	Kneipen	Pensionen	Fotos
	Bus	Innenstadt-Nord	Musik & Theater	Essen gehen	Camping	Umland
	Bahn	Innenstadt-Süd	Flohmärkte	Sonstiges	Sonstiges	Sonstiges
		IKEA & Co.	Sonstiges			

Zusätzlich: Kontakt und Impressum

Abbildung 11.6: Sortierter Inhalt für groningen-info.de

Neben der Sortierung der zu veröffentlichenden Inhalte, gilt es in dieser Phase, noch ein paar weitere Fragen zum Thema »Inhalte« zu beantworten:

- Gibt es Inhalte als Audio oder Video?
- Wie viele Fotos, Sounddateien oder Videos werden ungefähr auf der Site sein?
- Wie oft sollen neue Inhalte veröffentlicht werden?
- Woher kommen die Informationen?
- Wer wird die Inhalte erstellen?
- Welches Know-how haben diese Personen?

Und so weiter und so fort.

Schritt 3: Inhalte erstellen

Zur Umsetzung der Site gehört natürlich auch die Erstellung der Inhalte, die zur Freischaltung der Website benötigt werden. Es wird immer wieder gerne mal vergessen, dass die geplanten Inhalte auch tatsächlich erstellt werden müssen.

Im weiteren Verlauf des Buches gibt es dazu noch einige relevante Abschnitte:

- Kapitel 15, »Die Homepage bei Jimdo mit Inhalten füllen«, ab Seite 213

- Kapitel 16, »Schreiben im Web für Menschen«, ab Seite 227

- Kapitel 17, »Grafiken fürs Web vorbereiten«, ab Seite 253

- Kapitel 18, »Schreiben im Web für Maschinen«, ab Seite 269

Gegebenenfalls müssen Sie auch noch PDF-Dateien erstellen und Audio-Aufnahmen oder Videos webgerecht aufbereitet. Bei komplexeren Inhalten wie z. B. einem längeren Artikel oder einem aufwändigen Video lohnt es sich unter Umständen, die folgenden Planungsschritte zu durchlaufen:

1. **Ziele**: Was will ich mit dem Artikel/Video erreichen?

2. **Sammeln**: Was soll alles drin vorkommen?

3. **Sortieren**: Gliederung erstellen

4. **Skizzieren**: Entwürfe schreiben oder Probeaufnahmen machen

5. **Umsetzen**: Endgültige Version schreiben oder aufnehmen

Diese fünf Schritte sind zur Planung aller möglichen (und unmöglichen) Dinge universell einsetzbar.

11.4   »Funktionen«: Interaktion und Verwaltung

Die interaktiven Bestandteile Ihrer Site werden als »Funktionen« bezeichnet. Dazu benötigen Sie immer ein serverseitiges Programm und daher sind die im Folgenden beschriebenen Funktionen technisch aufwändiger als normaler Inhalt.

Schritt 1: Funktionen sammeln

Schreiben Sie in diesem Schritt wie bei den Inhalten alles auf, was Ihnen in den Kopf kommt. Man kann dabei zwei Arten von Funktionen unterscheiden:

- Funktionen, mit denen Ihre Besucher interagieren, z. B. ein Kontaktformular.

- Funktionen, die Sie zur Verwaltung der Site benötigen, z. B. ein CMS.

Um Ihnen ein paar Ideen zu geben, was alles möglich ist, folgt hier zunächst eine unvollständige Liste aus der Kategorie »Interaktion mit den Besuchern«:

- Kontaktformular und Suchfunktion

- Bestellformular per E-Mail

- Anfahrtskizze und Routenplaner, zum Beispiel mit Google Maps

- Forum oder Gästebuch

- Passwortgeschützte Bereiche

- Umfragen, Partnerprogramme und Online-Shop

- Kommentarfunktion für Artikel

- Blog oder Podcast

- Integration von anderen Sites wie z. B. Twitter und Facebook

Schauen Sie sich auf anderen Webseiten um und notieren Sie, welche Funktionen für Sie interessant sein könnten.

Zur Verwaltung Ihrer Website könnten für Sie zum Beispiel die folgenden Funktionen nützlich sein:

- Content Management System

- Benutzerverwaltung für mehrere Redakteure (Zugriffsrechte etc.)

- einfache Erstellung von Foto- oder Bildergalerien

- Auswertung von Besucher- und Downloadstatistiken

Je nach Art Ihrer Site können hier noch zahlreiche andere Funktionen auftauchen.

Schritt 2: Funktionen sortieren

Die im ersten Schritt gesammelten Funktionen werden in diesem Schritt genauer definiert und anschließend mit ABC-Prioritäten versehen. Die Prioritäten im Überblick:

- **A** bedeutet »muss«. Ohne diese Funktion kann die Site nicht online gehen.

■ **B** steht für »kann«. Diese Funktionen sind zwar wichtig, aber die Site kann auch ohne erst einmal freigeschaltet werden.

■ **C** ist »irgendwann vielleicht«. Funktionen mit der Priorität C stehen zwar auf der Wunschliste, sind aber nicht wirklich wichtig.

In diesem Schritt können Sie auch schon einmal ein bisschen recherchieren, welche Möglichkeiten es zur Umsetzung der gewünschten Funktionen gibt.

Schritt 3: Funktionen erstellen

Beim Erstellen der Funktionen können Sie wieder die im Abschnitt »Schritt 3: Inhalte erstellen«, ab Seite 146 gesehenen fünf Schritte durchlaufen. Am Beispiel eines Kontaktformulars möchte ich Ihnen das kurz erklären:

1. **Ziele**: Was möchte ich mit dem Kontaktformular erreichen?

   Ein Kontaktformular soll dem Besucher ermöglichen, auch ohne E-Mail-Programm einfach eine Nachricht zu senden. Es soll nichts kosten und möglichst sofort einsatzbereit sein.

2. **Sammeln**: Welche Informationen brauche ich von meinem Besucher?

   Name, E-Mail-Adresse und die Nachricht. Je weniger Felder, desto größer ist die Chance, dass es abgeschickt wird. Wird ein Spamschutz (Captcha) benötigt?

3. **Sortieren**: Wie können diese Informationen sortiert werden?

   Reihenfolge der Felder festlegen.

4. **Skizzieren**: Wie soll das Formular für den Besucher aussehen?

   Eine Skizze zeigt, wie das Formular visuell aussehen soll: Größe der Felder, Beschriftung davor oder darüber, Platzierung des Abschicken-Buttons und so weiter.

5. **Umsetzen**: Wie wollen Sie das Formular realisieren?

   Das Formular selbst wird mit HTML und CSS erstellt, aber wie sollen die Formulardaten verarbeitet werden? Stellt das gewählte CMS Formulare zur Verfügung? Kann man eine gehostete Webanwendung wie *wufoo.com* oder *formular-chef.de* einsetzen? Muss ein eigenes Programm geschrieben werden?

Bei einer etwas komplexeren Funktion wie z. B. einem Forum fällt auch die Planung entsprechend umfangreicher aus. Auf diese Weise behalten Sie immer den Überblick und verlieren sich nicht so schnell in Details.

11.5 »Gestaltung«: So soll es aussehen

Die grafische Gestaltung bestimmt das Aussehen der Site und besteht unter anderem aus dem Layout der Seiten, dem verwendeten Farbschema, diversen grafischen Elemente und der Typographie.

Eine wichtige Überlegung für die Gestaltung der Homepage ist, wie genau ein eventuell bereits vorhandenes Erscheinungsbild oder Firmendesign übernommen werden muss.

Skizzen erstellen

In diesem Abschnitt wird es visuell, und Sie beginnen mit einer Skizze. In dieser Skizze fließen die Gedanken aus den Abschnitten zu Inhalten und Funktionen zusammen. Eine typische Webseite besteht aus einem Kopfbereich mit Logo, einem Navigationsbereich, einem (oder mehreren) Inhaltsbereich(en) und einem Fußbereich.

Bei Skizzen reicht es aus, grafische Komponenten nur sehr einfach abzubilden, da es dabei in erster Linie um die Konzeption und die Platzierung und nicht so sehr um das grafische Design geht. In diesem Abschnitt geht es in erster Linie um die Aufteilung der Bereiche auf der Webseite. Einige wichtige Gedanken dazu sind:

- Welche inhaltlichen und funktionalen Bereiche soll es auf der Webseite geben?

- Wie sollen die geplanten Funktionen auf den Webseiten erreichbar sein?

- Soll die Navigation horizontal oder vertikal laufen?

- Wie viele Spalten soll der Bereich zwischen Kopf- und Fußbereich haben?

Die Positionierung dieser Bereiche wird wie gesagt in einer Skizze festgelegt. Außerdem sollten die Aufrufe der Funktionen berücksichtigt werden, also zum Beispiel ein Link zum Kontaktformular oder das Suchfeld für die Suchfunktion.

Und noch ein paar kurze Tipps für Einsteiger, die ihre Site selbst erstellen möchten:

- Eine horizontale Navigation ist in HTML und CSS unter Umständen leichter, denn eine vertikale Navigation bedeutet automatisch ein mehrspaltiges Layout.

- Falls Sie sich für ein mehrspaltiges Layout entscheiden, ist bei der Aufteilung der Fläche eine Drittelung der zur Verfügung stehenden Fläche eine gute Grundlage, um die Seite wohlproportioniert erscheinen zu lassen.

Sie sollten für jede wichtige Inhaltsseite eine eigene Skizze erstellen, da insbesondere die Startseite oft ein etwas anderes Layout hat als die übrigen Seiten. Ideal sind auch ein paar Skizzen für die Funktionsseiten selbst.

Welches Werkzeug Sie zur Erstellung der Skizzen benutzen, ist nicht wichtig, aber Sie sollten eines nehmen, das Sie beherrschen. Zur Auswahl stehen unter anderem:

- Papier A4 im Querformat und Blei- oder Buntstifte

- Präsentationsprogramme wie z. B. PowerPoint

- Zeichenprogramme wie z. B. Visio

- spezielle Werkzeuge für Mockups oder Wireframes (siehe Tipp-Kasten)

- Bildbearbeitungsprogramme wie z. B. Photoshop

Wenn Sie Photoshop regelmäßig nutzen, können Sie natürlich auch die Skizzen damit erstellen. Wenn Sie Photoshop nicht regelmäßig nutzen, sollten Sie das lieber nicht tun. Papier und Bleistift reichen für den ersten Entwurf vollkommen.

Für die ursprüngliche Version von *little-boxes.de* war es recht einfach, eine Skizze zu erstellen, da die Website sich an den im Buch entwickelten Beispieldateien orientieren sollte. Abbildung 11.7 wurde übrigens mit PowerPoint erstellt.

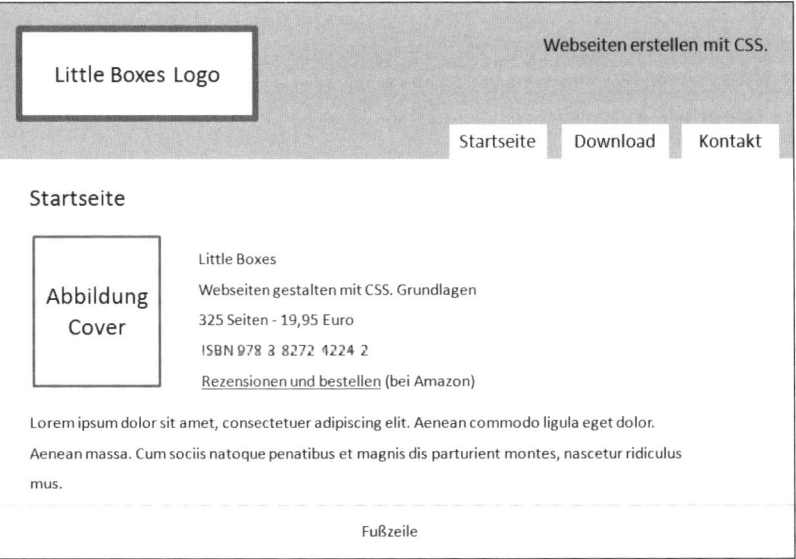

Webseiten erstellen mit CSS.

Little Boxes Logo

Startseite   Download   Kontakt

Startseite

Abbildung
Cover

Little Boxes

Webseiten gestalten mit CSS. Grundlagen

325 Seiten - 19,95 Euro

ISBN 978 3 8272 4224 2

Rezensionen und bestellen (bei Amazon)

Lorem ipsum dolor sit amet, consectetuer adipiscing elit. Aenean commodo ligula eget dolor.

Aenean massa. Cum sociis natoque penatibus et magnis dis parturient montes, nascetur ridiculus

mus.

Fußzeile

Abbildung 11.7:
Eine erste Skizze
für little-boxes.de

Wireframes und Mockups   Tipp

Im Web werden Sie unter den Stichworten »Wireframe« und »Mock-
up« ebenfalls Werkzeuge und Techniken zur Erstellung von Skizzen für
Webseiten finden. Folgender Artikel gibt eine gute Einführung:

■ *webkrauts.de/2007/12/22/wireframes/*

Das Layout erstellen

Grundlage für diesen Abschnitt sind die Skizzen aus dem vorherigen
Schritt. Layout erstellen klingt eigentlich ganz einfach, aber seien Sie
gewarnt, denn dieser Punkt hat es wirklich in sich. Ein Layout um-
fasst zum Beispiel folgende Elemente:

■ Struktur: Kopfbereich, Navigationsbereich, Inhaltsbereich und
  Fußbereich

■ Farbschema

■ Kopfbereich mit Logo

■ diverse grafische Elemente zur Verzierung

■ Schriftformatierung für den Inhaltsbereich

Falls Sie sich für den Eigenbau entscheiden, benötigen Sie zur Erstellung von statischen Webseiten solide Kenntnisse in HTML, CSS und Bildbearbeitung. Nehmen Sie sich für die ersten Versuche nicht zu viel vor.

Falls die Tendenz zur Erstellung der Site zu einem Website-Baukasten geht, können die Skizzen bei der Auswahl des gewünschten Layouts helfen. Wie man in einem Homepage-Baukasten ein Layout auswählt und ändert, sehen Sie am Beispiel von Jimdo in Kapitel 13, ab Seite 179.

Beim Einsatz eines Content Management Systems auf dem eigenen Webspace wie WordPress, Contao oder Drupal können Sie entweder fertige Themes bzw. Templates einsetzen und anpassen oder eines von Grund auf neu erstellen.

Dabei müssen Sie zusätzlich zu HTML und CSS noch das Layout-System des CMS verstehen, das je nach System Themes, Templates, Skins genannt wird und potenziell ein vollständig eigenes Forschungsgebiet darstellt.

11.6 » Wartung«: Die Pflege nach der Freischaltung

Die Erstellung einer Website ist ein Projekt mit Anfangs- und Endedatum, aber nach der Freischaltung der Website hört die Arbeit nicht auf.

Eine Website ist ein Prozess

Eine Website ist keine Hochglanzbroschüre, die einmal gedruckt unverändert verteilt wird. Der Betrieb einer Website ist ein andauernder Prozess, der nie aufhört. Eine Website will gepflegt werden, wobei Sie zwischen der Pflege der Inhalte und der Pflege des Webspace unterscheiden können.

Die folgende Liste enthält ein paar typische Tätigkeiten:

- Sie sollten mehr oder weniger häufig neue Inhalte schreiben und veröffentlichen.

- Eingehende Anfragen und Kommentare müssen beantwortet werden.

- Einige Zeit nach der Freischaltung der Site sollten Sie checken, ob Ihre Site bei den wichtigen Suchbegriffen in den Suchmaschinen auftaucht.

- Zudem können Sie die Statistiken Ihrer Besucher auswerten. Die meisten Webhoster bieten dazu eine Lösung an. Kostenlos, sehr leistungsfähig und einfach zu integrieren ist z. B. *Google Analytics*.

- Ist ein CMS wie WordPress oder Contao auf Ihrem Webspace installiert, muss dieses inklusive aller Erweiterungen regelmäßig aktualisiert werden, um Sicherheitsproblemen vorzubeugen.

Wenn Sie sich entschließen, die Site bauen zu lassen, sollten Sie in jedem Fall eine Art Pflegeversicherung abschließen, denn früher oder später benötigen alle Webanwendungen ein Update. Bei einem gehosteten CMS übernimmt diese Wartung der Anbieter.

Wenn sich die Anforderungen ändern ...

Eine Website muss im Alltagsbetrieb nach der Freischaltung oft an sich ändernde Anforderungen angepasst werden. Als zum Beispiel mein Buch »Little Boxes« in den Monaten nach dem ursprünglichen Erscheinen im Mai 2006 immer mehr Leser fand, änderten sich auch die Anforderungen an die Website:

- Rezensionen und Errata trudelten ein und wollten veröffentlicht werden.

- Viele Leser fragten nach dem Hintergrund der Entstehungsgeschichte, die ich als »Making of« in einigen Artikeln erzählen wollte.

Ziemlich bald war deutlich, dass eine statische Website auf Dauer nicht ausreicht. Bei der Sammlung der Funktionen gab es einen Punkt *Blogsystem oder einfaches Content Management*. Dieser bekam aufgrund der geänderten Umstände eine höhere Priorität und wurde baldmöglichst entsprechend umgesetzt.

Falls es Sie interessiert: Die Wahl fiel dabei zunächst auf *WordPress* als einfaches blogbasiertes CMS. Die Realisierung einer solchen Idee dauert übrigens locker mal ein paar Tage bis Wochen oder gar Monate, denn man muss zunächst einmal verstehen, wie das CMS funktioniert.

Als dann im Sommer 2009 der komplette Teil 1 des Buches online verfügbar gemacht werden sollte, war sehr schnell klar, dass die Grenzen von WordPress damit überschritten werden. Deshalb wurde die Site nach ausführlichen Tests aller möglichen CMSysteme auf *Contao* umgestellt. Das hat zwar einige Wochen und Monate an Vorbereitung in Anspruch genommen, aber es hat sich gelohnt und ich habe die Wahl bis heute nicht bereut.

11.7 Auf einen Blick

Hier noch einmal die wichtigsten Punkte dieses Kapitels im Überblick:

- Die Konzeption erfordert Überlegungen in vier Bereichen:

  1. Technik

  2. Inhalte

  3. Funktionen

  4. Gestaltung

- Der Bereich *Technik* beinhaltet Überlegungen zur Domain, zum Webspace, zu benötigten Webanwendungen und zur Einrichtung von E-Mail.

- Im Bereich *Inhalte* geht es darum, was auf der Website veröffentlicht werden soll. Die zu veröffentlichenden Inhalte werden zunächst gesammelt, dann sortiert und zuletzt erstellt.

- Die interaktiven Bestandteile Ihrer Site werden als *Funktionen* bezeichnet und dahinter steckt in jedem Fall ein Programm. Einige Funktionen dienen zur Interaktion mit den Besuchern, einige zur Verwaltung der Website.

- Im Bereich *Gestaltung* geht es um das Aussehen der Site. Themen sind hier zum Beispiel Logo, Layoutbereiche, Farbschema und Typographie.

- Nach der Freischaltung der Site hört die Arbeit nicht auf …

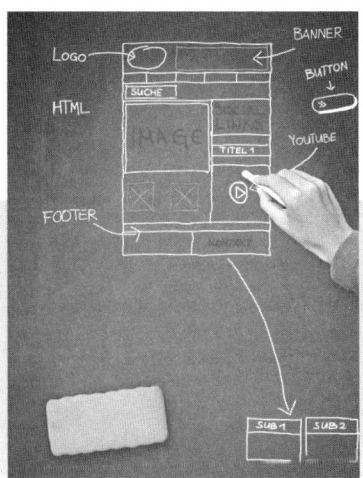

Kapitel 12

Webhosting: Domain und Webspace

Worin Sie erfahren, wie Sie einen eigenen Domain Namen und Webspace bekommen und was die ganzen Begriffe auf den Webseiten der Web-hoster bedeuten.

Wie das Domain Name System funktioniert, haben Sie bereits ab Seite 61 erfahren. In diesem Kapitel geht es darum, wie Sie einen eigenen Domain Namen bekommen und dann mit entsprechendem Webspace ausstatten.

Die Themen im Überblick:

Wenn Sie Ihre Homepage mit einem Website-Baukasten erstellen, werden Domain und Webspace automatisch bereitgestellt, und Sie müssen deshalb die Ausführungen zum eigenen Webspace in diesem Kapitel und die Fachbegriffe rund um den Webspace nicht unbedingt intensiv studieren. Schaden tut es aber auch nicht.

12.1 Untermieter: Webspace mit Subdomain

Zunächst einmal vorweg der Hinweis, dass Internetzugang und Webspace zwei völlig verschiedene Dinge sind:

■ Zugang zum Internet bekommen Sie von einem *Internetprovider*.

■ Webspace für Ihre Webseiten stellt Ihnen ein *Webhoster* zur Verfügung.

Im Alltag werden Webhoster oft auch als *Webspace Provider* oder einfach nur als *Provider* bezeichnet, was manchmal zu Verwechslungen mit den *Internetprovidern* führt. Um dem vorzubeugen: Es spricht überhaupt nichts dagegen, Internetzugang und Webspace von verschiedenen Firmen zu bekommen.

Bei vielen kostenlosen Angeboten ist die URL, also die Webadresse, unter der Ihre Homepage erreichbar ist, festgelegt. Beim ab Kapitel 13 vorgestellten Homepage-Baukasten Jimdo bekommen Sie eine Subdomain wie *ihrname.jimdo.com*, mit der Sie bildlich gesprochen Untermieter bei *jimdo.com* sind.

Derartige URLs haben keinen besonders hohen Merkwert und klingen nicht sehr elegant. Selbst wenn Sie die eigene Homepage nur als Hobby betreiben, kostet die Erstellung und Pflege eine Menge Zeit und irgendwann empfinden viele Homepage-Besitzer eine solche Adresse nicht mehr als angemessen.

Die meisten Website-Baukästen bieten gegen Entgelt auch die Möglichkeit, denselben Webspace mit einer eigenen Domain zu nutzen. Bei Jimdo sind das zum Beispiel die Tarife Pro oder Business.

Es gibt aber auch *Webhoster* genannte Firmen, die sich auf die Vermietung von reinem Webspace spezialisiert haben. Wenn Sie einen Website-Baukasten als Fertighaus betrachten, dann bekommen Sie bei einem Webhoster quasi nur das Baugrundstück. Das Haus darauf müssen Sie selbst bauen.

Webhoster schnüren ein Dienstleistungspaket, bei dem sie die Registrierung eines eigenen Domain Namens wie z. B. *www.mein-name.de* erleichtern und Ihnen Webspace nach Ihren Wünschen gleich mitliefern.

12.2 Domain überprüfen: Ist »mueller.de« noch frei?

Wenn Sie sich zu einer eigenen Domain entschlossen haben, müssen Sie sich zunächst einmal einen Domain Namen ausdenken und dann herausfinden, ob er noch frei ist. Auch wenn Sie Webspace und Domain in der Regel im Paket erstehen werden, sollten Sie zunächst mit den Recherchen für Ihren Wunschnamen beginnen.

Machen wir einmal die Probe auf das vielleicht etwas optimistische Exempel und checken, ob die Domain *mueller.de* noch frei ist.

Als Schnelltest können Sie in der Adresszeile des Browsers einfach die zu prüfende Domain eingeben. Wenn eine Webseite erscheint, ist die Domain definitiv vergeben, wenn aber keine kommt, heißt das noch lange nicht, dass der Name noch frei ist.

Grund dafür ist, dass das Domain Name System nicht nur für das Web gilt, sondern für alle Internetdienste, also auch für E-Mail. Es könnte also sein, dass die entsprechende Domain nur für E-Mail genutzt wird. Einige Webhoster haben entsprechende Nur-Mail-Pakete im Angebot, sodass die Domain durchaus vergeben sein kann, auch wenn keine Webseite im Browser erscheint.

Sie können die Verfügbarkeit eines Domain Names bei vielen Webhostern direkt prüfen, aber für eine DE-Domain ist ein Check bei der DENIC selbst empfehlenswert, der »Registrierungsbehörde« für DE-Domains, denn alle anderen Anbieter greifen sowieso nur auf die von der DENIC gelieferten Daten zurück.

Direkt auf der Startseite finden Sie rechts oben ein kleines Suchformular, in das Sie nur den gewünschten Second Level Domain Namen eingeben müssen (Abbildung 12.1).

Nach dieser Abfrage kommt die nicht wirklich überraschende Mitteilung, dass die Domain *mueller.de* bereits vergeben ist.

Wenn Sie wissen möchten, wer der Besitzer ist, müssen Sie dann zunächst die Nutzungsbedingungen der DENIC akzeptieren und ein nicht ganz leichtes Captcha bestehen, bevor Sie erfahren, dass die Domain der Mueller Ltd. & Co. KG aus Ulm gehört. Das ist übrigens die Drogeriekette, nicht der Milchmann.

Abbildung 12.1:
Die Startseite
der DENIC mit
Domainabfrage
(rechts oben)

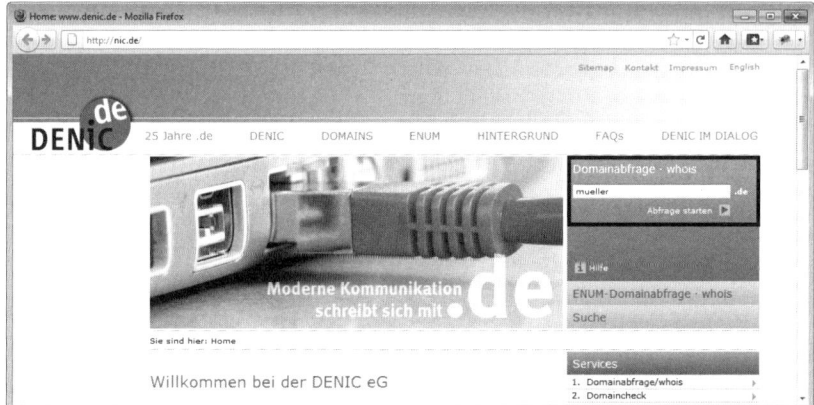

Hinweis

DENIC nur zum Checken von DE-Domains, nicht zum Registrieren

Bei der DENIC checken Sie nur, ob die gewünschte DE-Domain noch frei ist. Die Registrierung erfolgt in der Regel zusammen mit dem Webspace bei einem Webhoster, was weiter unten in diesem Kapitel besprochen wird.

12.3 Wenn Ihr Wunschname vergeben ist

Wenn Ihr Wunschname vergeben ist, gibt es drei Möglichkeiten:

1. **Andere DE-Domain** (zum Beispiel *pmueller.de*)

2. **Andere Top Level Domain** (zum Beispiel *mueller.info*)

3. **Domain abkaufen**

Möglichkeit 1: »pmueller.de« – eine andere DE-Domain

Wenn Sie sich entschließen, eine andere Second-Level-Domain zu probieren, sollten Sie Ihre Phantasie ruhig ein wenig spielen lassen. Namen wie Google, Yahoo! oder Amazon hat man vorher auch nicht mit Suchmaschinen oder Online-Shops in Verbindung gebracht. Wichtig ist, dass der Domain Name gut zu merken und leicht zu schreiben ist. Gut geeignet ist zum Beispiel der »Telefontest«. Geben Sie einfach die Domain am Telefon durch, dann sieht man sehr schnell, ob der Name gut gewählt ist.

Die Top Level Domain *.de* hat in Deutschland immer noch den höchsten Reizwert und wenn Sie die Top Level Domain wechseln, verlieren Sie unter Umständen einen Teil der Werbewirkung, die ein Domain Name ausstrahlt. Wenn auf einem Plakat zum Beispiel ein Name wie *weg.de* steht, wissen die meisten Betrachter ohne weiteres sofort, dass es sich um eine Website handelt. Eine andere Top Level Domain wie *weg.info* hat diese Wirkung nicht unbedingt.

Die Verfügbarkeit Ihres DE-Wunschnamens prüfen Sie am besten direkt bei der DENIC. Wie in good old Germany üblich, ist die Vergabe von DE-Domains gut reglementiert. Die wichtigsten Regeln für Domain Namen unterhalb der Top Level Domain *.de* im Überblick:

- Ein gültiger Domain Name hat mindestens 1 und höchstens 63 Zeichen. Mehr als etwa 20 sind aber selten sinnvoll.

- Erlaubt sind Buchstaben, Ziffern und Bindestriche. Sonst nichts. Keine Unterstriche, keine Punkte und keine Leerstellen.

- Der Name muss mit einem Buchstaben oder einer Ziffer beginnen und enden. Außerdem muss er mindestens einen Buchstaben beinhalten.

- Groß- und Kleinschreibung wird bei Domain Namen nicht unterschieden.

Umlaute sind zwar möglich, aber nicht sehr verbreitet. Besucher aus dem Ausland können Umlaute auf ihren Tastaturen nur sehr umständlich eingeben. Weitere Infos zu Umlautdomains finden Sie im Web unter dem Begriff *IDN*, kurz für *Internationalized Domain Name*.

Die Domainrichtlinien der DENIC   Hinweis

Falls Sie gerne einmal die kompletten Richtlinien für DE-Domains lesen möchten:

- *denic.de/de/richtlinien.html*

Möglichkeit 2: »mueller.info« – eine andere Top Level Domain

Beispiele für die Beibehaltung der Second Level Domain mit einer anderen Top Level Domain wären *mueller.info* oder *mueller.it*. Die Verfügbarkeit dieser Domains können Sie nicht bei der DENIC checken, sondern beim zuständigen NIC oder einem Domainspezialisten (siehe etwas weiter unten).

Die klassischen Top Level Domains außerhalb von DE sind *com*, *net* und *org*. Ursprünglich waren sie für kommerzielle Firmen (*com* wie *commercial*), für Firmen, die mit dem Internet zu tun haben (*net*) und für nicht kommerzielle Organisationen (*org*) gedacht. Diese Unterscheidung wird aber schon seit Jahren nicht mehr gemacht und die drei Top Level Domains sind für alle Interessenten geöffnet.

Noch relativ neu sind Top Level Domains wie *.info* und *.biz*, aber es gibt auch ausgefallene Kombinationen mit den zweibuchstabigen Länderkürzeln wie *.ag* oder *.tv* und ganz neue Varianten wie *.web*, *.shop*, *.film*, *.berlin* oder *.bayern*.

Um die Verfügbarkeit Ihres Wunschnamens mit möglichst vielen Top Level Domains zu testen, gehen Sie am besten zu einem Domainspezialisten wie *checkdomain.de* oder *united-domains.de*. Abbildung 12.2 zeigt die Suche nach *mueller* und die Verfügbarkeit in verschiedenen Top Level Domains.

Abbildung 12.2:
mueller als
Second Level
Domain in verschiedenen TLDs

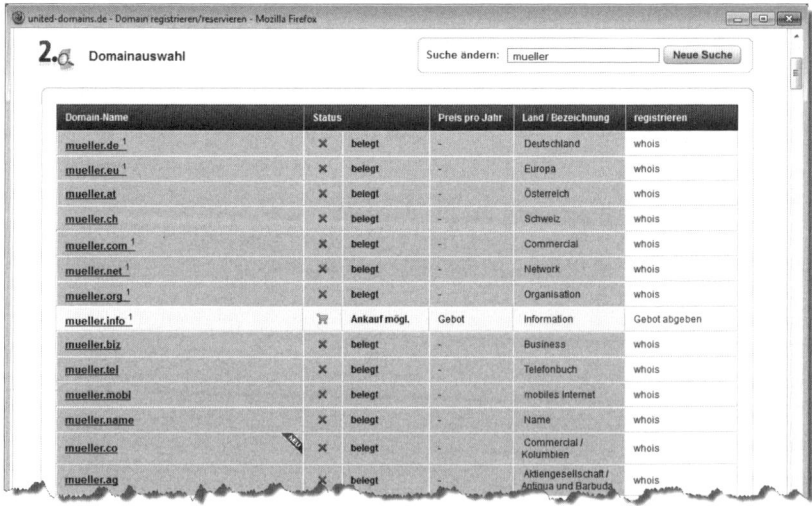

Die Domain-Dienstleister bieten natürlich auch gleich die Möglichkeit einer Reservierung, aber die sollten Sie erst in Anspruch nehmen, wenn Sie den Rest des Kapitels gelesen haben und sich Ihrer Sache sicher sind. Die bei den Dienstleistern genannten Preise gelten meist pro Jahr und nur für die Reservierung des Namens, ohne Webspace. Je exotischer die Top Level Domain, desto schwieriger bzw. teurer wird es übrigens, dafür einen Webhoster zu finden, der Webspace unter dieser Domain zur Verfügung stellen kann.

In einigen Ländern ist die Second Level Domain nicht frei verfügbar   Hinweis

In einigen Ländern wie Großbritannien, Japan oder Taiwan ist die Second Level Domain übrigens nicht frei verfügbar. So ist z. B. der Domain Name der englischen BBC *bbc.co.uk*. Das kommt, weil die Top Level Domain uk unterteilt ist in Bereiche wie co für commercial, ac für academic oder ro für royal. Jedes NIC bestimmt die Regeln für seine Top Level Domain selbst.

Möglichkeit 3: Domain kaufen – der Handel mit Domains

In Abbildung 12.2 können Sie erkennen, dass es mit der Verfügbarkeit von *mueller* als Second Level Domain nicht sonderlich aussieht, dass aber ein Ankauf von *mueller.info* möglich ist.

Um einen Domain Namen zu kaufen, müssen Sie entweder selbst den Besitzer der Domain recherchieren und ihn kontakten oder einen Domainhändler wie *sedo.de* oder *afternic.com* beauftragen, die sich auf den Handel mit Domains spezialisiert haben.

Domain Namen und Recht   Hinweis

Auf der Website *domain-recht.de* können Sie sich über die wichtigsten rechtlichen Rahmenbedingungen rund um Domain Namen informieren:

■ *domain-recht.de/recht/*

Dort finden Sie auch »Die sieben goldenen Domain-Regeln« zur Vergabe von Domain Namen.

Abbildung 12.3 zeigt, dass der Preis *mueller.info* zum Zeitpunkt der Abfrage Verhandlungssache ist. Etwas weiter oben sehen Sie, dass die Umlautdomain *müller.info* zum gleichen Zeitpunkt für 2.200 Euro zu haben war.

Abbildung 12.3: Domainhändler sedo.de – mueller. info ist Verhandlungssache.

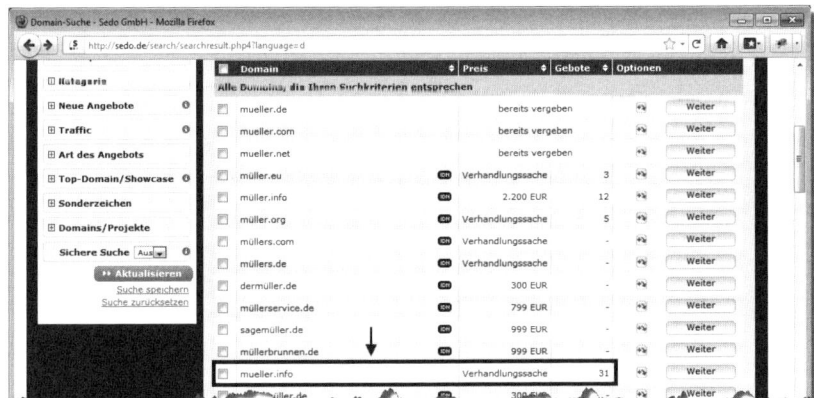

12.4 Der eigene Webspace

Websites und Prospekte der Webhoster enthalten eine Vielzahl von Angeboten, die oft eher Verwirrung stiften, als dass sie weiterhelfen. Die beiden Faktoren, die den monatlichen Grundpreis wesentlich mitbestimmen, sind Speicherplatz und Funktionalität. Je mehr Speicherplatz Sie mieten und je mehr Funktionalität Sie beanspruchen, desto höher sind die monatlichen Kosten.

Wie bei Werbung üblich, ist es auch bei Webspace-Angeboten manchmal wichtiger darauf zu achten, was *nicht* aufgeführt wird. Die aufgelisteten Features werden attraktiv genug sein, aber wenn zum Beispiel Virenschutz oder Spamfilter für eingehende E-Mails nicht genannt werden, gibt es sie meist entweder gar nicht oder nur »optional«, also gegen Aufpreis.

Und nicht vergessen: Je genauer Sie in der Planungsphase definiert haben, was Sie brauchen, desto leichter wird Ihnen die Entscheidung für oder gegen ein bestimmtes Angebot fallen.

Überblick über Webhoster: webhostlist.de

Eine der renommiertesten Sites zur Beurteilung von Webhostern ist *webhostlist.de*. Dort bekommen Sie einen unabhängigen Überblick über jede Menge Webhoster und können sich in aller Ruhe informieren und vergleichen, über Angebote, Kundenzufriedenheit, Zuverlässigkeit und vieles mehr:

▧ *webhostlist.de*

Abbildung 12.4 zeigt eine aktuelle, monatlich von Lesern zusammengestellte Top 10 der besten Webhoster, die den Einstieg vielleicht ein wenig erleichtert.

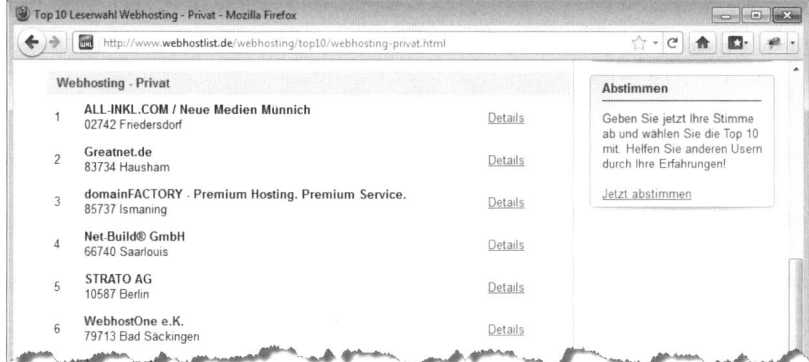

Abbildung 12.4:
Die monatlich
zusammenge-
stellte Top 10 von
webhostlist.de

Verwirrende Preise: Null Euro Sternchen

Wenn Sie bei einem Webhosting-Angebot irgendwo etwas von Null Euro lesen und ein kleines Sternchen in der Nähe ist, können Sie ziemlich sicher sein, dass Ihr Konto bei Vertragsabschluss trotzdem um mehr als Null Euro erleichtert wird.

Ein Webhoster ist kein wohltätiger Verein, sondern eine Firma, und die muss ein bisschen was verdienen, denn sonst geht sie pleite. There ain't no such thing as a free lunch. Es gibt kein kostenloses Mittagessen. Wenn das Essen umsonst ist, kostet die Cola, und ohne Cola gibt's kein Essen ...

Um die Preise etwas übersichtlicher und vor allem vergleichbarer zu machen, nehmen Sie sich ein bisschen Zeit und erstellen Sie eine kleine Kosten-Checkliste mit den folgenden Punkten:

- **Einmalige Einrichtungsgebühr**. Diese gibt es von gar nicht bis zu zweistelligen Euro-Beträgen. Es ist eine einmalige Gebühr, sollte aber mitgezählt werden.

- **Monatliche Gebühr**. Was kostet der Vertrag wirklich pro Monat? Nach Ablauf eventueller Sonderfristen. Rechnen Sie dabei *ohne* Sternchen und ziehen Sie eventuelle Rabatte erst danach von der Gesamtsumme ab.

- **Vertragslaufzeit**. 6 bis 12 Monate sind üblich. 24 Monate sind lang. Denken Sie dran: Nach Ablauf der Vertragslaufzeit wird der Vertrag meist automatisch um dieselbe Zeit verlängert, sofern Sie nicht vorher fristgerecht gekündigt haben. Wenn Sie das nicht getan haben, werden, schwupps, wieder 24 Monatsraten von Ihrem Konto abgezogen, und zwar ohne Sternchen.

- **Kündigungsfrist**. Vier Wochen zum Vertragsende sind üblich. Abweichende Kündigungsfristen sind erstens meist gut versteckt und zweitens zu lang.

- **Zahlungsweise**. Jährlich ist durchaus üblich. Dabei kommt trotz kleiner monatlicher Zahlen manchmal eine doch beträchtliche Summe zusammen.

Hinweis

Fragen Sie dem Webhoster ein Loch in den Bauch

Wenn Ihnen an einem Angebot etwas nicht klar ist, dann sollten Sie Fragen stellen. Und zwar direkt an den Webhoster. Dabei machen Sie bereits die ersten Erfahrungen mit der Firma, und die kosten außer ein bisschen Zeit noch nichts:

- Wie schwierig ist es, auf der Site eine (kostenlose) Kontaktmöglichkeit zu finden?

- Wie schnell bekommen Sie eine Antwort und wie freundlich ist diese?

Wenn Ihre Fragen vor Vertragsabschluss nicht kompetent und zügig beantwortet werden, ist die Chance auf Besserung nach Vertragsabschluss eher gering.

Aus allen diesen Angaben errechnen Sie dann die Gesamtkosten, und zwar am besten einmal für das erste Jahr (inkl. Einrichtungsgebühr) und einmal für die folgenden Jahre. So ein Jahr ist schneller rum, als man glaubt.

Der Einstieg: Domain und Mail

Viele Webhoster haben günstige Einstiegsangebote, die abgesehen von einer einmaligen Einrichtungsgebühr pro Monat manchmal nur Cents kosten und häufig einen Begriff wie »Visitenkarte« im Produktnamen enthalten. Die Kriterien zum Vergleichen der Angebote sind in erster Linie Speicherplatz, Traffic, Anzahl E-Mail-Konten und Zugangsmöglichkeiten. Meist ist nur eine DE-Domain im Preis enthalten. Alle Preisangaben sind Stand Oktober 2011.

▣ »Domain«: Reservierung und Weiterleitung

In der einfachsten Form bieten diese Angebote überhaupt keinen Speicherplatz und dienen nur zur Reservierung des Domain Namens oder zur Weiterleitung auf anderen kostenlosen Webspace, den Sie zum Beispiel von Ihrem Internetprovider oder von einer Baukasten-Site bekommen haben. Solche Angebote heißen oft »Domain« oder »Visitenkarte« und kosten unter einen Euro pro Monat plus Einrichtungsgebühr.

▣ »Mail«: Domain nur für E-Mail nutzen

Mail meint die Reservierung des Namens und die Nutzung für E-Mail. Diese Angebote konzentrieren sich mehr auf die E-Mail-Features, bieten also *Mailspace* anstelle von Webspace. Je nach Speicherplatz und Anzahl der E-Mail-Konten liegen die Angebote derzeit zwischen 1 und 2 Euro pro Monat plus Einrichtungsgebühr.

▣ Webspace für statische Webseiten

Wenn Sie in einem Angebot keine Angaben zur Programmiersprache PHP oder der Datenbank MySQL finden, handelt es sich meist um Webspace, der sich nur für statische Webseiten eignet. Für die ersten Versuche zum Erstellen von Webseiten mit HTML und CSS reicht das völlig aus und zur Interaktion mit Ihren Besuchern können Sie auf gehostete Webanwendungen zurückgreifen. Preise liegen ungefähr zwischen 2 und 3 Euro pro Monat plus Einrichtungsgebühr.

Die Mittelklasse: Webspace mit PHP und Datenbank

Wenn man seine Site aktiv betreibt und weiterentwickelt, benötigt man früher oder später PHP und MySQL auf seinem Webspace, da sehr viele Webanwendungen in PHP programmiert wurden und ihre Daten in einer MySQL-Datenbank aufbewahren.

Da viele Webhoster Ihre Rechner mit dem Betriebssystem Linux und dem Webserver Apache ausstatten, hat sich LAMP als Kürzel für diese Kombination durchgesetzt: Linux, Apache, MySQL und PHP. Entsprechend gibt es noch WAMP (unter Windows), MAMP (Mac OS X) und XAMP, wenn es für verschiedene Betriebssysteme verfügbar ist.

Typisch für ein solches Mittelklasse-Angebot sind folgende Features:

- Speicherplatz für Webseiten und E-Mail, min. 10 Gb

- Traffic inklusive (min. 100 Gb)

- 2–3 Domain Namen inklusive, möglichst nicht nur DE

- PHP-Unterstützung

- mindestens eine MySQL-Datenbank (besser 2–3)

- Postfächer per POP3 und IMAP abrufbar

- Virenschutz und Spamfilter

Soweit die wichtigsten Daten. Wenn in einem Paket mehrere Domain Namen enthalten sind, können Sie den Webspace auch unabhängig voneinander für mehrere Projekte benutzen.

Ein solches Angebot bietet für die meisten Bedürfnisse ein ordentliches Preis/Leistungsverhältnis und liegt ungefähr zwischen 1 und 10 Euro pro Monat plus Einrichtungsgebühr. Der Unterschied liegt oft im Service und in der Geschwindigkeit.

Die Oberklasse: Premiumpakete für Experten

Die Oberklasse hat zunächst einmal natürlich alle Leistungsmerkmale der Mittelklasse (mit größeren Zahlen dahinter) und noch ein paar mehr. Weniger Kunden pro Server, ein SSH-Zugang, Zugang per Webdav, Überlastungsschutz und vieles mehr.

Nur der Vollständigkeit halber möchte ich erwähnen, dass wie auch bei anderen Produkten beim Webspace nach oben fast keine Grenzen gesetzt sind. Sowohl was das Geld als auch was die Funktionen angeht, lassen sich die Webhoster dabei einiges einfallen.

Der eigene Server

Fast alle Hoster bieten Ihnen auch entweder einen recht günstigen virtuellen Server (V-Server, existiert nur im Arbeitsspeicher des Servercomputers) oder einen Dedicated Server (ein eigenes Gerät), das es dann wiederum manchmal auch als Managed Server gibt (wird vom Webhoster verwaltet). Darauf werde ich aber nicht weiter eingehen, denn wenn Sie einen eigenen Server betreiben möchten, dann sollten Sie dieses Kapitel nicht mehr lesen müssen ...

12.5 Fachbegriffe rund um Web- und Mailspace

Die technischen Details zum Webspace stiften bei Einsteigern oft heillose Verwirrung. Manchmal hat man tatsächlich den Eindruck, dass der potenzielle Kunde durch wohlklingende Fachausdrücke so geblendet werden soll, dass er ein möglichst teures Angebot unterschreibt.

Dieser Abschnitt versucht ein wenig Licht in das Dunkel des Technotalk zu bringen. Der Übersichtlichkeit halber möchte ich Ihnen dabei Webspace und Mailspace getrennt vorstellen, auch wenn sie in der Praxis zusammengehören.

Abbildung 12.5 zeigt die wichtigsten Begriffe zum Thema *Webspace*.

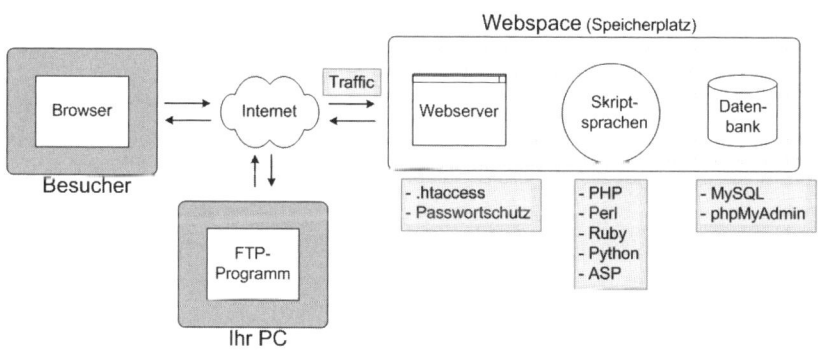

Abbildung 12.5:
Die wichtigsten
Begriffe rund um
den Webspace

Im Folgenden werden diese Begriffe etwas detaillierter erläutert.

Wie viel Speicherplatz wird benötigt?

Speicherplatz wird üblicherweise in Megabyte oder Gigabyte gemessen und wie viel Speicherplatz Sie für Ihre Website benötigen, hängt ganz davon ab, was Sie dort veröffentlichen möchten.

Inhalt kann im Internet aus Test, Grafiken, Sound oder Video bestehen und mit diesen Inhaltsarten gehen unterschiedliche Ansprüche an die Speicherplatzmenge einher.

■ Wenn Sie nur Textbeiträge mit ein paar Fotos veröffentlichen möchten, reichen wenige Megabyte.

■ Wenn Sie ständig neue Fotos auf Ihrer Site veröffentlichen möchten, benötigen Sie schon ein bisschen mehr Speicher.

■ Für einen Podcast mit zum Beispiel einer wöchentlichen, halbstündigen Sendung als MP3 steigt der Anspruch noch einmal. Faustregel: 1 Minute MP3 benötigt ca. 1 Megabyte Speicherplatz.

■ Als Hobbyfilmer oder Videojournalist benötigen Sie wahrscheinlich noch mehr Speicherplatz.

Wenn Sie sich in der Planungsphase überlegt haben, was Sie auf der Site alles veröffentlichen möchten, ist die benötigte Speichermenge im Idealfall nur eine kleine Rechenaufgabe. Schauen Sie einfach einmal nach, wie groß Ihre Dateien sind.

Interessant ist noch die Frage, ob sich die angegebene Speichermenge nur auf den Speicherplatz für Webseiten bezieht oder ob der Platz für E-Mails darin enthalten ist.

Wie viel Traffic (Datentransfer) brauchen Sie?

Traffic meint den Datentransfer von und zu Ihrem Webspace. Das beinhaltet in der Regel die Abrufe der Webseiten, den Download von Dateien, das Empfangen und Verschicken von E-Mails und meist auch den Zugang per FTP. Hier ein konkretes Beispiel:

■ Gesetzt den Fall, dass ein Besuch auf Ihrer Site 500 Kilobyte Traffic verursacht ...

■ ... und Sie haben ein monatliches Limit von 20 Gigabyte Traffic ...

- ... dann würde das für Pi mal Daumen ungefähr 40.000 Besuche reichen.

Wenn Sie neben Text und Grafiken auch MP3 und Video anbieten, sollten Sie den Traffic pro Besuch wahrscheinlich etwas höher ansetzen.

Vor Vertragsabschluss sollten Sie sich in jedem Fall informieren, was zusätzlicher Traffic kostet, denn wenn Ihre Website plötzlich zu einem Hit wird, könnte das auf Ihrem Konto sonst eine deutliche Delle hinterlassen.

Am besten ist natürlich unbegrenzter Traffic, aber die Webhoster müssen selbst jedes Megabyte an Traffic bezahlen und wenn Sie es darauf anlegen, eine Flatrate wirklich wörtlich zu nehmen und auszureizen, kann es durchaus passieren, dass Ihnen von Seiten des Webhosters gekündigt wird.

Der Zugang zum Webspace: FTP & Co.

Der normale Weg, um Dateien auf den Webspace zu bekommen ist per **FTP**, idealerweise mit irgendeiner Form von Verschlüsselung. Neben dem Zugang mit einem normalen FTP-Programm wie z. B. FileZilla bieten viele Provider auch Zugang per WebFTP-Programm, was sehr praktisch ist, wenn man von unterwegs per FTP auf seinen Webspace zugreifen muss (Abbildung 12.6).

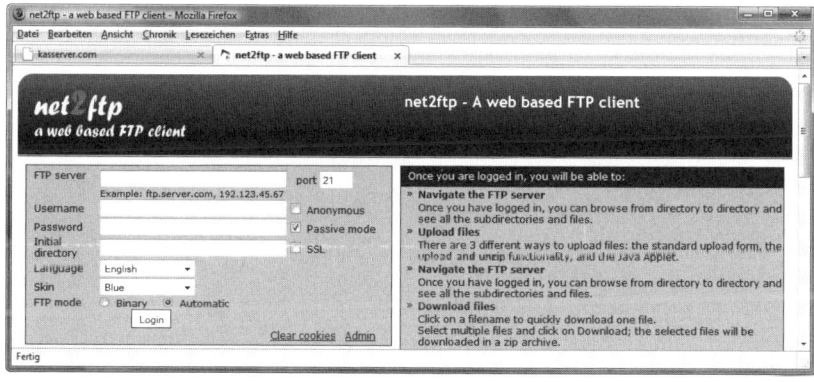

Abbildung 12.6: Ein WebFTP-Programm zum Zugriff auf den Webspace

Ein FTP-Zugang gibt meistens Zugriff auf den Hauptordner des Webspace. Falls Ihr Webspace mehrere FTP-Zugänge anbietet, können Sie diese zum Beispiel nutzen, um für einige Anwender den Zugriff nur auf bestimmte Unterordner zu ermöglichen, zum Beispiel von Hochladen von Bildern oder anderen Dateien in ein bestimmtes Verzeichnis.

In teureren Angeboten gibt es einen Zugang per **Secure Shell** (SSH). Damit können Sie direkt auf dem Webservercomputer arbeiten und an der Kommandozeile Befehle eingeben. Allerdings sollte man dabei schon wissen, was man tut, denn sonst kann das natürlich auch nachteilige Auswirkungen haben. Wenn Sie über die Arbeit in einer Linux-Shell nicht viel wissen, ist ein Zugang per Secure Shell vielleicht nicht wirklich ein erstrebenswertes Feature.

Immer öfter findet man auch einen Zugang per **WebDAV**. Damit können Sie Ihren Webspace ganz bequem direkt im Windows Explorer (oder auf dem MAC mit dem Finder) verwalten. Was genau Sie dazu tun müssen, verrät Ihnen der Webhoster, der Ihnen WebDAV anbietet.

Serverseitige Skriptsprachen: PHP & Co.

Um auf Ihrem eigenen Webspace eine Webanwendung laufen zu lassen, muss die Programmiersprache, in der die Anwendung geschrieben wurde, unterstützt werden. Wenn die Anwendung also in PHP geschrieben wurde (und das sind viele), dann muss der PHP-Übersetzer auf Ihrem Webspace zur Verfügung stehen.

Mit Abstand am weitesten verbreitet ist wie erwähnt die Skriptsprache PHP, die es momentan in den Versionen 4 und 5 gibt. Wenn nicht ein ganz konkreter Grund dagegen spricht, sollten Sie sich für PHP ab V5.2 entscheiden.

Einige Webanwendungen haben außerdem neben der reinen PHP-Unterstützung noch bestimmte Ansprüche an die PHP-Konfiguration, die in der Datei *php.ini* definiert wird. Dabei geht es um Details wie lange das Programm laufen darf (Laufzeit), wie viel Arbeitsspeicher es beanspruchen darf oder um das Sperren bestimmter Funktionen (SafeMode, allow url fopen etc.).

Da aber viele Provider zu diesen Details keine Angaben machen und man zum Verstehen ein recht tiefgehendes technisches Verständnis benötigt, ist es einfacher, den Webhoster zu fragen, ob das von Ihnen gewünschte Programm auf dem anvisierten Webspace auch wirklich läuft. Für das CMS Contao gibt es zum Beispiel den »Contao-Check«. Das ist ein kleines Programm, das prüft, ob ein bestimmter Webspace geeignet ist.

Falls Sie Abkürzungen wie *SSI* (ServerSide Includes) oder *CGI* (Common Gateway Interface) finden – das sind etwas aus der Mode gekommene Möglichkeiten, die Erstellung des Quelltextes jenseits des Webservers zu beeinflussen. *Fast-CGI* hingegen ist eine feine Sache und ermöglicht vielen Webanwendungen wie WordPress oder Contao einen reibungslosen Ablauf. Fragen Sie einfach danach.

Andere serverseitige Sprachen wie *Perl*, *Ruby*, *Python* etc. sind relativ exotisch und nur wichtig, wenn Sie wissen, dass Sie sie benötigen. *ASP* (»Active Server Pages«) finden Sie ausschließlich auf Windows-Servern und die sind beim preiswerten Webhosting eher eine Ausnahme.

Datenbanken: MySQL und phpMyAdmin

Eine Datenbank dient zum Speichern von Daten und wenn Sie auf Ihrem Webspace eine Webanwendung betreiben möchten, dann benötigen Sie zumeist mindestens eine Datenbank.

Beim Webhosting ist *MySQL* sehr weit verbreitet. Genau genommen ist MySQL ein Datenbankserver, aber das kann Ihnen bei der Auswahl von Webspace erst einmal egal sein. Wichtiger ist wie so oft die Versionsnummer, und die lautet momentan 5 plus irgendwas. Einfach zu merken: PHP und MySQL jeweils in der Version 5.x.

Wie viele Datenbanken Sie benötigen, hängt davon ab, wie viele Webanwendungen Sie betreiben wollen. Idealerweise kann jede auf Ihrem Webspace betriebene Anwendung über eine eigene Datenbank verfügen.

Zur Verwaltung Ihrer Datenbanken sollte der Webhoster unbedingt die Webanwendung *phpMyAdmin* zur Verfügung stellen. Damit können Sie falls nötig mit Ihrem Browser direkt auf die Daten in der Datenbank zugreifen und zum Beispiel bestimmte Datensätze löschen.

Abbildung 12.7: phpMyAdmin dient zur Verwaltung von MySQL-Datenbanken.

Interessant ist außerdem noch, ob der MySQL-Datenbankserver auf demselben Server liegt wie Ihre Webseiten oder auf einem speziellen Datenbankserver, denn wenn MySQL auf einem anderen Server liegt, ist der Zugriff oft langsamer.

Sonstige Fachbegriffe rund um den Webspace

Zum Abschluss dieses Technotalk-Schnellkurses noch ein paar Begriffe, die Ihnen wahrscheinlich früher oder später begegnen werden.

Passwortschutz und .htaccess

Wenn Sie auf Ihrem Webspace einige Verzeichnisse mit einem Passwort schützen möchten, dann ist erstens die Frage, ob das überhaupt geht und zweitens, wie bequem das ist. Technisch wird ein Passwortschutz meist mit einer Datei namens *.htaccess* (wirklich mit einem Punkt vorweg) geregelt, aber meistens gibt es ein komfortables Formular, in dem Sie den Namen des zu schützenden Ordners und das gewünschte Passwort einfach eintragen.

Mit der Datei *.htaccess* kann man übrigens den Apache Webserver konfigurieren und je mehr Webanwendungen auf Ihrem Webspace laufen, desto wahrscheinlicher wird es, dass Sie das einmal machen müssen. Zugriff auf die *.htaccess* ist also nicht schlecht.

Subdomain und Domainkonfiguration

Subdomain ist einfach nur ein anderer Name für eine Third-Level-Domain. Diese können Sie oft benutzen, um auf Ihrem Webspace bestimmte Dinge auszuprobieren, ohne diese gleich zu veröffentlichen.

Immer mehr Provider bieten auch die Möglichkeit, die DNS-Einstellungen für Ihren Webspace zu ändern. Dabei wird unterschieden zwischen einem MX-Record für Mail und einem A-Record für die Webseiten. Allerdings sollten Sie damit nur spielen, wenn Sie 120-prozentig sicher sind, was Sie da tun.

Kunden pro Server

Das ist eine Angabe, die man bei Providern nur selten findet, die aber – wenn sie auftaucht – meist positiv zu bewerten ist. Wenn ein Webhoster also schreibt, dass bei dem Angebot nicht mehr als zum Beispiel 50 Kunden sich einen Server teilen, dann sind das recht wenige. Sie können sich dann auch vorstellen, wie viele Kunden pro Server das sind, wenn diese Angabe *nicht* vorhanden ist ...

Providerwechsel (KK-Antrag)

Falls Sie einmal den Provider wechseln möchten, sollte Ihnen der neue Provider dabei helfen und Ihnen genau sagen, was Sie tun müssen. Generell wird dabei der alte Domain gekündigt und dann vom neuen Provider ein so genannter KK-Antrag gestellt, der dann vom zuständigen NIC akzeptiert werden muss. Mit Provider ist in diesem Falle natürlich der Webhoster gemeint, und nicht der Internetprovider.

KK steht übrigens für *Konnektivitätskoordination*. Yep. Schönes Wort. Finde ich auch.

Der Mailspace: POP3, IMAP und Webmail

Ein E-Mail-Postfach ist ein Speicherplatz auf einer Festplatte, auf den Sie mit einer bestimmten Kombination von Benutzername und Passwort zugreifen können. Man kann durchaus verschiedene E-Mail-Adressen in einem einzigen Postfach sammeln. Wenn Sie also mehr E-Mail-Adressen als E-Mail-Postfächer haben, ist das durchaus gut. Umgekehrt gibt das keinen Sinn.

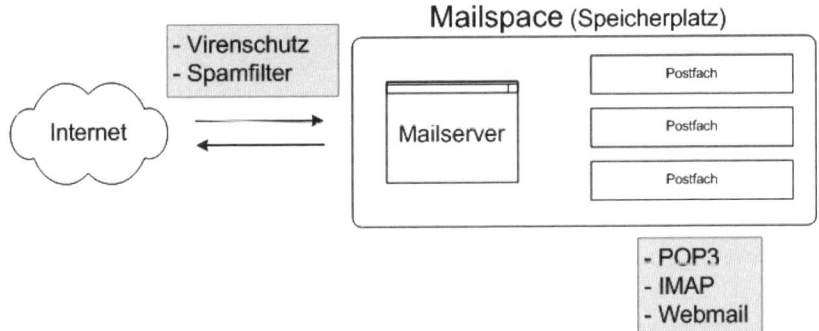

Abbildung 12.8:
Wichtige Begriffe
rund um Ihren
Mailspace

Auf die E-Mail-Postfächer können Sie auf drei verschiedene Arten zugreifen, um Ihre Mail zu lesen:

■ **POP3**. Der Klassiker. Jedes E-Mail-Programm kann per POP3 auf ein Postfach zugreifen. Dabei werden die Mails vom Server geholt, auf Ihren Rechner kopiert und anschließend auf dem Sever gelöscht.

■ **IMAP**. Immer mehr E-Mail-Programme beherrschen dieses Protokoll. Der wichtigste Unterschied zu POP3 ist, dass die Mails *auf dem Server* verwaltet werden. So können Sie von verschiedenen Rechnern aus auf Ihre Postfächer zugreifen und haben immer alle Mails zur Verfügung. Andererseits benötigen Sie auf dem Server wesentlich mehr Speicherplatz als für POP3.

■ **Webmail**. Mail lesen (und schreiben) mit dem Browser, genau wie bei GMX, GoogleMail, Hotmail & Co. Das eigentliche Mailprogramm läuft dabei als Webanwendung auf dem Server und wird quasi per Fernbedienung gesteuert. Praktisch von unterwegs.

Virenschutz und Spamfilter sollten eigentlich zum Standard gehören und sind oft bereits im Angebot enthalten. Falls Sie sich nicht sicher sind, ob das der Fall ist – einfach fragen.

Interessant ist bei Angeboten noch, ob eine Maximalgrenze für einzelne E-Mails, einzelne Postfächer oder den gesamten Mailspace existiert und ob der Speicherplatz für E-Mails gesondert gerechnet wird oder ob er vom angebotenen Webspace abgerechnet wird.

> **Google Apps als Mailspace für kleine Firmen**   Tipp
>
> Für kleine Firmen ist Google Apps eine Alternative zum eigenen Mail-
> space, da man hier E-Mail-Konten für Mitarbeiter supereinfach ver-
> walten kann. Der folgende Blogeintrag von Robert Brandl beschreibt
> dies ausführlich:
>
> ▪ *emailtooltester.com/news/google-apps-als-email-loesung/*

12.6   Auf einen Blick

Die wichtigsten Themen noch einmal im Überblick:

▪ Webspace ohne eigene Domain ist oft kostenlos verfügbar.

▪ Wenn Ihr Wunschname bereits vergeben ist, gibt es drei Möglichkeiten:

  – andere Second Level Domain

  – andere Top Level Domain

  – Domain abkaufen

▪ Eigenen Webspace bekommen Sie von einer Webhoster genannten Firma.

▪ Einen Überblick über Webhoster bekommen Sie z. B. auf der Seite
  webhostlist.de.

▪ Lassen Sie sich von den zahlreichen Sternchen-Preisen nicht verwirren. Achten Sie auf einmalige Einrichtungsgebühren, monatliche Gebühren, Vertragslaufzeit, Kündigungsfrist und Zahlungsweise.

▪ Webspaceangebote lassen sich grob in drei Kategorien einteilen:

  – Einstieg: Domain und Mail

  – Mittelklasse: mit PHP und Datenbank

  – Premiumklasse: alles darüber ...

Teil III

Umsetzung:
Eine Homepage erstellen

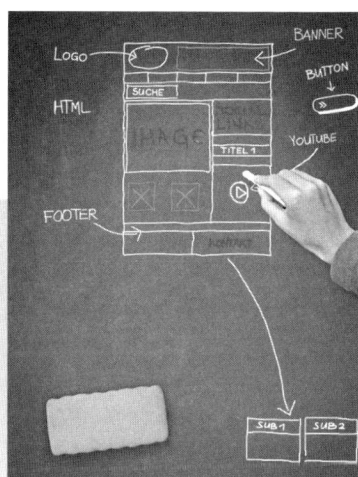

Kapitel 13

Eine Homepage mit Jimdo erstellen

Worin Sie den Website-Baukasten Jimdo kennen lernen und eine gar nicht so schlecht aussehende Homepage erstellen, die sofort online und somit weltweit erreichbar ist.

Die Themen im Überblick:

In den folgenden drei Kapiteln lernen Sie die Möglichkeiten eines modernen Website-Baukastens am Beispiel von Jimdo kennen. Sie erstellen dabei eine Website, die als Ausgangspunkt für Privatpersonen, Freiberufler, Vereine, Kindergärten, Firmen und andere dienen kann. Danach wissen Sie, ob ein Baukasten wie Jimdo für Ihre Ideen prinzipiell in Frage kommt. Auch das Kennenlernen von anderen Baukästen wie Webnode oder Weebly wird Ihnen danach wesentlich leichter fallen.

13.1   Bevor Sie beginnen ...

Wie Sie bereits gesehen haben, führen viele Wege zur eigenen Homepage, aber der in diesem Kapitel beschriebene dürfte einer der effektivsten sein. Mit Jimdo erstellen Sie eine professionelle Homepage, die weltweit von jedem Surfer betrachtet werden kann. Außer ein bisschen Lust zum Ausprobieren, sind die einzigen Voraussetzungen:

- ein Internetzugang
- ein moderner Browser (z. B. Firefox, Safari, Chrome, Opera oder IE ab V8)
- eine E-Mail-Adresse, die Sie unmittelbar abrufen können

Falls Sie in dieser Aufzählung Begriffe wie »HTML« vermissen – zur Erstellung Ihrer ersten Homepage benötigen Sie keinerlei Vorwissen oder Spezialprogramme, nur ein bisschen Zeit, Geduld und Neugier.

13.2   Jimdo im Überblick

Jimdo ist ein moderner Website-Baukasten und weltweit in immer mehr Ländern verfügbar, kommt aber ursprünglich aus der Nähe von Hamburg. Der Vorteil für Sie ist dabei, dass nicht nur die Benutzerführung auf Deutsch ist, sondern auch die Hilfeseiten, das Forum und der Support.

Abbildung 13.1:
Die Startseite
von jimdo.de

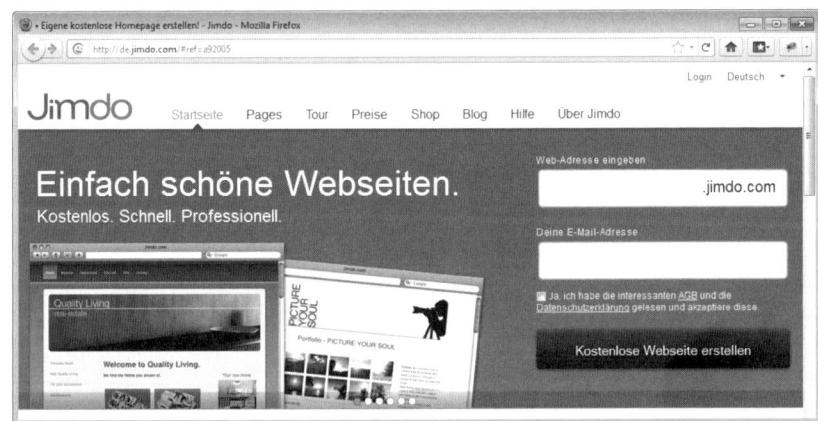

Die Funktionsweise von Jimdo lernen Sie im weiteren Verlauf dieses Kapitels kennen. Hier zunächst eimal die wichtigsten Features:

- unlimitierte Nutzung und Seitenzahl

- automatisch generierte Navigation (bis zu drei Ebenen)

- Bildergalerien kinderleicht erstellen (wahlweise HTML oder Flash)

- Auswahl aus zahlreichen fertigen Layouts

- komplett eigene Layouts sind möglich (wenn Sie HTML und CSS können)

- funktionierende Formulare per Mausklick

- passwortgeschützte Bereiche

Alle diese Features (und noch viele mehr) gibt es bereits in der kostenlosen Version. Jimdo gibt es ingesamt in drei Geschmacksrichtungen (Preise von 10/2011):

- **Jimdo Free** ist die kostenlose Version und ideal zum Kennenlernen. Sie bekommen eine Homepage mit einer Subdomain (*ihrname.jimdo.com*), 500 Mb Speicher und einer Werbebox für Jimdo (nicht für andere Produkte) darauf.

- **Jimdo Pro** ist werbefrei, mit einer eigenen Domain (*ihrname.de*), bietet 5 Gb Speicher und unter anderem eine größere Auswahl an Layouts. Außerdem bekommen Sie eine eigene E-Mail-Adresse. Jimdo Pro kostet 5 Euro pro Monat, egal ob Sie Privatperson, Freiberufler, Verein oder Firma sind.

- **Jimdo Business** ermöglicht zwei eigene Domains, bietet unlimitierten Speicherplatz und noch mehr Layouts. Dieser Tarif ist ideal, um zum Beispiel einen Online-Shop zu betreiben. Jimdo Business kostet 15 Euro pro Monat.

Eine aktuelle Preisliste und eine genaue Übersicht über die Unterschiede zwischen den diversen Tarifen finden Sie auf *jimdo.de/preise/*. Wenn Sie eine Site mit Jimdo Free entwickeln, bleibt diese bei einem Umstieg auf Pro oder Business selbstverständlich erhalten.

Tipp | **Beispiele und Tour**

Auf *jimdo.de/pages* finden Sie Beispiele von mit Jimdo erstellten Websites und auf *jimdo.de/tour* können Sie sich kurz und bündig über Jimdo informieren.

13.3 Die Registrierung bei Jimdo

Los geht es bei Jimdo – wie so oft im Web – mit einer kostenlosen Registrierung. Dabei haben Sie mehrere Möglichkeiten:

- auf der Startseite von *jimdo.de* (Abbildung 13.2)

- auf der Website zum Buch *die-homepage-schule.de*

Wenn Sie sich über die Website zum Buch registrieren, bekomme ich, falls Sie später zu Jimdo Pro oder Business wechseln sollten, als Jimdo-Partner eine Provision. Für Sie entstehen dadurch keinerlei Nachteile oder Mehrkosten. Infos zum Partnerprogramm gibt es unter *jimdo.de/partner*.

Schritt 1: Web-Adresse und Mail-Adresse eingeben

Zur Anmeldung geben Sie in das Registrierungsformular zwei Dinge ein:

- Der Name, den Sie in das Feld WEB-ADRESSE EINGEBEN schreiben, wird automatisch um den Zusatz *jimdo.com* ergänzt.

- Achten Sie darauf, dass die Mail-Adresse korrekt geschrieben ist. An diese Adresse wird das Passwort geschickt, das Sie später zur Anmeldung an Ihrer Jimdo-Page benötigen.

Abbildung 13.2 zeigt die Startseite von Jimdo mit Web- und E-Mail-Adresse zur Erstellung einer kostenlosen Website.

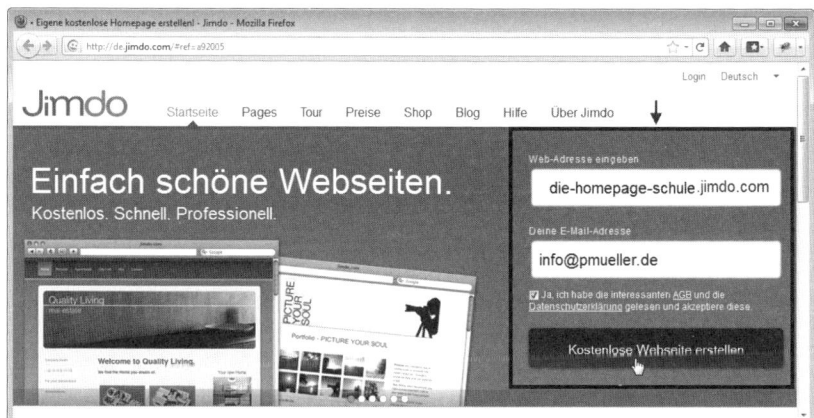

Abbildung 13.2:
Startseite mit
Web-Adresse und
E-Mail-Adresse

ToDo: Die Registrierung bei Jimdo – Schritt 1/2

1. Surfen Sie zu *jimdo.de* oder *die-homepage-schule.de*.

2. Geben Sie im Feld WEB-ADRESSE EINGEBEN den gewünschten Namen ein. Jimdo prüft automatisch, ob der Name noch verfügbar ist.

3. Geben Sie im Feld DEINE E-MAIL-ADRESSE eine E-Mail-Adresse ein, auf die Sie unmittelbar Zugriff haben. Prüfen Sie doppelt und dreifach, ob die Mail-Adresse stimmt, denn an diese Adresse wird das Passwort für Ihr Jimdo-Konto geschickt.

4. Lesen Sie die »interessanten AGB« und die »Datenschutzerklärung« und akzeptieren Sie sie durch Ankreuzen des Kontrollkästchens.

5. Klicken Sie auf die Schaltfläche KOSTENLOSE WEBSEITE ERSTELLEN.

Schritt 2: Captcha eingeben und Website erstellen

Nach diesem ToDo wird im Browser der in Abbildung 13.3 dargestellte Spamschutz angezeigt, bei dem Sie zwei Phantasieworte lesen und abtippen müssen.

Abbildung 13.3:
Der Mensch-
Maschine-Test
schützt Jimdo
vor Spam-Anmel-
dungen.

Diese Tests werden *Captcha* genannt und Sie kennen sie vielleicht bereits von anderen Registrierungen. Falls die Zeichen unleserlich sein sollten, klicken Sie auf die Schaltfläche mit den beiden Pfeilen, um eine neue Buchstabenkombination anzufordern. Mit einem Klick auf das Lautsprechersymbol können Sie sich die Worte auch vorlesen lassen.

ToDo: Die Registrierung bei Jimdo – Schritt 2/2

1. Geben Sie im Eingabefeld die oben im Captcha dargestellten Zeichen ein.

2. Klicken Sie danach erneut auf den Button KOSTENLOSE WEBSEITE ERSTELLEN.

Wenn alles glatt geht, erscheint die in Abbildung 13.4 dargestellte Webseite, mit der Sie bei Jimdo willkommen geheißen werden.

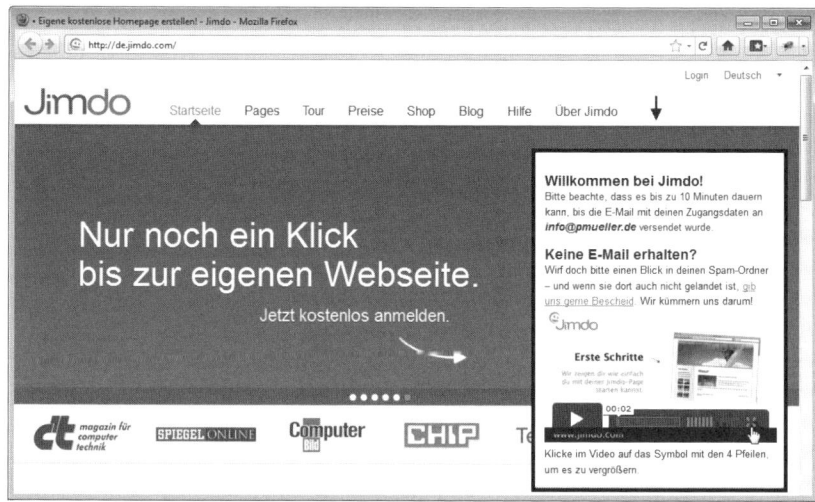

Schritt 3: Die E-Mail mit den Zugangsdaten

Die E-Mail mit Ihren Zugangsdaten ist bereits unterwegs zu Ihnen
und Sie können sich die Wartezeit mit einem gut zweiminütigen
Video vertreiben, in dem die ersten Schritte zur Individualisierung
Ihrer Homepage geschildert werden.

Danach checken Sie dann Ihr Postfach, ob die E-Mail mit den Zugangsdaten bereits angekommen ist (Abbildung 13.5).

Abbildung 13.5:
Die E-Mail mit
den Zugangsda-
ten von Jimdo

13.4 Jimdo kennen lernen

Um die frisch eingerichtete Beispielsite aufzurufen, klicken Sie in der Mail auf die Web-Adresse. Danach erscheint die Startseite Ihrer Homepage (Abbildung 13.6).

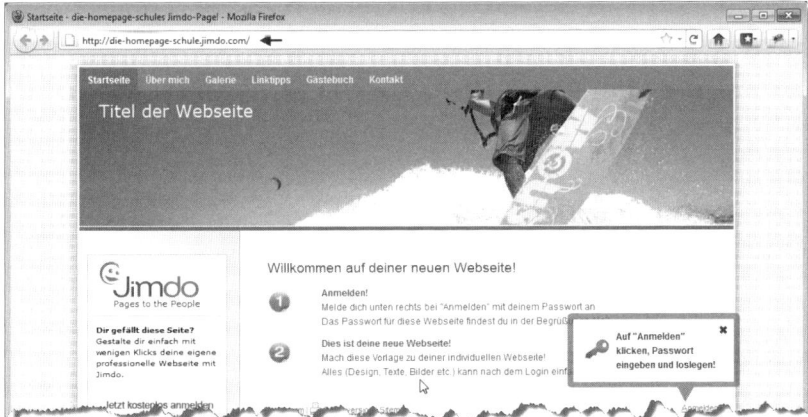

Abbildung 13.6:
Die Beispiel-
site von Jimdo
direkt nach der
Registrierung

First Contact – Die Beispielsite von Jimdo in der Übersicht

Jimdo hat für Sie eine fix und fertige Beispielsite eingerichtet, komplett mit Navigationsstruktur, Titelbild und vielen Beispielinhalten. Zum Kennenlernen rufen Sie über die Navigationsleiste einmal die bereits vorhandenen Seiten auf:

- Die Startseite zeigt Ihnen einen kleinen Überblick und den Weg zur Anmeldung.

- Auf der Seite ÜBER MICH finden Sie einen Lebenslauf und eine eingebundene Google Map.

- Auf der Seite GALERIE gibt es zwei Bildergalerien und eine Unterseite VIDEOS mit YouTube-Videos.

- Die Seite LINKTIPPS enthält Links zu Jimdo.

- Auf der Seite GÄSTEBUCH ist ein noch leeres Gästebuch eingerichtet.

- Auf der Seite KONTAKT ist bereits ein Kontaktformular vorhanden, bei dem Sie nur noch Ihre E-Mail-Adresse eintragen müssen (siehe Seite 222).

In diesem Kapitel lernen Sie, wie Sie das Aussehen, den Inhalt und die Struktur dieser von Jimdo bereitgestellten Homepage an Ihre Wünsche anpassen können.

Die Homepage ist online

Die Webseiten sind jetzt bereits online und über die Web-Adresse weltweit erreichbar. Sie arbeiten also live im Web, brauchen sich aber nicht beobachtet zu fühlen: Um Ihre Seiten aufrufen zu können, muss jemand die genaue Web-Adresse kennen. Solange Sie also niemandem Bescheid sagen, können Sie vorerst ungestört arbeiten.

Tipp

Die erste Anmeldung an Ihrer Homepage

Um auf dieser Beispielsite irgendwas ändern zu können, müssen Sie sich zunächst einmal anmelden (auch *einloggen* genannt). Abbildung 13.7 zeigt, wo Sie klicken und das Passwort eingeben müssen und genau das machen Sie im folgenden ToDo.

Abbildung 13.7:
Die Anmeldung
bei Ihrer neuen
Homepage

ToDo: Einloggen – die Anmeldung an Ihrer Homepage

1. Klicken Sie rechts unten auf den Link ANMELDEN.
2. Geben Sie in der daraufhin erscheinenden Anmeldebox das Passwort ein, das Sie in der E-Mail von Jimdo bekommen haben.
3. Klicken Sie auf die graue Schaltfläche ANMELDEN in der Anmeldebox.

Nach erfolgreicher Anmeldung werden Sie von Jimdo begrüßt. Falls Sie ein großes Flyout-Menü sehen sollten, in dem von einem Upgrade auf Jimdo Pro oder Business die Rede aus, klicken Sie einfach auf das Wort SCHLIESSEN am unteren Rand des Menüs. Jetzt sollte Ihre Website ungefähr so aussehen wie in Abbildung 13.8.

Abbildung 13.8:
Die Homepage
nach einer
erfolgreichen
Anmeldung

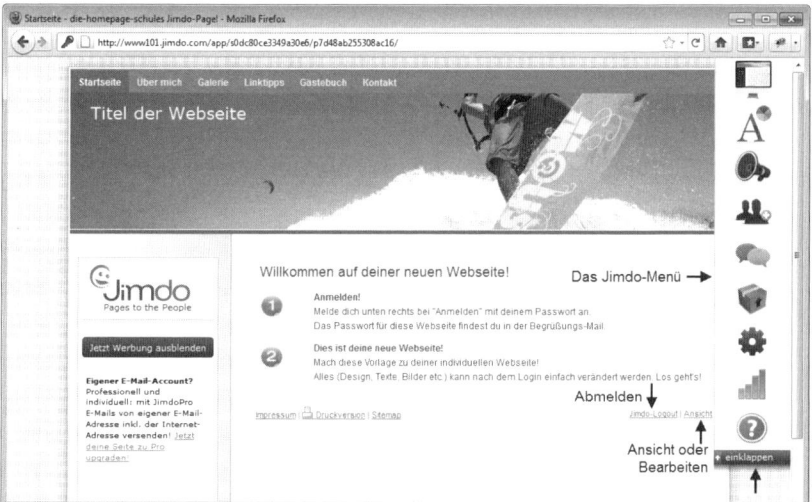

Das Titelbild, den Text und die bereits angelegten Menüpunkte auf der Beispielsite werden Sie im Verlaufe dieses Kapitels noch ändern, aber die zunächst wichtigsten Elemente befinden sich am rechten Fensterrand:

- das **Jimdo-Menü** am rechten Fensterrand zum Ein- und Ausklappen.

- die zwei Links JIMDO-LOGOUT und ANSICHT rechts unten.

Das lange Jimdo-Menü am rechten Fensterrand ist nur sichtbar, wenn Sie eingeloggt sind, und wird manchmal auch *Bearbeitungsleiste* genannt. Es kann per Mausklick ein- und ausgeklappt werden und dient dazu, das Aussehen und die Funktionen Ihrer Homepage zu kontrollieren.

Mit dem Link Jimdo-Logout können Sie sich nach getaner Arbeit abmelden. Wenn Sie sich mit einem Klick darauf ausloggen, ist das Jimdo-Menü rechts am Rand nicht mehr zu sehen und der Link ändert seine Beschriftung in Anmelden. Der Link Ansicht wird etwas weiter unten noch ausführlich vorgestellt.

Zu Ihrer Sicherheit: Das zugeschickte Passwort ändern

Bevor Sie sich im nächsten Abschnitt den ersten Änderungen auf Ihrer Jimdo-Page widmen, sollten Sie zunächst das Ihnen zugeschickte Passwort ändern.

Abbildung 13.9: Das Anmelde-Passwort für Ihre Homepage ändern

ToDo: Das Passwort zur Anmeldung an der Homepage ändern

1. Klicken Sie im Jimdo-Menü auf das Zahnrad (Menü EINSTELLUNGEN). Links erscheint daraufhin ein großes Flyout-Menü mit dem Titel Einstellungen.

2. Scrollen Sie in dem Flyout-Menü etwas nach unten, bis Sie den Bereich ANMELDEN sehen und klicken Sie auf das Symbol PASSWORT.

3. Im Feld BISHERIGES PASSWORT geben Sie das Ihnen zugeschickte Passwort ein.

4. Im Feld NEUES PASSWORT geben Sie das neue Passwort ein.

5. Wiederholen Sie die Eingabe des Passwortes im Feld EINGABE WIEDERHOLEN, um eventuelle Tippfehler zu verhindern.

6. Beenden Sie die Änderung des Passwortes mit einem Klick auf SPEICHERN.

Sie sollten sich jetzt einmal mit einem Klick auf JIMDO-LOGOUT abmelden und gleich danach mit dem neuen Passwort wieder anmelden, um zu sehen, ob alles geklappt hat. Jimdo schickt Ihnen übrigens eine Mail mit dem neuen Passwort.

Tipp

Ein gutes Passwort ...

... lässt sich leicht merken und schlecht raten. Ganz schlecht sind zum Beispiel Namen oder Geburtstage aus dem familiären Umfeld, der Wohnort und alle Wörter aus einem Wörterbuch. Besser sind leicht zu merkende Sätze wie »Jimdo? Da bin ich echt gespannt.«, von denen Sie dann jeweils den ersten Buchstaben nehmen, wobei man zum Beispiel auch noch ein i gegen eine 1 tauschen könnte: J?Db1eg.

Die Layoutbereiche einer Jimdo-Page

Eine typische Homepage bei Jimdo, manchmal auch einfach *Jimdo-Page* genannt, besteht aus folgenden großen Bereichen:

- Die *Navigation* zeigt die erste Ebene der Seitenstruktur.

- Das *Titelbild* (auch *Header* oder *Kopfbereich* genannt) ist breit und schmal, prägt den ersten Eindruck und gibt der Site einen Wiedererkennungswert.

■ Der *feste Bereich* enthält ein bisschen Inhalt und ist auf jeder Seite gleich. Beim kostenlosen Tarif Jimdo Free wird hier eine Werbebox für Jimdo eingeblendet.

■ Der *Inhaltsbereich* mit Texten, Bildern und Videos ist auf jeder Seite anders.

■ Die *Fußzeile* mit Links zu IMPRESSUM, DRUCKVERSION und SITEMAP sitzt unterhalb des Inhaltsbereichs.

■ Der *Hintergrund* mit einer Farbe, einem Muster oder einem Bild füllt das Browserfenster und hat eigentlich nur die Aufgabe, nicht sonderlich aufzufallen.

Abbildung 13.10 zeigt diese Bereiche im Überblick.

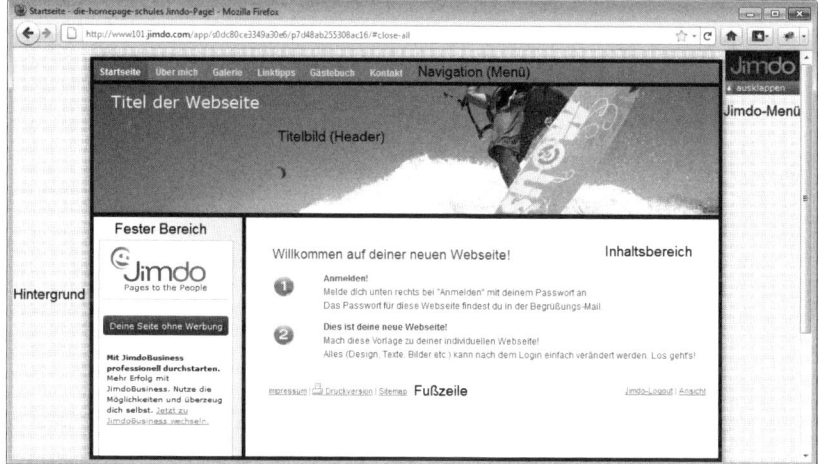

Abbildung 13.10:
Die Bereiche einer
Jimdo-Page

Fast alle Layouts von Jimdo haben diese Bereiche, aber manchmal sind sie anders angeordnet. So kann die Navigation zum Beispiel auch unter dem Kopfbereich oder links oder rechts in einer Randspalte stehen. Wie Sie Ihrer Homepage ein anderes Layout zuweisen, erfahren Sie etwas weiter unten ab Seite 202.

Nach der Anmeldung sind Sie übrigens automatisch im so genannten *Bearbeitungsmodus*, in dem Sie Navigation, Titelbild und Inhalte direkt auf der Webseite bearbeiten können.

Wenn Sie mit dem Mauszeiger über die Webseite fahren, erscheinen an verschiedenen Stellen Balken und Symbole zur Bearbeitung des jeweiligen Bereiches. Bei der Navigation oben erscheint Navigation bearbeiten, beim Titelbild steht Titelbild bearbeiten und im Inhaltsbereich erscheint ein horizontaler Balken, der links zwei Pfeile, eine Mülltonne und ein großes Pluszeichen hat.

Diese Optionen werden im weiteren Verlauf des Buches erklärt, wenn Sie aber von Natur aus eher ungeduldig sind, probieren Sie es ruhig aus und spielen Sie mit den Möglichkeiten. Es kann nichts wirklich kaputt gehen.

13.5 Den Inhalt auf der Startseite ändern

Nach dem ersten Kennenlernen von Jimdo beginnen Sie gleich mit der inhaltlichen Arbeit und ändern auf der Startseite die Überschrift und den Fließtext darunter.

Die Überschrift auf der Startseite ändern

Der Inhaltsbereich einer Webseite besteht in Jimdo aus einzelnen Elementen, die untereinanderstehen und getrennt voneinander bearbeitet werden können. Auf der Startseite der Beispielsite gibt es eine Überschrift und zwei Textelemente.

Zum Kennenlernen der Bearbeitungsfunktionen in Jimdo ändern Sie im folgenden ToDo den Text der Hauptüberschrift auf der Startseite (Abbildung 13.11).

Abbildung 13.11:
Zum Bearbeiten
auf die Über-
schrift zeigen
und klicken

ToDo: Die Überschrift auf der Startseite ändern

1. Stellen Sie sicher, dass Sie angemeldet und im Bearbeitungsmodus sind.
2. Fahren Sie mit der Maus auf die Überschrift »Willkommen auf deiner neuen Webseite!«.
3. Klicken Sie mit der linken Maustaste auf die Überschrift.
4. Ändern Sie den Text in Willkommen bei der Homepage-Schule!.
5. Wählen Sie darunter das Optionsfeld ÜBERSCHRIFT 1.
6. Wenn alles stimmt, klicken Sie auf die Schaltfläche SPEICHERN.

Nach diesem ToDo lautet die Überschrift »Willkommen bei der Homepage-Schule!«.

Text auf der Startseite löschen und neu eingeben

Nachdem das mit der Überschrift so schön geklappt hat, kommen jetzt die beiden Textelemente darunter an die Reihe.

Um zu sehen, wie die Bearbeitung von Inhalten bei Jimdo funktioniert, löschen Sie im folgenden ToDo zunächst die beiden vorhandenen Textelemente und fügen dann ein neues mit eigenem Text hinzu.

ToDo: Textelemente auf der Startseite löschen

1. Fahren Sie mit der Maus auf den ersten Absatz, der mit »Anmelden!« beginnt.
2. Wenn der Bearbeitungsbalken erscheint, bewegen Sie die Maus gerade nach links und dann nach unten auf das Mülltonnensymbol.
3. Bestätigen Sie die Frage »Soll das Element wirklich entfernt werden?« mit einem Klick auf die Schaltfläche JA, ENTFERNEN.
4. Wiederholen Sie Schritt 2 und 3 für das zweite Textelement.

Nach dem Löschen der beiden Textfelder fügen Sie jetzt gleich ein neues hinzu. Abbildung 13.12 zeigt das Auswahlfeld zum Hinzufügen eines neues Elements. Einige dieser Elemente werden Sie so nach und nach kennen lernen, aber momentan genügt ein einfaches Textfeld.

Abbildung 13.12:
Eine neues Element »Textfeld«
hinzufügen

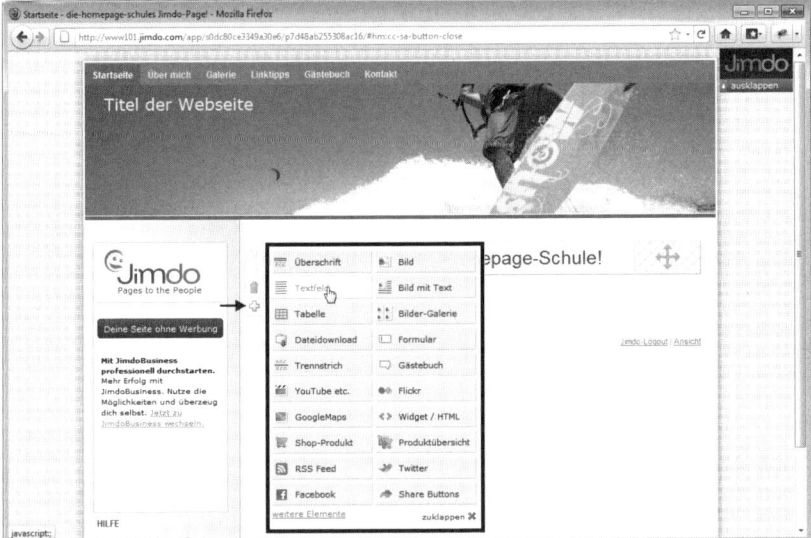

Wenn der eigentliche Text noch nicht fertig ist, benutzen Grafik-designer einen Blindtext namens »Lorem ipsum«, um überhaupt ein bisschen Text auf der Seite zu haben. Solchen Fülltext können Sie in beliebigen Mengen zum Beispiel auf der Website *loremipsum.de* kopieren.

ToDo: Ein neues Textelement auf der Startseite hinzufügen

1. Fügen Sie ein neues Textelement ein, indem Sie auf die Überschrift fahren und dann links auf das Plus-Zeichen unterhalb der Mülltonne klicken.

2. In dem jetzt erscheinenden Auswahlfeld klicken Sie auf den Elementtyp TEXTFELD.

3. Geben Sie ein bis zwei Absätze mit Text ein oder kopieren Sie von den oben genannten Websites ein bisschen Fülltext in das Textfeld.

4. Beenden Sie die Bearbeitung mit einem Klick auf SPEICHERN.

Nach diesem ToDo sieht die Startseite so aus wie in Abbildung 13.13.

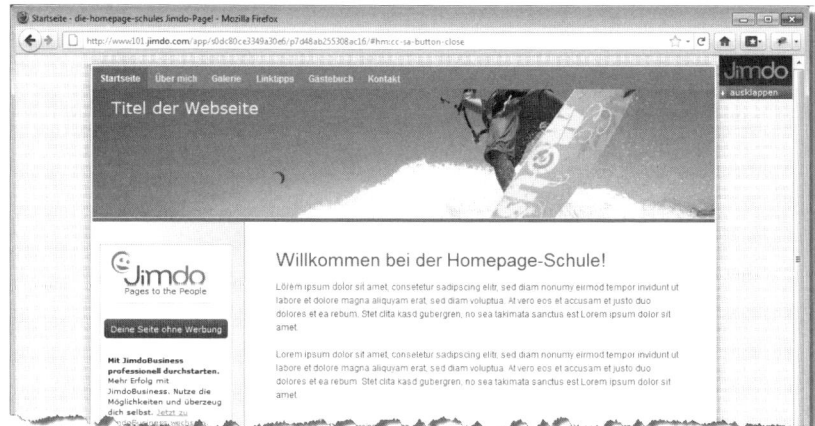

Abbildung 13.13:
Die Startseite mit
neuer Überschrift
und neuem Text

Einen Hyperlink erstellen

Links, Hyperlinks, Verknüpfungen, Verweise – viele Wörter für dieselbe Sache. Wie Sie in Abschnitt 2.2 gelesen haben, sind Hyperlinks die Fäden, mit denen das World Wide Web gesponnen wird, und in diesem Abschnitt erstellen Sie den ersten Hyperlink.

Es gibt zwei grundsätzlich verschiedene Arten von Links:

- Interne Links sind Links zu einer anderen Webseite innerhalb Ihrer Homepage.

- Externe Links gehen zu einer anderen Webseite im World Wide Web.

Interne Links können Sie in Jimdo bequem per Ausklappliste mit der Maus erstellen, für externe Links benötigen Sie die Web-Adresse der Seite, auf die Sie einen Link setzen möchten.

Im folgenden ToDo sollen die Worte Lorem ipsum am Anfang des ersten Absatzes ein Hyperlink zum Aufrufen der Startseite von *lorem-ipsum.de* werden.

Abbildung 13.14:
Das Dialogfeld
zum Erstellen
eines Hyperlinks
in Jimdo

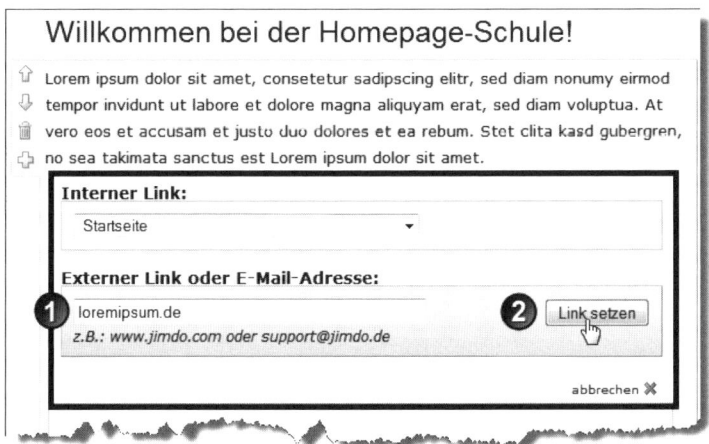

ToDo: Einen externen Hyperlink erstellen

1. Klicken Sie im Bearbeitungsmodus auf den ersten Textabsatz.

2. Unterhalb des Absatzes erscheint ein Editorfenster, in dem Sie den Text bearbeiten können.

3. Markieren Sie im Editor die Worte Lorem ipsum am Anfang des Absatzes.

4. Klicken Sie in der Symbolleiste auf das Kettensymbol LINK EINFÜGEN/ÄNDERN.

5. Geben Sie im Feld EXTERNER LINK die gewünschte Web-Adresse ein (Abbildung 13.14). Das http:// am Anfang der Adresse müssen Sie nicht eingeben, das ergänzt Jimdo von selbst.

6. Klicken Sie auf die Schaltfläche LINK SETZEN rechts neben dem Eingabefeld.

7. Beenden Sie die Bearbeitung des Textes mit einem Klick auf SPEICHERN.

Nach diesem ToDo sind die Worte Lorem ipsum auf der Startseite hervorgehoben.

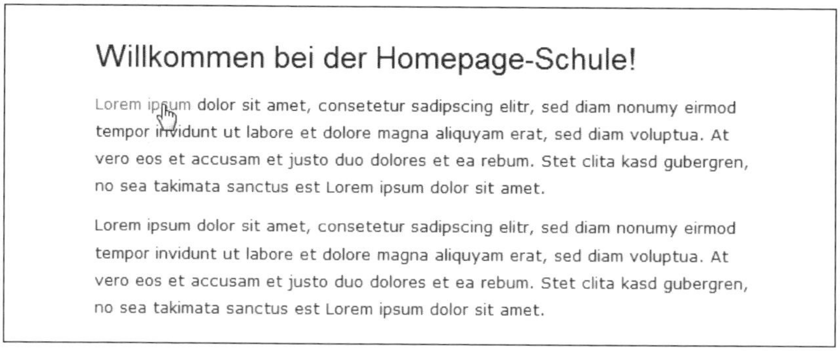

Willkommen bei der Homepage-Schule!

Lorem ipsum dolor sit amet, consetetur sadipscing elitr, sed diam nonumy eirmod tempor invidunt ut labore et dolore magna aliquyam erat, sed diam voluptua. At vero eos et accusam et justo duo dolores et ea rebum. Stet clita kasd gubergren, no sea takimata sanctus est Lorem ipsum dolor sit amet.

Lorem ipsum dolor sit amet, consetetur sadipscing elitr, sed diam nonumy eirmod tempor invidunt ut labore et dolore magna aliquyam erat, sed diam voluptua. At vero eos et accusam et justo duo dolores et ea rebum. Stet clita kasd gubergren, no sea takimata sanctus est Lorem ipsum dolor sit amet.

Abbildung 13.15: Der erste Hyperlink, kurz vor dem Klick

Um den Link auszuprobieren, wechseln Sie kurz in den *Ansichtsmodus* von Jimdo, indem Sie rechts unten auf den Link Ansicht klicken. Wenn Sie im *Bearbeitungsmodus* auf den Link klicken, wird das Textelement im Editor geöffnet.

13.6 Ansichts- und Bearbeitungsmodus bei Jimdo

Nach einer erfolgreichen Anmeldung kennt Jimdo zwei verschiedene Zustände:

- Im *Bearbeitungsmodus* können Sie die Webseiten bearbeiten. Wenn Sie mit der Maus über die Webseite fahren, erscheinen Symbole und Balken zum Bearbeiten der Bereiche und ein Klick führt oft dazu, dass der angeklickte Bereich bearbeitet werden kann.

- Im *Ansichtsmodus* verhalten sich die Webseiten so, als ob Sie ein ganz normaler Besucher sind, nur dass Sie zusätzlich rechts am Rand das Jimdo-Menü sehen. Die Symbole zur Bearbeitung erscheinen nicht und ein Klick macht genau das, was er für einen Besucher auch machen würde.

Zum Umschalten zwischen Ansichts- und Bearbeitungsmodus dient der Hyperlink rechts neben dem Link Jimdo-Logout, der je nach Modus seine Beschriftung ändert. Leider muss man deshalb immer ein bisschen um die Ecke denken, um herauszufinden, in welchem Modus man gerade ist:

- Wenn Sie unten rechts den Link Ansicht sehen, sind Sie im *Bearbeitungsmodus*.

- Wenn Sie unten rechts den Link Bearbeiten sehen, sind Sie im *Ansichtsmodus*.

Der Link rechts unten ist also eine Art Bäumchen-wechsel-dich, bei dem die Beschriftung jeweils den Modus anzeigt, in dem Sie gerade *nicht* sind. Das ist anfangs ein bisschen gewöhnungsbedürftig.

Die Möglichkeit zwischen Bearbeitungsmodus und Ansichtsmodus hin- und herschalten zu können, ist sehr praktisch, denn dadurch müssen Sie sich nicht immer gleich ausloggen, um die Webseiten aus der Perspektive eines Besuchers zu sehen. Dazu reicht ein Klick auf den Link Ansicht.

Tabelle 13.1 gibt einen Überblick über die verschiedenen Zustände, die Jimdo kennt. Das sieht auf den ersten Blick komplizierter aus als es ist, denn nach kurzer Zeit werden Sie sich daran gewöhnt haben und nicht mehr viel darüber nachdenken.

Tabelle 13.1: Die verschiedenen Modi von Jimdo

Zustand	Jimdo-Modus	Die Links rechts unten	Jimdo-Menü
Abgemeldet	Normale Webseite	Anmelden	-
Angemeldet	Bearbeitung	Jimdo-Logout | Ansicht	ja
Angemeldet	Ansicht	Jimdo-Logout | Bearbeiten	ja

13.7 Auf einen Blick

Die wichtigsten Themen noch einmal im Überblick:

- Jimdo ist ein Homepage-Baukasten aus Hamburg und steht in drei Varianten zur Verfügung:
  - Jimdo Free
  - Jimdo Pro
  - Jimdo Business
- Um Jimdo nutzen zu können, müssen Sie sich kostenlos registrieren. Dazu benötigen Sie einen Internetzugang, einen Browser und eine unmittelbar erreichbare E-Mail-Adresse.
- Jimdo erstellt eine komplette Beispielsite mit allem drum und dran unter der Adresse *benutzername.jimdo.com*.
- Um etwas auf Ihrer Homepage zu ändern, müssen Sie sich mit den per E-Mail geschickten Zugangsdaten anmelden.

■ Eine Homepage bei Jimdo hat folgende Layoutbereiche:

– Navigation

– Titelbild

– Fester Bereich (auf allen Seiten gleich)

– Inhaltsbereich (mit Fußbereich)

– Hintergrund

■ Nach der Anmeldung sind Sie übrigens automatisch im *Bearbeitungsmodus*, in dem Sie Navigation, Titelbild und Inhalte direkt auf der Webseite bearbeiten können.

■ Um die Homepage aus der Sicht der Besucher zu sehen ohne sich abmelden zu müssen, wechseln Sie in den *Ansichtsmodus*.

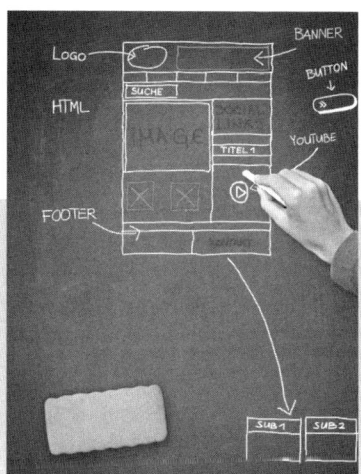

Kapitel 14

Die Homepage bei Jimdo gestalten

Worin Sie die im vorherigen Kapitel erstellte Website anpassen und das Layout, den Hintergrund, das Titelbild und die Navigation ändern.

Die Themen im Überblick:

In diesem Kapitel lernen Sie das Gestalten einer Website bei Jimdo kennen. Dabei geht es wie erwähnt in erster Linie darum, die Möglichkeiten zu entdecken.

14.1 Entdecke die Möglichkeiten in fünf Schritten

Die ToDo-Kästchen auf den folgenden Seiten geben Ihnen einen roten Faden vor, aber in diesem Kapitel sollten Sie auch selbst experimentieren: Ändern Sie das Layout, probieren Sie verschiedene Titelbilder aus und spielen Sie mit den Einstellungen für die Navigation. Versuchen Sie nicht gleich im ersten Versuch, etwas »perfekt« zu machen.

Die Individualisierung der bereitgestellten Beispielsite erfolgt bei Jimdo in fünf Schritten, die zunächst in der folgenden Reihenfolge ausgeführt werden sollten:

1. Layout auswählen

2. Hintergrund ändern

3. Titelbild austauschen

4. Titel der Webseite ändern

5. Navigation anpassen

Nach diesen Schritten müssen Sie nur noch die vorhandenen Seiten mit Inhalten füllen. Aber los geht es zunächst einmal mit dem Layout.

14.2 Schritt 1: Das Layout auswählen

In Jimdo Free haben Sie mehrere Dutzend Layoutvorlagen zur Auswahl, die Sie Ihren Webseiten mit wenigen Klicks zuweisen können. Um sich die Layouts anzuschauen, klappen Sie ggfs. das Jimdo-Menü aus und klicken dann auf den obersten Menüpunkt namens LAYOUT. Abbildung 14.1 zeigt das daraufhin erscheinende Flyout-Menü zur Auswahl der Layouts.

Oben links im Flyout-Menü sehen Sie, dass momentan die erste Kategorie LAYOUTS aktiviert ist. Direkt darunter können Sie in die Detailansicht der Layouts wechseln und ganz unten links ist ein geriffelter Anfasser zum Vergrößern des Flyouts. Die Layouts im Flyout haben allesamt einen Namen, der mit F beginnt. Das bedeutet, dass Sie diese Layouts im kostenlosen Tarif *Jimdo Free* benutzen können.

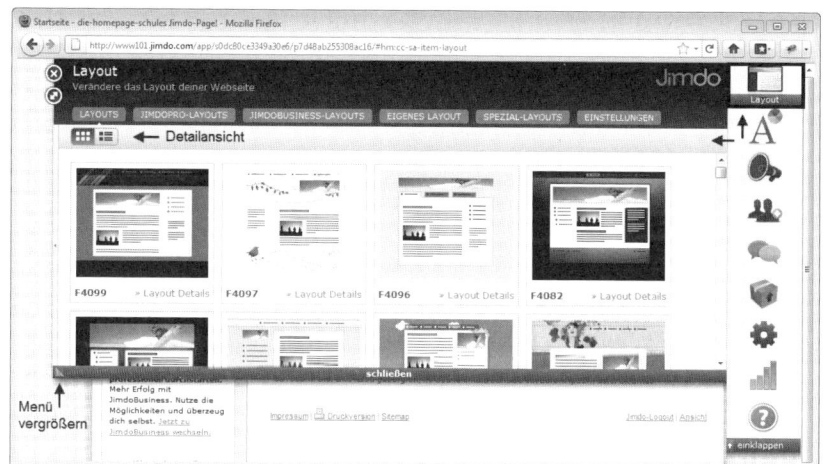

Wenn Sie ein interessantes Layout gefunden haben, klicken Sie auf LAYOUT DETAILS. Dort sehen Sie eine Liste der Dinge, die Sie in diesem Layout verändern können: *Schrift editieren, Titelbild skalieren, Hintergrund verändern, Layout ausrichten* und *Farben anpassen* stehen zur Auswahl.

Die Layout-Vorschau

Um ein Layout auszuprobieren, klicken Sie einfach auf das kleine Layoutbild. Abbildung 14.2 zeigt die Vorschau für das Layout mit der Nummer F4046, bei dem die Navigation unterhalb des Titelbildes sitzt.

Abbildung 14.2:
Die Vorschau des
Layouts F4046

Das große Flyout mit der Layout-Auswahl verschwindet und gibt den Blick frei auf eine Vorschau des gewählten Layouts. Rechts oben erscheint ein kleines Menü mit der Frage *Möchtest du die Änderung des Layouts übernehmen?* und drei möglichen Antworten:

- JA bestätigt die Vorschau und weist der Homepage das dargestellte Layout zu.

- NEIN lehnt die Vorschau ab und kehrt zum vorherigen Layout zurück. Das Flyout mit der Layout-Auswahl wird geschlossen.

- ZURÜCK kehrt zurück zum Flyout mit der Layout-Auswahl.

So können Sie ein Layout nach dem anderen ausprobieren. Erst wenn Sie eine Vorschau mit JA bestätigen, wird das Layout tatsächlich aktiviert.

Ein neues Layout zuweisen

Im folgenden ToDo wählen Sie das Layout F1370 und weisen es der Homepage zu.

ToDo: Das Layout F1370 der Homepage zuweisen

1. Öffnen Sie ggfs. das Flyout mit der Layout-Auswahl, indem Sie im Jimdo-Menü ganz oben auf das Symbol für LAYOUT klicken.
2. Scrollen Sie im Flyout nach unten, bis Sie das Layout F1370 sehen.
3. Klicken Sie auf den Link LAYOUT DETAILS. Für dieses Layout können Sie die Schrift editieren (gestalten), den Hintergrund verändern und das Layout ausrichten.
4. Um das Layout auszuwählen, klicken Sie entweder auf die Abbildung oder auf die Schaltfläche LAYOUT WÄHLEN.
5. Bestätigen Sie die Vorschau mit einem Klick auf JA.

Nach diesem ToDo sieht Ihre Homepage jetzt etwa so aus wie in Abbildung 14.3.

Abbildung 14.3:
Das Layout F1370
mit vertikaler
Navigation

Das Layout hat in der linken Randspalte eine senkrechte Navigation, durch die als netter Nebeneffekt die Werbebox etwas weiter nach unten gedrückt wird.

Tipp

Layout wechseln und eigene Layouts erstellen

Sie können das Layout auch später noch so oft ändern, wie Sie wollen. Texte, Bilder und andere Inhalte bleiben auch bei einem nachträglichen Layoutwechsel erhalten. Bei einigen Layouts müssen Sie allerdings etwas nacharbeiten und zum Beispiel das Titelbild anpassen.

Wenn Sie sich mit HTML und CSS auskennen, können Sie in Jimdo sogar ein komplett eigenes Layout erstellen, was eine für einen Baukasten ungeahnte Flexibilität ermöglicht.

14.3 Schritt 2: Den Hintergrund ändern

Im folgenden ToDo ersetzen Sie den aktuellen Hintergrund mit seinem »Tischdeckenmuster« mit einer einfachen, hellgrauen Hintergrundfarbe.

> ## ToDo: Den Hintergrund der Webseiten ändern
>
> 1. Öffnen Sie ggfs. das Jimdo-Menü und klicken Sie auf das Symbol für STYLE (zweites von oben).
> 2. Klicken Sie im Flyout-Menü auf die Kategorie HINTERGRUNDMUSTER.
> 3. Klicken Sie auf das erste Vorschaubild links oben, das den Webseiten einen einfarbigen, hellgrauen Hintergrund zuweist.
> 4. Bestätigen Sie die Vorschau mit einem Klick auf JA.

Nach diesem ToDo sehen die Webseiten so aus wie in Abbildung 14.4.

Abbildung 14.4:
Die Websei-
ten mit einem
hellgrauen
Hintergrund

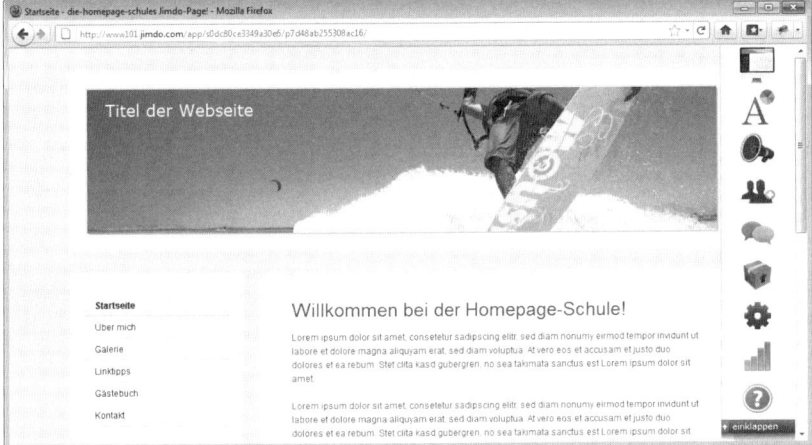

Auch bei der Auswahl des Hintergrundes bietet Jimdo Ihnen zahlreiche Möglichkeiten bis hin zu einem eigenen Hintergrundbild, aber fürs Erste ist das Hellgrau schön unauffällig.

14.4 Schritt 3: Das Titelbild austauschen

Im nächsten Schritt ersetzen Sie den Kitesurfer im Titelbild mit einer etwas neutraleren Variante. Außerdem ändern Sie den Text im Kopfbereich von »Titel der Webseite« in »Die Homepage-Schule«.

Wenn Sie im Bearbeitungsmodus mit der Maus auf das Titelbild fahren, erscheint am unteren Rand ein grauer Balken mit der Aufschrift TITELBILD BEARBEITEN. Ein Klick darauf führt Sie in die Galerie, die in Abbildung 14.5 dargestellt wird.

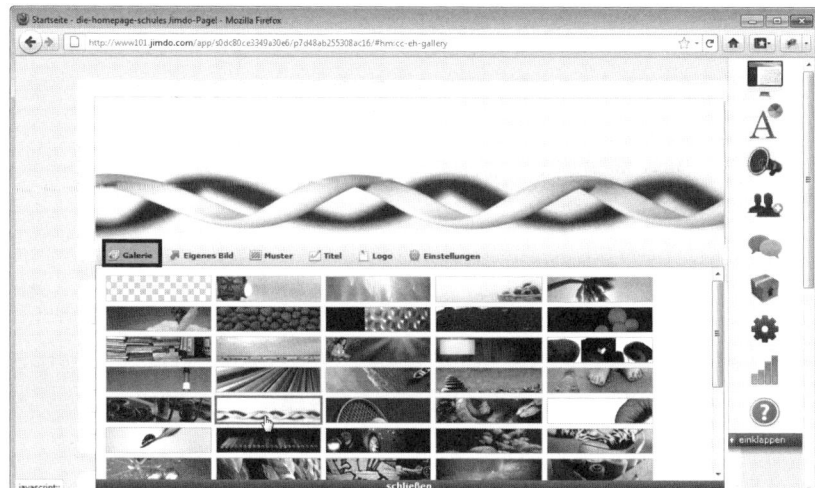

Abbildung 14.5:
Die Jimdo-Galerie
für Titelbilder

Ein Klick auf eines der Vorschaubilder ersetzt das momentan vorhandene.

ToDo: Das Titelbild der Webseiten ändern

1. Fahren Sie im Bearbeitungsmodus mit der Maus auf das Titelbild.

2. Klicken Sie auf den grauen Balken mit der Aufschrift TITELBILD BEARBEITEN.

3. Klicken Sie in der GALERIE auf das in Abbildung 14.5 etwas hervorgehobene Schwarz-Weiß-Foto mit einem gedrehten Kabel.

4. Bestätigen Sie die Auswahl mit einem Klick auf den grauen Balken mit der Autschrift SCHLIESSEN.

Sie können natürlich auch gerne andere Bilder ausprobieren, ein EIGENES BILD hochladen oder statt eines Bildes ein MUSTER wählen. Weiter geht es mit dem Titel.

Tipp

Ein eigenes Bild als Titelbild einfügen

Wenn Sie auf das Register EIGENES BILD wechseln, können Sie ein Bild von Ihrem Computer hochladen und einfügen. Jimdo sagt Ihnen auf den Pixel genau, wie groß das Bild idealerweise sein sollte. Ein gutes Hintergrundbild ist meistens breit und schmal, wirkt sympathisch, um den Besucher auf die Site einzuladen, und hat auch noch einen ruhigen Bereich, damit der Titel der Site gut lesbar ist.

14.5 Schritt 4: Den Titel der Website ändern

Nach dem Ändern des Titelbildes, fehlt noch ein guter Titel. Wenn Sie das Menü zum Ändern des Titelbildes öffnen, bringt ein Klick auf die vierte Option namens TITEL das in Abbildung 14.6 dargestellte Menü zum Vorschein. Hier können Sie einen beliebigen Text eingeben und Schriftart, Schriftgröße und Schriftfarbe auswählen.

Abbildung 14.6:
Der Titel der
Website – »Die
Homepage-
Schule«

Im folgenden ToDo erstellen Sie den in Abbildung 14.6 gezeigten Titel.

ToDo: Den Titel der Website ändern

1. Öffnen Sie das Menü Titelbild bearbeiten und wählen Sie die Kategorie Titel.

2. Geben Sie als Titel in das große weiße Feld Die Homepage-Schule ein.

3. Wählen Sie als Schriftart Trebuchet MS und eine Schriftgröße von 42px.

4. Wählen Sie eine horizonale Position von 2% und eine vertikale von 8%.

5. Wählen Sie als Schriftfarbe ein dunkles Grau, indem Sie rechts oben den Wert 333333 eintragen und mit ⏎ bestätigen.

6. Bestätigen Sie die Einstellungen mit einem Klick auf Schliessen.

7. Klicken Sie rechts unten auf den Link Ansicht, um in den Ansichtsmodus zu wechseln.

Nach diesem ToDo sieht der Kopfbereich der Homepage so aus wie in Abbildung 14.7.

Abbildung 14.7: Die Homepage mit einem neuen Titel

14.6 Schritt 5: Die Navigation anpassen

Die Navigation bietet den Besuchern einen Überblick über die Webseiten auf Ihrer Homepage. In diesem Schritt ändern Sie die Navigation der Beispielsite, indem Sie ein paar Seiten löschen und ein paar andere dafür neu erstellen.

Wenn Sie im Bearbeitungsmodus über die Navigation fahren und dann auf die Schaltfläche NAVIGATION BEARBEITEN klicken, öffnet sich unterhalb der Navigation ein Bereich zur Bearbeitung (Abbildung 14.8).

Abbildung 14.8:
Die Navigation
bearbeiten

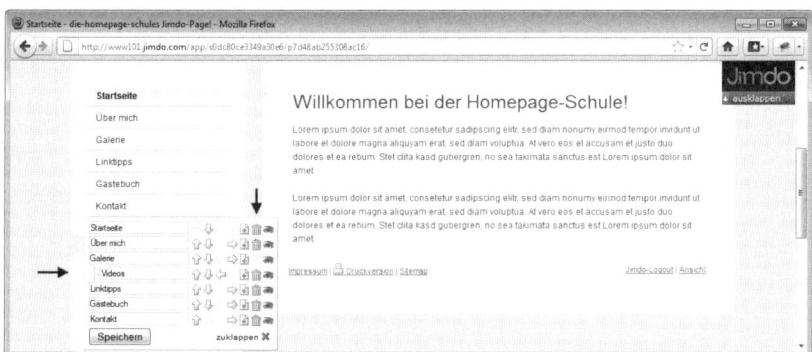

Links stehen die Namen der vorhandenen Webseiten, rechts sehen Sie ein paar Symbole zur Bearbeitung der jeweiligen Seite. Mit diesen Symbolen können Sie die Reihenfolge der Seiten verändern (*Pfeile nach oben und unten*), die Gliederungsebene verändern (*Pfeile nach links und rechts*), eine neue Seite erstellen (*Seitensymbol mit Plus-Zeichen*), Seiten löschen (*die Mülltonne*) oder Seiten im Menü verstecken (*das Auge*).

Im folgenden ToDo löschen Sie einige der vorhandenen Seiten inklusive der darauf enthaltenen Beispielinhalte und erstellen dafür ein paar neue Seiten.

ToDo: Die Navigation der Webseite ändern

1. Fahren Sie im Bearbeitungsmodus mit der Maus auf die Navigation.

2. Klicken Sie auf die Schaltfläche NAVIGATION BEARBEITEN.

3. Löschen Sie die Seite Gästebuch mit einem Klick auf das Mülltonnensymbol weiter rechts in der jeweiligen Zeile.

4. Bestätigen Sie die folgende Sicherheitsabfrage mit JA, ENTFERNEN.

5. Wiederholen Sie diesen Vorgang für die Seiten *Linktipps*, *Videos*, *Galerie* und *Über mich*.

6. Erstellen Sie eine neue Seite unterhalb der Startseite, indem Sie rechts daneben auf das Symbol mit dem Plus-Zeichen klicken.

7. Es entsteht eine neue Seite mit dem phantasievollen Titel *Neue Seite*. Markieren Sie den Seitentitel *Neue Seite* und benennen Sie sie um in *Grundlagen*.

8. Erzeugen Sie auf die gleiche Art und Weise die Seiten *Konzeption*, *Umsetzung* und *Werkzeuge*.

9. Speichern Sie die Änderungen an der Navigation mit einem Klick auf SPEICHERN.

10. Schließen Sie das Bearbeitungsmenü mit einem Klick auf ZUKLAPPEN.

Nach diesem ToDo sollte die Navigation etwa so aussehen wie in Abbildung 14.9.

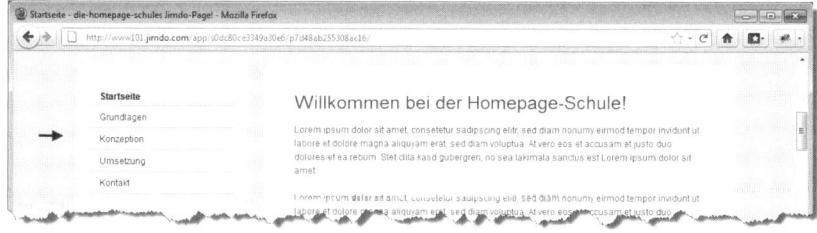

Abbildung 14.9: Die Navigation nach der Bearbeitung

14.7 Auf einen Blick

Die wichtigsten Punkte dieses Kapitels im Überblick:

- Die Gestaltung einer Homepage bei Jimdo geschieht in fünf Schritten:

    1. Layout auswählen

    2. Hintergrund ändern

    3. Titelbild austauschen

    4. Titel der Webseite ändern

    5. Navigation anpassen

- Falls Sie später das Layout wechseln möchten, bleiben die eingegebenen Inhalte wie Texte und Bilder erhalten.

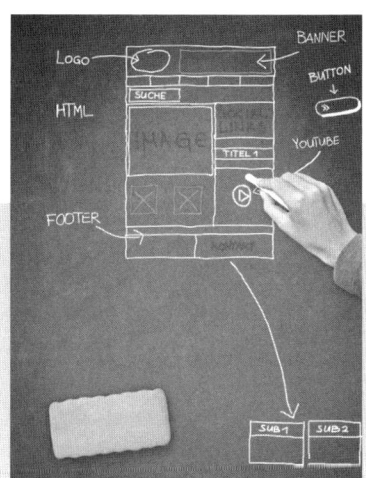

Kapitel 15

Die Homepage bei Jimdo
mit Inhalten füllen

Worin Sie die Homepage mit Inhalten füllen und dabei die wichtigsten Inhaltselemente von Jimdo kennen lernen.

Die Themen im Überblick:

- Jede Seite beginnt mit einer »Überschrift 1«, Seite 214
- Die Elemente »Textfeld« und »Bild mit Text«, Seite 214
- Nur ein Bild: Das Element »Bild«, Seite 217
- Mehrere Bilder: Das Element »Bilder-Galerie«, Seite 219
- Ein funktionierendes Kontaktformular, Seite 222
- Weitere nützliche Elemente im Überblick, Seite 224
- Auf einen Blick, Seite 225

Die ToDo-Kästchen auf den folgenden Seiten sollen Ihnen genau wie im letzten Kapitel nur einen roten Faden vorgeben, aber Sie sollten auch beim Einfügen der Inhalte experimentieren und verschiedene Dinge ausprobieren.

15.1 Jede Seite beginnt mit einer »Überschrift 1«

Jede Seite sollten ganz oben im Inhaltsbereich mit einer *Überschrift 1* beginnen, die sich am Titel der Seite aus der Navigation orientiert. Die Zahl 1 steht dabei übrigens für die Gliederungsebene und nicht für »die erste Überschrift auf der Seite«. *Überschrift 2* bedeutet also nicht die zweite Überschrift, sondern »eine Überschrift der zweiten Gliederungsebene« und es kann auf einer Seite durchaus mehrere davon geben.

Auf den folgenden Seiten füllen Sie die Seite *Grundlagen* mit Überschriften, Texten und Bildern.

ToDo: Die Seiten mit einer Überschrift versehen

1. Klicken Sie in der Navigation auf die Seite GRUNDLAGEN.

2. Klicken Sie im Inhaltsbereich auf die Schaltfläche ELEMENT HINZU-FÜGEN.

3. Klicken Sie auf das Element ÜBERSCHRIFT, um eine Überschrift hinzu-zufügen.

4. Geben Sie das Wort Grundlagen in das Eingabefeld ein.

5. Wählen Sie das Optionsfeld ÜBERSCHRIFT 1.

6. Klicken Sie auf SPEICHERN.

7. Wiederholen Sie diesen Vorgang für die Seiten Konzeption und Umsetzung.

Nach diesem ToDo haben Sie auf jeder Seite ganz oben eine Haupt-überschrift.

15.2 Die Elemente »Textfeld« und »Bild mit Text«

Der Fließtext auf den Webseiten besteht zum großen Teil aus den Elementen »Textfeld« und »Bild mit Text«. Das Element »Textfeld« enthält reinen Text und Sie haben es ab Seite 193 bereits kennen gelernt, sodass Sie sich in diesem Abschnitt auf das Element »Bild mit Text« konzentrieren.

Das Element »Bild mit Text« wählen Sie immer dann, wenn rechts oder links neben einem Textabsatz ein Bild erscheinen soll. Das dazugehörige Dialogfeld ist zweigeteilt:

▨ Links sehen Sie das Register TEXT BEARBEITEN zum Einfügen und Bearbeiten des Textes.

▨ Rechts ist das Register BILD BEARBEITEN, mit dem Sie das Bild hochladen, positionieren und bearbeiten können.

In Abbildung 15.1 ist das Register BILD BEARBEITEN aktiviert.

Abbildung 15.1:
Das Element
»Bild mit Text«
– Register »Bild
bearbeiten«

Zunächst laden Sie ein Bild von Ihrem Computer auf den Webspace bei Jimdo (①). Nach diesem Schritt erscheint oberhalb des Dialogfeldes ein Vorschaubild.

Danach können Sie das Bild jetzt per Mausklick bearbeiten (②). Sie können die GRÖSSE und die AUSRICHTUNG ändern (links oder rechts neben dem Text), das Bild DREHEN, es VERGRÖSSERBAR (ein Klick vergrößert das Bild, Beispiel siehe Abbildung 15.8) machen, einen UNTERTITEL vergeben oder das Bild mit einem LINK versehen.

Im folgenden ToDo fügen Sie unterhalb der Überschrift »Grundlagen« ein bisschen Text und rechts daneben ein kleines, auf Klick vergrößerbares Bild ein. Den im Folgenden verwendeten Fülltext finden Sie übrigens auf *blindtextgenerator.de* unter dem Titel »Hinter den Wortbergen«.

ToDo: Ein Bild mit Text einfügen

1. Fügen Sie ein neues Textelement ein, indem Sie auf die Überschrift fahren und dann links auf das Plus-Zeichen unterhalb der Mülltonne klicken.

2. In dem jetzt erscheinenden Auswahlfeld klicken Sie auf den Elementtyp BILD MIT TEXT.

3. Geben Sie im Register TEXT BEARBEITEN ein bis zwei Absätze mit Text ein oder kopieren Sie ein bisschen Fülltext in das Textfeld.

4. Wechseln Sie auf das Register BILD BEARBEITEN und laden Sie ein Bild von Ihrem Computer hoch zu Jimdo.

5. Verkleinern Sie das Bild und richten Sie es rechts neben dem Text aus.

6. Geben Sie dem Bild einen kurzen Untertitel.

7. Klicken Sie auf SPEICHERN.

Nach diesem ToDo sollte Ihre Webseite so ähnlich aussehen wie in Abbildung 15.2.

Abbildung 15.2:
Das Element
»Bild mit Text«

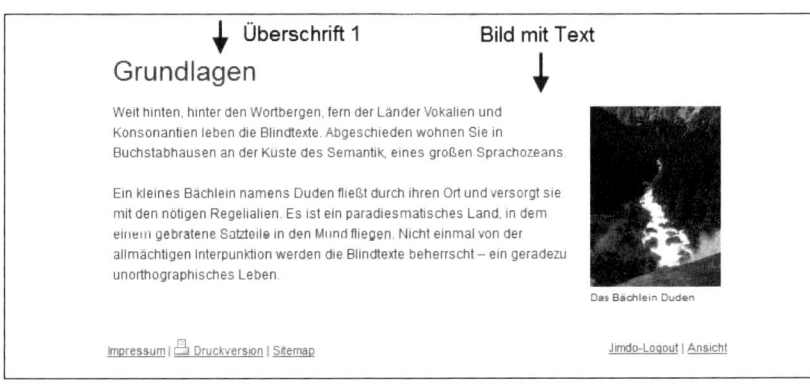

15.3 Nur ein Bild: Das Element »Bild«

Das Element »Bild« fügt im Inhaltsbereich ein einzelnes Bild ein. Das Dialogfeld zum Einfügen und Bearbeiten des Bildes funktioniert dabei fast genauso wie beim Element BILD MIT TEXT (Abbildung 15.3).

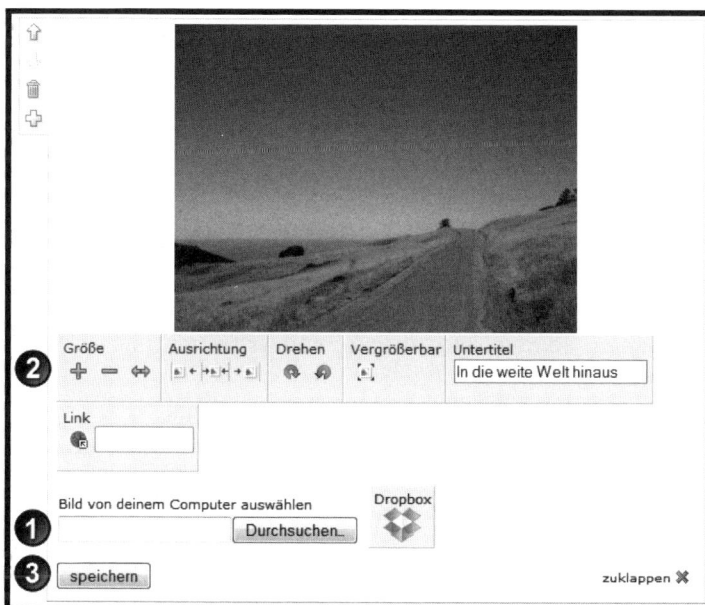

Abbildung 15.3:
Das Element
»Bild«

Auch hier laden Sie zunächst ein Bild von Ihrem Computer hoch auf den Webspace bei Jimdo (①) und danach erscheint oberhalb des Dialogfeldes ein Vorschaubild.

Jetzt können Sie das Bild wie gewohnt per Mausklick bearbeiten (②). Sie können die GRÖSSE verändern, die AUSRICHTUNG ändern (auch zentriert), das Bild DREHEN, es VERGRÖSSERBAR machen, einen UNTERTITEL vergeben oder das Bild mit einem LINK versehen.

ToDo: Überschrift, Text und ein Bild mit dem Element »Bild« einfügen

1. Fügen Sie zunächst eine ÜBERSCHRIFT 2 ein, indem Sie auf das letzte Element fahren und links auf das Plus-Zeichen unterhalb der Mülltonne klicken.

2. Geben Sie den Text für die Überschrift ein, z. B. Die Reise beginnt.

3. Speichern Sie die Überschrift und fügen Sie darunter ein Element TEXTFELD ein.

4. Tippen Sie ein oder zwei Absätze Text oder kopieren Sie etwas Fülltext hinein.

5. Speichern Sie das Textfeld und fügen Sie darunter ein Element BILD ein.

6. Verkleinern Sie das Bild und richten Sie es rechts neben dem Text aus.

7. Geben Sie dem Bild einen kurzen Untertitel und klicken Sie auf SPEICHERN.

8. Fügen Sie nach dem Bild noch einen kurzen Textabsatz ein.

Nach diesem ToDo sieht die Webseite ungefähr so aus wie in Abbildung 15.4.

Abbildung 15.4:
Das Element
»Bild« mit ein
bisschen Text
drumherum

15.4 Mehrere Bilder: Das Element »Bilder-Galerie«

Um auf der Webseite mehrere Bilder einzufügen, gibt es das Element »Bilder-Galerie«. Nach dem Hinzufügen dieses Elementes sehen Sie das Dialogfeld aus Abbildung 15.5, in dem Sie zunächst einmal ein paar Bilder hochladen sollten.

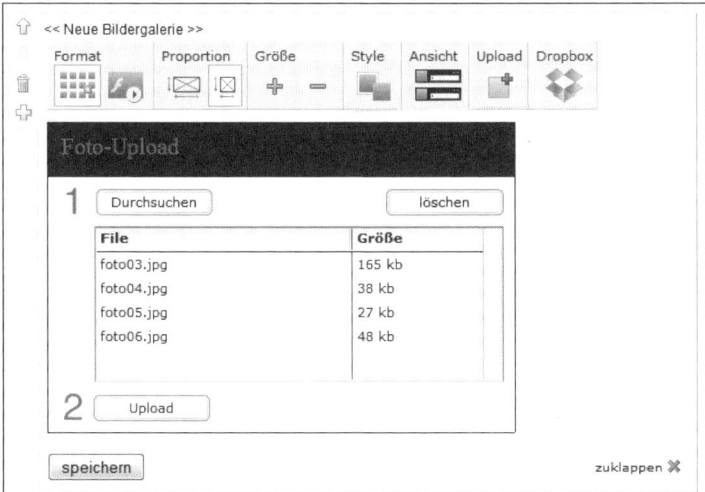

Abbildung 15.5:
Das Element
»Bildergalerie« –
Bilder hochladen

Nach dem Hochladen können Sie die Bilder bearbeiten. Dabei können Sie zunächst einmal das FORMAT der Galerie wählen (Normal oder Flash). Bei einer normalen Bildergalerie gibt es die in Abbildung 15.6 gezeigten Optionen: Sie können die PROPORTION (Rechteck oder Quadrat) festlegen, die GRÖSSE der Bilder verändern und einen STYLE zuweisen (verschiedene Abstände etc.). Im Menüpunkt ANSICHT ist es möglich, die Bilder zu löschen, zu drehen und mit einem Untertitel zu versehen, den der Besucher sieht, wenn er mit der Maus über das Bild fährt.

Abbildung 15.6:
Das Element
»Bilder-Galerie« –
Bilder bearbeiten

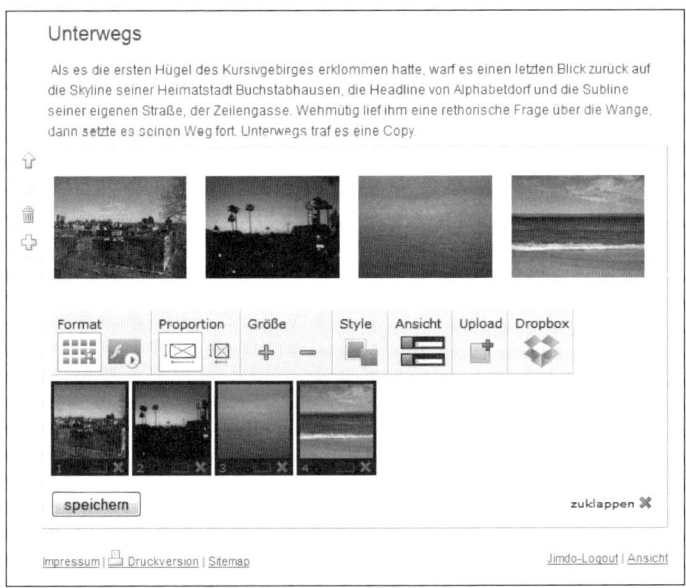

Im folgenden ToDo fügen Sie der Webseite eine Bildergalerie hinzu, die von einer Überschrift 2 und ein bisschen Fließtext umgeben ist.

ToDo: Das Element »Bilder-Galerie« einfügen

1. Fügen Sie zunächst eine ÜBERSCHRIFT 2 ein, indem Sie auf das letzte Element fahren und links auf das Plus-Zeichen unterhalb der Mülltonne klicken.

2. Geben Sie den Text für die Überschrift ein, z. B. Unterwegs.

3. Speichern Sie die Überschrift und fügen Sie darunter ein Element TEXTFELD ein.

4. Tippen Sie ein oder zwei Absätze Text oder kopieren Sie etwas Fülltext hinein.

5. Speichern Sie das Textfeld und fügen Sie darunter ein Element BILDER-GALERIE ein.

6. Laden Sie drei bis vier Bilder hoch, verändern Sie die GRÖSSE der Bilder, sodass sie in eine Zeile passen, und wählen Sie einen passenden STYLE.

7. Klicken Sie auf SPEICHERN.

8. Fügen Sie nach dem Bild wieder ein oder zwei kurze Textabsätze ein.

Nach diesem ToDo sieht die Webseite im Ansichtsmodus so aus wie in Abbildung 15.7.

Abbildung 15.7:
Das Element
»Bilder-Galerie«
mit vier Bildern

Wenn Sie auf eines der Bilder klicken, wird eine Vergrößerung dargestellt und der Besucher kann sich dann durch die Galerie klicken oder mit einem Klick auf den Pfeil rechts unten eine automatisch ablaufende Diashow starten.

Abbildung 15.8:
Das Element
»Bilder-Galerie«
in Aktion

Sollte Jimdo statt der Vergrößerung des Bildes das Dialogfeld zur Bearbeitung der Galerie zeigen, wechseln Sie vor dem Klick in den Ansichtsmodus.

15.5 Ein funktionierendes Kontaktformular

Zum Abschluss dieses Schnellstarts aktivieren Sie noch das Kontaktformular, das auf der Seite *Kontakt* bereits auf Sie wartet.

Wenn Sie auf die Seite *Kontakt* wechseln, sehen Sie zunächst oben auf der Seite einen Hinweis, in dem genau das empfohlen wird, was Sie in diesem Abschnitt tun werden: Sie teilen dem Kontaktformular mit, an welche E-Mail-Adresse die Eingaben der Besucher geschickt werden sollen (Abbildung 15.9).

Abbildung 15.9:
Das Kontaktfor-
mular bearbeiten

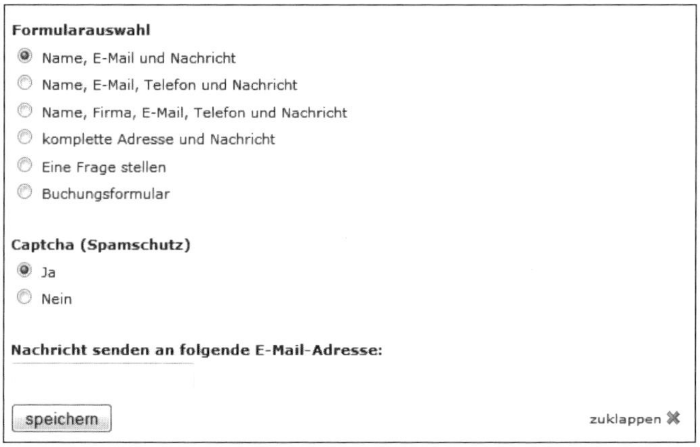

Im folgenden ToDo konfigurieren Sie das Kontaktformular, sodass es anschließend einsatzbereit ist.

ToDo: Das Kontaktformular konfigurieren

1. Wechseln Sie ggfs. in den Bearbeitungsmodus und löschen Sie oben auf der Seite *Kontakt* die zwei Textelemente und die horizontale Linie.

2. Klicken Sie auf das Element FORMULAR.

3. Bei der FORMULARAUSWAHL können Sie eines von sechs vorgefertigten Formularen wählen.

4. Wählen Sie aus, ob das Kontaktformular mit oder ohne CAPTCHA angezeigt werden soll.

5. Geben Sie im Feld NACHRICHT SENDEN AN FOLGENDE E-MAIL-ADRESSE die E-Mail-Adresse ein, an die die Formulardaten gesendet werden sollen.

6. Klicken Sie auf SPEICHERN.

Nach diesem ToDo ist das Kontaktformular einsatzbereit (Abbildung 15.10) und Sie sollten gleich einmal ausprobieren, ob es auch wirklich funktioniert.

Abbildung 15.10: Das Kontaktformular ist fertig und wartet auf Besucher.

15.6 Weitere nützliche Elemente im Überblick

Neben den bisher bereits gesehenen Elementen bietet Jimdo, wie Abbildung 15.11 zeigt, noch eine Menge mehr.

Abbildung 15.11:
Die Auswahl der
Elemente bei
Jimdo

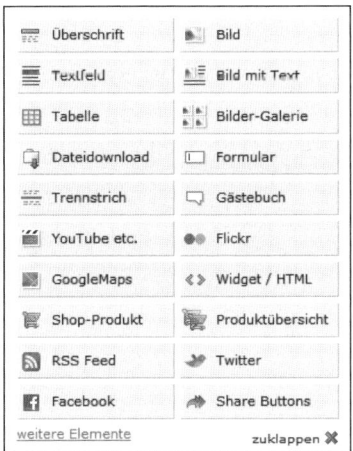

Überschrift	Bild
Textfeld	Bild mit Text
Tabelle	Bilder-Galerie
Dateidownload	Formular
Trennstrich	Gästebuch
YouTube etc.	Flickr
GoogleMaps	Widget / HTML
Shop-Produkt	Produktübersicht
RSS Feed	Twitter
Facebook	Share Buttons
weitere Elemente	zuklappen ✖

Tabelle 15.1 enthält die wichtigsten Elemente mit einer kurzen Beschreibung.

Tabelle 15.1:
Kurze Beschreibung der wichtigsten Elemente von Jimdo

Element	Beschreibung
TABELLE	Tabellen dienen zur Darstellung tabellarischer Daten. Das Element erzeugt eine Mustertabelle, deren Zeilen und Spalten Sie im Editor mit einer speziellen Symbolleiste bearbeiten können.
DATEIDOWNLOAD	Ideal, um eine Datei zum Download anzubieten. Die Funktion erkennt Dateitypen wie PDF, erzeugt automatisch ein entsprechendes Symbol und die Dateigröße.
TRENNSTRICH	Trennstriche dienen zur optischen Trennung von Bereichen auf einer Seite. Sie sollten sehr sparsam eingesetzt werden und können über das Menü STYLE per Fernsteuerung gestaltet werden (Seite 249).
GOOGLE MAPS	Einbindung einer Google Map z. B. für Anfahrtskizzen. Ganz einfach Ort eingeben, Ortsmarke setzen und Erscheinungsbild der Karte festlegen. Auf Wunsch mit Routenplaner.
YOUTUBE ETC.	Bindet Videos direkt von YouTube oder MyVideo ein. Sie benötigen nur die URL des Videos. Videos von anderen Portalen können Sie über das Element WIDGET/EIGENES HTML einbinden.
FLICKR	Bilder direkt von Flickr einbinden.
Social Media	Einbindung von FACEBOOK (Like-Button & Co.), TWITTER und SHARE-BUTTONS zum Teilen der Seite über diverse Dienste.

Tipp

Tipps zur Arbeit mit Jimdo: Backup und Handbuch

Wenn Sie ein Backup Ihrer Jimdo-Homepage erstellen möchten, hat Robert Brandl dazu ein sehr gutes Tutorial geschrieben:

■ *http://www.websitetooltester.com/news/jimdo-1und1-diy-homepage-backup-erstellen/*

Wenn Sie bis hierher gekommen sind, haben Sie schon einen guten Einblick in die Leistungsfähigkeit eines modernen Baukastens wie Jimdo bekommen. Falls Sie die Möglichkeiten von Jimdo besser kennen lernen möchten, gibt es dazu zwei Möglichkeiten:

■ Online finden Sie auf *jimdo.de/hilfe* diverse Hilfestellungen.

■ Offline gibt es »Das Jimdo-Handbuch« von Alexander Kerscher: *jimdo-handbuch.de*

15.7 Auf einen Blick

Hier noch einmal die wichtigsten Punkte dieses Kapitels im Überblick:

■ Der Inhaltsbereich einer Jimdo-Homepage besteht aus verschiedenen Inhaltselementen, die den Inhaltsbereich in kleine Blöcke unterteilen.

■ Für Überschriften gibt es die Elemente Überschrift 1, Überschrift 2 und Überschrift 3.

■ Die Elemente Textfeld und Bild mit Text sind für Fließtext geeignet.

■ Für einzelne Bilder gibt es das Element Bild, für mehrere Bildergalerie.

■ Zur Erstellung von Formularen dient das Element Formular.

■ Weitere wichtige Elemente sind:

   – Tabelle

   – Dateidownload

   – Trennstrich

- – GOOGLE MAPS

- – YOUTUBE ETC.

■ Außerdem gibt es diverse Elemente zur Einbindung von FACEBOOK, TWITTER und SHARE-BUTTONS.

Kapitel 16

Schreiben im Web für Menschen

Worin Sie erfahren, wie Menschen im Web lesen und wie man Texte so schreibt und aufbereitet, dass sie am Bildschirm möglichst leicht zu lesen sind.

In diesem Kapitel erfahren Sie zunächst, wie Sie Texte so schreiben und aufbereiten, dass sie am Bildschirm gut lesbar sind:

Die Themen im Überblick:

Schreiben fürs Web ist anders, denn Lesen im Web ist anders: Zum einen lesen Menschen Webseiten am Bildschirm, zum anderen werden sie nicht nur von Menschen gelesen, sondern auch von Maschinen (siehe Kapitel 18).

16.1 Wie Menschen im Web lesen

Wahrscheinlich glauben Sie, dass Sie beim Lesen einen Buchstaben nach dem anderen aufnehmen und die Worte nur Sinn ergeben, weil die Buchstaben in den Worten in einer bestimmten Reihenfolge stehen.

Dann lesen Sie doch bitte einmal folgenden Absatz:

Shocn wdeier enei Rcehtschrbierofrem? Nien, aebr enei Sutide eneir elgnihcesn Uvinisterät zgiet, dsas es nchit witihcg ist, in wlecehr Rneflogheie die Bstachuebn in eneim Wrot seethn. Hptacsauhe der estre und der leztte Bstabchue snid ritihcg. Der Rset knan ttoaelr Bsinöldn sein. Wir leesn nmälcih nciht jeedn Bstachuebn enzelin, snderon ein Wrot als gnzaes.

Haben Sie den Text verstanden? Besser als erwartet – oder?

Die Augen nehmen beim Lesen nicht einen Buchstaben nach dem anderen auf, sondern springen über mehrere Buchstaben hinweg zum nächsten Wort, einem Komma oder einer anderen besonderen Stelle. Wenn wir etwas falsch gelesen oder nicht verstanden haben, geht es zurück, um die Stelle genauer zu untersuchen. Deshalb ist es auch so schwierig, selbst geschriebene Texte Korrektur zu lesen. Die Fehler werden einfach übersprungen.

Natürlich funktioniert das nur in einer bekannten Sprache und wenn der Text nicht zu viele unbekannte Wörter enthält, aber es ist doch erstaunlich, wie unser Hirn den Buchstaben trotz der falschen Reihenfolge einen Sinn abtrotzt. Die elgnihcse Uvinisterät war übrigens Crmbadgie.

Und es hat Zoom gemacht: Lesen am Bildschirm

Lesen am Bildschirm ist unbequem und Schwerstarbeit für die Augen. Das beginnt schon damit, dass der Bildschirm Ihnen eine bestimmte Position vorschreibt:

■ Eine Zeitung oder ein Buch nehmen Sie in die Hand und machen es sich dann am Schreibtisch, im Lesesessel, auf einem Sofa oder in einer Badewanne bequem.

■ Ein Monitor schreibt die Sitzposition vor und Sie starren oft stundenlang in fast derselben Haltung auf immer dieselbe Stelle.

Die geringe Auflösung der Monitore verbessert die Situation auch nicht. Während selbst einfache Laserdrucker etwa 600 Punkte pro Zoll (dpi, dots per inch) schaffen, liegt dieser Wert bei Monitoren ungefähr bei 72 bis 100, was dazu führt, dass die Schrift am Bildschirm unscharf und schlecht lesbar wird. Ungünstige Beleuchtung kann das Lesevergnügen noch weiter beeinträchtigen.

Eine der wenigen Möglichkeiten, das Lesen am Bildschirm angenehmer zu machen, ist die Vergrößerung der Schrift. Zoom. So können Sie sich entspannt in seinem Stuhl zurücklehnen und in Ruhe lesen (Abbildung 16.1).

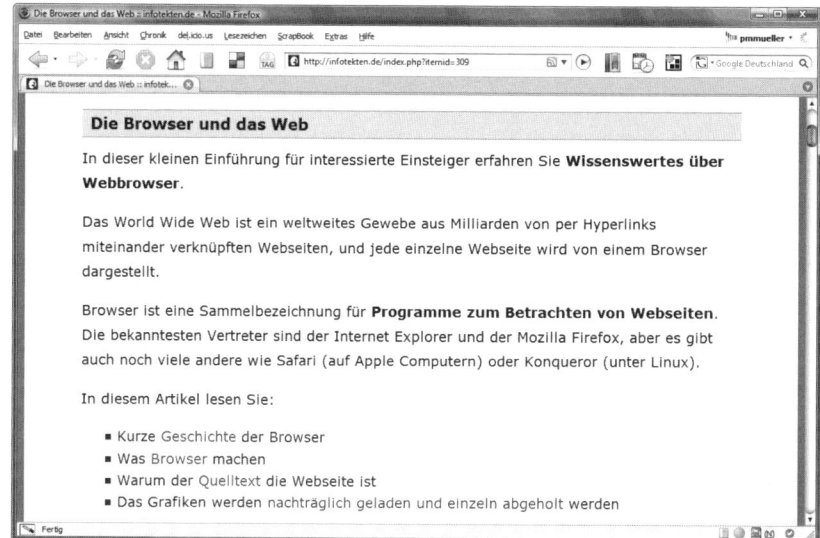

Abbildung 16.1: Vergrößerte Schrift auf Webseiten (z. B. mit ⌈Strg⌉ + Rollrad)

In fast allen Browsern können Sie den Text mit ⌈Strg⌉ + Rollrad auf der Maus zoomen. Per Tastatur geht es meist auch: Vergrößern mit ⌈Strg⌉ + ⌈+⌉, Verkleinern mit ⌈Strg⌉ + ⌈-⌉ und zurück auf normale Größe mit ⌈Strg⌉ + ⌈0⌉ (Null).

Im Ernst: Das Vergrößern der Schrift am Bildschirm ist eine der besten Angewohnheiten, die Sie sich und Ihren Augen gönnen können. Nicht nur im Web, auch in Word oder anderen Programmen. Nutzen Sie die Zoomfunktion und bauen Sie Webseiten so, dass jeder, der es gerne möchte, die Schrift beliebig vergrößern kann.

Webseiten werden nicht gelesen, sondern überflogen

Wenn unsere Augen beim normalen Lesen auf Papierseiten schon durch den Text hoppeln wie ein Kaninchen über eine frisch gemähte Wiese, wie lesen wir dann eine Webseite am Bildschirm?

Jakob Nielsen hat das in seinem klassischen Artikel »How Users Read on the Web« bereits Mitte der 90er Jahre untersucht, und seine in Abbildung 16.2 gezeigte Antwort ist »Gar nicht«.

Abbildung 16.2:
Wie Benutzer
Webseiten lesen –
gar nicht

Natürlich werden Webseiten gelesen, aber nicht Wort für Wort. Nielsens Artikel auf der Seite *useit.com/alertbox/9710a.html* beginnt wie folgt:

People rarely read Web pages word by word; instead, they scan the page, picking out individual words and sentences.

Menschen lesen Webseiten nur selten Wort für Wort; stattdessen überfliegen sie die Seite und bleiben nur bei einzelnen Worten und Sätzen hängen.

Webseiten werden also zunächst einmal nicht gelesen, sondern überflogen. Das schon bei Texten auf Papier vorhandene Springen der Augen wird verstärkt und die Sprünge größer.

Hinweis

Jakob Nielsen über Lesen und Schreiben im Web

Links zu weiteren Artikeln von Jakob Nielsen zum Thema »Writing for the Web« finden Sie auf der folgenden Seite:

■ *useit.com/papers/webwriting/*

Viele von Jakob Nielsens Kolumnen gibt es auch in einer deutschen Übersetzung:

■ *usability.ch/Alertbox/main.htm*

Zwischenlandung: Scannen – Skimmen – Lesen

Webseiten werden nach der Anzeige im Browserfenster also von den Besuchern nicht von links oben nach rechts unten gelesen, sondern zunächst einmal überflogen. Meist haben die Besucher bei der Ankunft auf einer Webseite eine ganz bestimmte Fragestellung im Kopf, und die Seite wird dann nur nach dafür relevanten Informationen untersucht. Alles andere wird gar nicht richtig wahrgenommen.

Beim Erfassen einer Webseite lassen sich drei Stufen unterscheiden:

1. **Scannen** (Überfliegen)

   Zunächst wird eine Webseite überflogen und flüchtig auf Interessantes gescannt. Grafiken, Überschriften und Links werden unsystematisch untersucht, und das Auge springt wild hin und her. Eine gute optische Strukturierung der Seite (und der Texte) erleichtert dem Besucher das Scannen.

2. **Skimmen** (Zwischenlanden)

   Scheint die Seite an sich vielversprechend zu sein, verlangsamt der Besucher das Flugtempo und lässt seine Augen an besonders interessanten Stellen zwischenlanden. Jetzt werden auch Teile des Fließtextes erfasst, vor allem Zusammenfassungen, Zwischenüberschriften und andere hervorgehobene Texte wie z. B. Listen und fettgedruckte Wörter.

3. **Lesen** (Wort für Wort lesen)

   Wenn eine Textstelle das Interesse des Besuchers erregt hat, wird er seine Aufmerksamkeit darauf fokussieren und diese Passage mehr oder weniger konzentriert Wort für Wort lesen.

Ein Webtext sollte so geschrieben sein, dass er diese drei Aufmerksamkeitsphasen optimal unterstützt.

Tabelle 16.1 zeigt eine ungefähre Übersicht, wobei die Zahlenwerte aus verschiedenen Quellen stammen und nur eine ungefähre Orientierung geben sollen.

Tabelle 16.1:
Übersicht »Scan-
nen – Skimmen
– Lesen«

	Scannen (Überfliegen)	Skimmen (Zwischenlanden)	Lesen (Konzentriert)
Ziel	Seite relevant?	Fundstelle relevant?	Information aufnehmen
Aufnahme	ca. 10–20 %	ca. 50 %	ca. 80 %
Tempo	ca. 1500 Wörter/Minute	ca. 500 Wörter/Minute	ca. 150 Wörter/Minute
Objekte	Bilder, Überschriften und Navigationsbereiche	Teaser, Listen und hervorgehobener Text	gesamte Information

16.2 Verständliche Texte: Die Hamburger Pyramide

Der Text einer Webseite wird von Menschen und von Maschinen gelesen. Die folgenden Abschnitte beschreiben zunächst, wie ein Webtext geschrieben sein sollte, damit er von Menschen gelesen wird. Los geht's mit der Verständlichkeit.

Pulitzer und das Hamburger Verständlichkeitsmodell

Bei Texten geht es in erster Linie nicht nur darum, sie zu lesen, sondern auch, sie zu *verstehen*. Bereits Anfang der 70er Jahre entwickelten drei Professoren das »Hamburger Verständlichkeitsmodell«, mit dessen Hilfe sie die Verständlichkeit von Texten erklärbar machen wollten. Einer der drei Professoren war übrigens Friedemann Schulz von Thun, Autor des Kommunikationsklassikers »Miteinander reden«.

Die vier Kriterien des Hamburger Modells eignen sich auch heute noch als Grundlage zur Beurteilung der Verständlichkeit von Texten:

1. **Einfachheit**: kurze Sätze, einfache Begriffe

2. **Gliederung**: inhaltlich folgerichtig und optisch erkennbar

3. **Kurz und prägnant**

4. **Anregende Zusätze**: keine unverdaulichen Buchstabenwüsten

Zusammengefasst könnte man sagen: Benutzen Sie eine einfache Sprache und gliedern Sie Ihren Text übersichtlich. Sprechen Sie dabei kein »Marketing« und langweilen Sie nicht. Und benutzen Sie ab und an eine Grafik als Blickfang.

Noch kürzer umschrieb der amerikanische Publizist Joseph Pulitzer diesen Sachverhalt:

Was immer du schreibst,
schreibe kurz, und sie werden es lesen;
schreibe klar, und sie werden es verstehen;
schreibe bildhaft, und sie werden es im Gedächtnis behalten.

Klingt gut, aber einfacher als es ist. Im ersten Anlauf klappt das selten. Ein Text muss geschrieben, verdichtet und geschliffen werden, bevor er diesen Kriterien standhält. Und wer nimmt sich beim Texten fürs Web schon so viel Zeit?

Texte im Web verständlicher schreiben

Hinweis

Jan Eric Hellbusch und Karin Zoller haben den Artikel »Texte im Web verständlicher schreiben« verfasst, in dem sie auch auf die vier Merkmale des Hamburger Verständlichkeitskonzepts eingehen:

■ *barrierefreies-webdesign.de/knowhow/verstaendlicher-text/*

Die umgekehrte Pyramide: Das Wichtigste am Anfang

Während des Studiums verinnerlichen viele Geistes- und Naturwissenschaftler den traditionellen Aufbau einer wissenschaftlichen Arbeit so sehr, dass sie später auch ihre Webtexte entsprechend verfassen: Nach einer Einleitung und unzähligen Seiten mit Diskussionen, Tabellen und Argumenten findet der Leser am Ende des Textes ein Fazit, das das Wichtigste in Kürze zusammenfasst.

Journalisten gehen, besonders beim Schreiben von Nachrichten, den umgekehrten Weg, der fürs schnelllebige Web wesentlich besser geeignet ist:

■ Der Text beginnt mit einer Aufmerksamkeit haschenden Überschrift.

■ Danach kommt der Überblick: Wer hat was wann wo wie warum getan?

Erst danach werden weitere Details und Hintergrundinformationen gegeben, sodass bei einer Kürzung des Textes nichts wirklich Wichtiges verloren geht. Diese Vorgehensweise wird auch als »umgekehrte Pyramide« bezeichnet:

PHANTASTISCHE ÜBERSCHRIFT
SEHR WICHTIGES INTRO
WICHTIGER TEXT
Nicht so wichtiger
langweiliger
Text
–

Im Web ist dieser Pyramidenstil adäquat, sowohl für den Aufbau der Seite als auch für die Struktur des ganzen Textes und der einzelnen Absätze. Das Wichtigste gehört immer an den Anfang.

16.3 Übersichtliches Schreiben: Texte scannbar machen

Durch den Einsatz von Überschriften, Absätzen und Listen lockern Sie einen Text unabhängig von einer aufwändigen Formatierung optisch auf und bieten dem Auge des Betrachters beim Überfliegen der Seite Landeplätze an. Da man dabei nicht nur den eigentlichen Text, sondern auch dessen Aussehen im Visier haben sollte, spricht man von übersichtlichem oder manchmal auch von »grafischem« Schreiben.

Überschriften und Zwischenüberschriften

Überschriften sollten optisch auf den ersten Blick als solche erkennbar und ohne den Kontext verständlich sein. Eine Überschrift sollte ...

- ... erklären, wovon der Text handelt.

- ... in klarer Sprache geschrieben sein. Vorsicht mit Wortspielen.

- ... ohne einleitende Artikelwörter auskommen.

Für Zwischenüberschriften gelten textlich gesehen die gleichen Grundregeln. Wichtig ist lediglich, *dass* Sie Zwischenüberschriften benutzen, die den Text inhaltlich deutlich gliedern und ihn dabei optisch auflockern, sodass dem Leser der Schritt vom Scannen zum Skimmen erleichtert wird.

Schreiben Sie kurze Absätze

Bei Online-Texten sollte pro Absatz nur ein Gedanke beschrieben werden. Online-Leser hören manchmal mitten in einem Absatz einfach auf zu lesen und springen zum nächsten.

Heben Sie wichtige Worte hervor

Die Kernbegriffe eines jeden Absatzes sollten hervorgehoben werden:

- Benutzen Sie **Fettdruck**, um den Text bereits vor dem Lesen hervorzuheben.

- Setzen Sie Text *kursiv*, wenn er erst während des Lesens auffallen soll.

Am Bildschirm ist Kursivschrift besonders bei kleiner Schrift mit Vorsicht zu genießen.

Benutzen Sie Listen

Einer der wirklich einfachen und gleichzeitig wichtigsten Tipps zum Schreiben von Online-Texten lautet schlicht und einfach »Benutzen Sie Listen!«. Es gibt im Web wie in Word zwei verschiedene Arten von Listen, *Aufzählungen* und *Nummerierungen* genannt.

Eine Aufzählung bekommt vor jedem Listenelement einen Aufzählungspunkt und heißt im HTML *ungeordnete Liste* (engl. »unordered list«, <ul>):

- Eine ungeordnete Liste wird oft »Aufzählung« genannt.

- Dabei kommt überhaupt keine Zahl drin vor.

Eine Nummerierung, im HTML *geordnete Liste* genannt (engl. »ordered list«, <ol>) wird, nun ja, nummeriert:

1. Nummerierung geht los.

2. Nummerierung geht weiter.

Immer wenn ein Absatz eine Aneinanderreihung mehrerer ähnlicher Begriffe enthält, sollten Sie überlegen, ob diese nicht als Liste dargestellt werden sollten.

Selbst eine Liste mit nur einem Aufzählungspunkt ist in Online-Texten keine Seltenheit und wird zum Beispiel benutzt, um einen Hyperlink vom Fließtext abzusetzen:

Abbildung 16.3:
Listen mit einem
einzigen Auf-
zählungspunkt
können sinnvoll
sein.

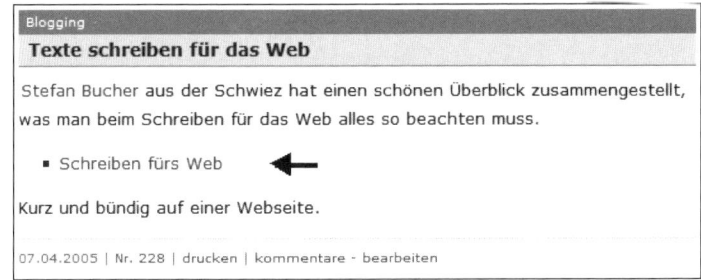

16.4 Abstände und Schriften: Fließtext gestalten

Der Einsatz von Überschriften, Absätzen, Hervorhebungen und Listen lockert den Text auf und macht ihn scannbar. In diesem Abschnitt geht es nun um die Gestaltung des Fließtextes.

Abstand halten im Fließtext

Nicht nur im Straßenverkehr gilt Abstand halten als eine sinnvolle Maßnahme, auch im Fließtext auf Webseiten, und zwar gleich im doppelten Sinne:

- Zwischen den Überschriften und Absätzen sollte genug Abstand sein, um Beginn und Ende deutlich erkennen zu lassen.

- Zwischen den Zeilen des Textes erhöht ein genügender Abstand das Lesevergnügen beträchtlich.

Die folgende Abbildung zeigt einen Fließtext mit minimalen Abständen.

Weit hinten, hinter den Wortbergen, fern der Länder Vokalien und Konsonantien leben die Blindtexte. Abgeschieden wohnen Sie in Buchstabhausen an der Küste des Semantik, eines großen Sprachozeans. Ein kleines Bächlein namens Duden fließt durch ihren Ort und versorgt sie mit den nötigen Regelialien. Es ist ein paradiesmatisches Land, in dem einem gebratene Satzteile in den Mund fliegen. Nicht einmal von der allmächtigen Interpunktion werden die Blindtexte beherrscht – ein geradezu unorthographisches Leben.
Eines Tages aber beschloß eine kleine Zeile Blindtext, ihr Name war Lorem Ipsum, hinaus zu gehen in die weite Grammatik. Der große Oxmox riet ihr davon ab, da es dort wimmele von bösen Kommata, wilden Fragezeichen und hinterhältigen Semikoli, doch das Blindtextchen ließ sich nicht beirren. Es packte seine sieben Versalien, schob sich sein Initial in den Gürtel und machte sich auf den Weg.

Abbildung 16.4:
Fließtext ohne
jegliche Abstände

In der folgenden Abbildung sehen Sie denselben Text, aber mit Abständen zwischen den Absätzen und einem erhöhten Zeilenabstand.

Weit hinten, hinter den Wortbergen, fern der Länder Vokalien und Konsonantien leben die Blindtexte. Abgeschieden wohnen Sie in Buchstabhausen an der Küste des Semantik, eines großen Sprachozeans. Ein kleines Bächlein namens Duden fließt durch ihren Ort und versorgt sie mit den nötigen Regelialien. Es ist ein paradiesmatisches Land, in dem einem gebratene Satzteile in den Mund fliegen. Nicht einmal von der allmächtigen Interpunktion werden die Blindtexte beherrscht – ein geradezu unorthographisches Leben.

Eines Tages aber beschloß eine kleine Zeile Blindtext, ihr Name war Lorem Ipsum, hinaus zu gehen in die weite Grammatik. Der große Oxmox riet ihr davon ab, da es dort wimmele von bösen Kommata, wilden Fragezeichen und hinterhältigen Semikoli, doch das Blindtextchen ließ sich nicht beirren. Es packte seine sieben Versalien, schob sich sein Initial in den Gürtel und machte sich auf den Weg.

Abbildung 16.5:
Fließtext mit Abständen zwischen
Absätzen und
Zeilen

Im Idealfall sind diese Abstände bereits bei der Gestaltung der Site im Stylesheet definiert, falls nicht, können Sie mit grundlegenden HTML- und CSS-Kenntnissen beim Schreiben notfalls selbst Hand anlegen.

Grundlegende HTML- und CSS-Kenntnisse

Hinweis

In »Das große Little Boxes-Buch« werden die Grundlagen zur Gestaltung von Webseiten mit HTML und CSS vermittelt. Abbildung 16.4 und Abbildung 16.5 stammen aus dem Abschnitt »Inhalte gestalten«. Dort wird auch das dazu benötigte CSS erklärt.

Schnörkel oder nicht Schnörkel: Schriften und Serifen

Alle Schriftarten können in vier verschiedene Schriftfamilien eingeteilt werden:

- Schriftarten mit Häkchen (Serifen), z. B. Times New Roman oder Georgia

■ Schriftarten ohne Häkchen (Sans Serif), z. B. Verdana, Arial oder Helvetica

■ Schreibmaschinenschriften, z. B. Courier New

■ Symbolschriften, z. B. Wingdings oder Zapf Dingbats

Im Printbereich sind die Überschriften oft in Schriftarten *ohne* Serifen (z. B. Helvetica) gehalten. Der Fließtext hingegen bekommt eine Schriftart *mit* Häkchen (wie Times New Roman), da die Häkchen die Buchstaben verbinden und den Text so besser lesbar machen.

Auf dem Bildschirm ist es eher umgekehrt:

■ Für den Fließtext sind Schriften ohne Serifen besser lesbar, denn wegen der geringen Auflösung verbinden die Häkchen die Buchstaben nicht, sondern wirken matschig.

■ Bei den Überschriften können Sie am Bildschirm Serifenschriften einsetzen, da viele Sans-Serifen-Schriften bei hohem Schriftgrad zu knallig wirken.

Die nachfolgende Abbildung zeigt eine Übersicht der wichtigsten Schriftartnamen, die auf Windows- und Mac-Rechnern meistens zur Verfügung stehen.

Abbildung 16.6: Fonts auf Windows und Macintosh. Links normal, rechts fett.

Windows fonts / Mac fonts / Font family
Normal style
Arial, Arial, Helvetica, sans-serif
Arial Black, Arial Black, Gadget, sans-serif
Comic Sans MS, Comic Sans MS[5], cursive
Courier New, Courier New, Courier[6], monospace
Georgia[1], Georgia, serif
Impact, Impact[5], Charcoal[6], sans-serif
Lucida Console, Monaco[5], monospace
Lucida Sans Unicode, Lucida Grande, sans-serif
Palatino Linotype, Book Antiqua[3], Palatino[6], serif
Tahoma, Geneva, sans-serif
Times New Roman, Times, serif
Trebuchet MS[1], Helvetica, sans-serif
Verdana, Verdana, Geneva, sans-serif

Die Abbildung stammt aus dem im Juni 2008 geschriebenen Artikel »Common fonts to all versions of Windows & Mac equivalents« von Alberto Martinez Perez:

▓ *ampsoft.net/webdesign-l/WindowsMacFonts.html*

Dort können Sie auch die in der Abbildung enthaltenen Fußnoten nachlesen.

Sie können nicht jede Schriftart benutzen

Eine bei der Gestaltung einer Webseite gewünschte Schriftart kann im Browser des Besuchers nur dargestellt werden, wenn sie auf dessen Computer auch installiert ist. Da man nie weiß, welche das sind, muss man bei der Wahl der Schriftarten entsprechend vorsichtig zu Werke gehen, denn wenn man das nicht tut, können allerlei seltsame Dinge passieren.

Im Klartext: Verabschieden Sie sich schon mal vorsichtig von einer eventuell vorhandenen Hausschrift, die Sie auf Ihren Webseiten auch gerne hätten. Für den Fließtext geht das nicht. Für die Überschriften wäre es machbar, ist aber mit zum Teil beträchtlichem Aufwand verbunden.

Weil man nie weiß, welche Schriften beim Besucher installiert sind, gibt man dem Browser übrigens eine Wunschliste von Schriftarten mit, die er von links nach rechts abarbeitet. Das könnte zum Beispiel so aussehen:

```
body { font-family: Verdana, Helvetica, Arial, sans-serif; }
```

Für den Browser bedeutet diese Zeile »Bitte formatiere den Text im sichtbaren Bereich der Webseite mit der Schriftart *Verdana*. Wenn du die nicht finden kannst, suche nach *Helvetica* oder *Arial*. Gibt's das auch nicht, dann nimm irgendeine Schriftart, Hauptsache *ohne Serifen*.«

Noch ein Wort zu *Comic Sans*. Besonders Einsteiger in die Computerei finden diese Schriftart attraktiv, wahrscheinlich, weil sie auf den ersten Blick so uncomputerhaft wirkt. Falls Sie auch dazu gehören, sollten Sie der Versuchung widerstehen, Comic Sans im Fließtext auf Ihren Webseiten einzusetzen. Es wirkt einfach unprofessionell.

Hinweis

> **Google Webfonts**
>
> Google bietet mit seinem Webfont-Service einen Ausweg aus diesem Dilemma. Informationen zu diesem Dienst und einen Überblick über die Schriften finden Sie bei:
>
> - *google.com/webfonts*
>
> Einige Baukästen wie z. B. Weebly bieten die Google Fonts bereits an, andere werden diesem Beispiel vielleicht bald folgen.

16.5 Der Umgang mit Hyperlinks

Links, Hyperlinks, Verknüpfungen und Verweise – viele Wörter für dieselbe Sache. Beim Einsatz von Hyperlinks sollten Sie unter anderem die im Folgenden erläuterten Punkte beachten.

Linken Sie nicht nur des Linkens wegen

Hyperlinks mitten in einem Fließtext unterbrechen den Fluss des Textes und stören den natürlichen Rhythmus des Lesens. Die Wirkung eines Links ist ungefähr so, als ob Sie in einer Unterhaltung ab und zu einzelne Wörter oder Phrasen unvermittelt laut schreien und dann wieder ganz normal weitersprechen. Es wird dadurch nicht unbedingt leichter, Ihnen zu folgen.

Links sind besonders im Fließtext ein zweischneidiges Schwert: Sie haben mit viel Mühe einen Text geschrieben und jeder Link ruft dem Besucher ein »Klick mich!« zu.

Anders ausgedrückt: Nur weil zufällig das Wort »Kaffee« in Ihrem Text vorkommt, müssen Sie nicht gleich einen Link zum entsprechenden Wikipedia-Artikel setzen. Ein Link sollte dem Leser immer einen Mehrwert bieten, der mit dem ursprünglichen Inhalt in Zusammenhang steht.

Eine Alternative wäre es zum Beispiel, die Links am Ende eines Artikels in einer Linkliste zusammenzufassen. Dann kann der Leser in Ruhe zu Ende lesen und hat trotzdem alle Informationen parat.

Das »Hier«-Syndrom: Klicken Sie hier

Sicherlich sind Ihnen im Web schon Sätze wie der folgende begegnet:

- Weitere Informationen zu unserem Angebot für den Aeron erhalten Sie hier.

Das Wort »hier« ist verlinkt und springt dem Leser ins Auge, verrät aber mit keinem Wort, was den Klickenden am anderen Ende erwartet. Diese vier Buchstaben scheinen Links übernatürlich anzuziehen und sind in gleichem Maße überhaupt nicht dazu geeignet. Unterstreichen Sie alles, aber nicht die vier Buchstaben h-i-e-r.

Heben Sie Wörter als Link hervor, die den Inhalt des Sprungziels möglichst genau charakterisieren:

- Bei Bedarf erhalten Sie weitere Informationen zu unserem Angebot für den Aeron.

Durch leichte Umformulierungen lässt sich fast immer ein vernünftiger Link bauen. Im Kapitel über das Schreiben für Maschinen wird auf Seite 276 erklärt, warum das Hier-Syndrom auch bei der Platzierung in den Suchmaschinen eine verpasste Chance bedeutet.

Der Aeron ist übrigens ein Stuhl. Weitere Informationen finden Sie hier. Oder auf der Website *www.aeronchair.de.*

Benutzen Sie Linklisten

Listen wurden als Stilmittel ja schon vorgestellt. Listen mit einem Hyperlink pro Aufzählungspunkt werden »Linklisten« genannt, und diese Linklisten bieten dem Leser den Mehrwert des Hypertextes, ohne den Lesefluss zu stören:

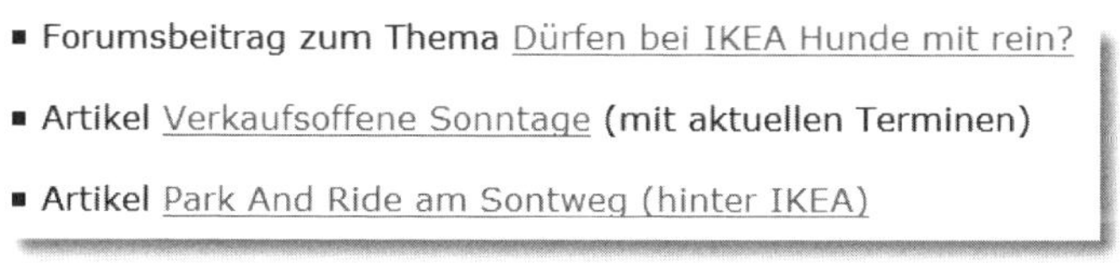

- Forumsbeitrag zum Thema Dürfen bei IKEA Hunde mit rein?
- Artikel Verkaufsoffene Sonntage (mit aktuellen Terminen)
- Artikel Park And Ride am Sontweg (hinter IKEA)

Abbildung 16.7: Eine einfache Linkliste

Eine solche Linkliste ist sehr flexibel einsetzbar: Sie können sie innerhalb eines Fließtextes zur Auflockerung benutzen oder am Ende eines Beitrages zur Zusammenfassung der wichtigsten Links. Oder zum Beispiel, um auf ähnliche Beiträge oder Produkte zu verweisen, die den Besucher auch interessieren könnten.

Beschreiben Sie Downloadlinks deutlich

Haben Sie schon mal auf einen Link geklickt, nur um dann festzustellen, dass der Adobe Reader gestartet wird und der Rechner für Sekunden bis Minuten lahmgelegt ist?

Wenn ein Link zu einer externen Datei führt, sollten Sie hinter dem Link Dateiformat und Dateigröße vermerken, damit der Surfer weiß, was ihn erwartet, *bevor* er klickt. Zum Beispiel so:

- Download: Das komplette Inhaltsverzeichnis (PDF, 22 Seiten, 135 Kb)

Hyperlinks können im CSS auch durch eine kleine Grafik wie z. B. das PDF-Symbol gekennzeichnet werden.

16.6 Zürich, die Stadt, die die Römer Turicum nannten ...

In diesem Abschnitt möchte ich Ihnen ein klassisches Beispiel zum Schreiben von Webtexten zeigen. Danach haben Sie die Gelegenheit, in einer kleinen Übung ein Rezept zur Erstellung einer Caipirinha auf ähnliche Weise zu optimieren.

Stefan Bucher hat auf seiner Website ein bekanntes Beispiel zur Optimierung von Webtexten von Jakob Nielsen eingedeutscht und verschiedene Versionen eines kurzen Textes miteinander verglichen.

Ausgangspunkt ist ein Text, den man so in einer gedruckten Werbebroschüre finden könnte, blumig geschrieben, ausschweifend und voller emotionaler Adjektive:

Beispiel: Werbesprache

Zürich, die Stadt, die die Römer Turicum nannten, ist die wahre Perle an der Limmat. Neben weiträumigen Parkanlagen am See bietet diese grüne Lunge einladende Flaniermeilen und verführerische Freizeitparks. Zu den beliebtesten Sehenswürdigkeiten, die kein Zürichbesucher verpassen sollte, gehören der Chinagarten, der Lindenhof, die Fraumünsterkirche mit den weltberühmten Chagall-Fenstern. Und natürlich nicht zu vergessen ist die Bahnhofstrasse, die unzählige Geschäfte der Haut Couture beheimatet.

Die folgende Variante hat inhaltlich dieselbe Aussage, ist aber wesentlich kürzer, hat eine scannbare Gestaltung und benutzt eine sachliche Sprache:

Beispiel: Kurzer Text, scannbar und sachliche Sprache

Die bei Touristen beliebtesten Sehenswürdigkeiten Zürichs:

- Parkanlagen am See
- Chinagarten
- Lindenhof
- Fraumünsterkirche mit Chagall-Fenstern
- Bahnhofstrasse

Jakob Nielsen hat diese beiden und noch ein paar andere Varianten des Textes genau untersucht und kam zu dem Schluss, dass der zweite Text gegenüber dem ersten eine um 124 % verbesserte Benutzbarkeit hat. Diese Feststellung beruht auf zwei Komponenten:

- Erstens steigt in Variante 2 die Chance, dass der Text *überhaupt gelesen* wird.

- Zweitens behalten die Leser nach der Lektüre *mehr Einzelheiten*.

Das komplette Beispiel mit diversen Zwischenschritten können Sie sich im Web anschauen:

■ Das Originalbeispiel von Jakob Nielsen (über Nebraska): *useit.com/alertbox/9710a.html*

■ Die deutsche Version von Stefan Bucher (über Zürich): *stefanbucher.net/tutorial/textefuersweb/*

16.7 Übung: Caipirinha in Jimdo

Sie können die Übung auch mit Word oder einer beliebigen anderen Textverarbeitung machen und es gibt wie gesagt nicht *die* richtige Lösung, aber im Folgenden möchte ich Ihnen zeigen, wie man so einen Text auf der Beispielsite von Jimdo gestalten könnte.

Für die folgende Übung gibt es nicht *die* eine richtige Lösung. Nehmen Sie die Sache nicht zu ernst, denn es soll in erster Linie – genau wie das Trinken einer Caipirinha – Spaß machen.

Rezept für Caipirinha – die Ausgangssituation

Und hier das Rezept. Solche Textwüsten gibt es wirklich auf Webseiten. Achten Sie einfach mal drauf:

Listing 16.1:
Der Text für ein
Caipirinha-Rezept

Caipirinha. Eine Warnung vorweg: Caipirinha wirkt sehr erfrischend und man schmeckt ihr den Alkohol nicht an. Dabei stecken je nach Mischung 50 % davon in ihr. Also Vorsicht ab dem zweiten Drink, besonders an heißen Tagen.

Das folgende Rezept zeigt Ihnen, welche Zutaten und Utensilien Sie benötigen und wie Sie damit eine leckere Caipirinha zubereiten.

Für eine Caipirinha braucht man eine besondere, grüne Zitronenart namens Limetten, braunen oder (besser) weißen Zucker, Cachaça (Zuckerrohrschnaps) und zerstoßenes Eis oder Eiswürfel. Statt Cachaça können Sie notfalls auch Wodka oder weißen Rum nehmen. An Utensilien für die Zubereitung werden ein Messer, Gefäß und Stampfer zum Zerstampfen der Limetten und idealerweise ein Cocktail-Shaker benötigt. Waschen Sie die Limetten (1 pro Drink) und trennen Sie die Enden ab. Achteln Sie die Limetten mit dem Messer und geben Sie die Stücke zusammen mit dem Zucker (2–3 Teelöffel) in ein Glas. Zerstampfen Sie die Limetten bis der Saft raus ist und der Zucker sich aufgelöst hat. Geben Sie jetzt den Zuckerrohrschnaps hinzu, je nach Tagesform ein Drittel bis die Hälfte. Diese Mischung geben Sie zusammen mit dem Eis in den Shaker und schütteln das Ganze kräftig durch. Die fertige Caipirinha ins Glas geben und trinken. Saúde!

Diesen Text werden Sie in diesem Abschnitt auf einer Jimdo-Webseite übersichtlich gestalten:

- Überschriften, Absätze, Hervorhebungen und Listen
- Als Blickfang für den Text eignet sich eine kleine Grafik.

Das Grundprinzip in Jimdo ist dabei zunächst, den langen Text mithilfe der Inhaltselemente in kleinere Häppchen aufzuteilen. Mit diesen kleinen Häppchen kann man dann leichter arbeiten, als wenn der ganze Text in einem Editorfenster stehen würde.

Sonderzeichen auf dem Ziffernblock   Tipp

Sonderzeichen können Sie eingeben, indem Sie die `Alt`-Taste gedrückt halten und auf dem Ziffernblock eine Zahl eingeben. Für die folgende Übung benötigen Sie

- das Copyright-Zeichen © mit `Alt` + `0` `1` `6` `9`
- das Cedille genannte ç mit `Alt` + `0` `2` `3` `1`

Eine Übersicht finden Sie auf *w3schools.com/tags/ref_entities.asp*.

Die Überschrift: »Rezept für eine Caipirinha«

Der Inhaltsbereich auf jeder Webseite beginnt mit einer Überschrift 1, und so auch das Caipirinha-Rezept. Abbildung 16.8 zeigt die Seite während der Bearbeitung.

Abbildung 16.8:
Der Inhalts-
bereich beginnt
mit einer Über-
schrift 1.

Im folgenden ToDo erstellen Sie eine neue Seite und eine Überschrift.

ToDo: Die Überschrift

1. Melden Sie sich bei Ihrer Homepage an.

2. Erstellen Sie eine neue Webseite und nennen Sie diese zum Beispiel Rezept Caipirinha.

3. Fügen Sie im Inhaltsbereich ganz oben eine neue Überschrift ein.

4. Geben Sie folgenden Text ein: Rezept für eine Caipirinha.

5. Wählen Sie darunter das Optionsfeld ÜBERSCHRIFT 1.

6. Klicken Sie auf die Schaltfläche SPEICHERN.

Der Teaser: Blickfang und Einleitung

Nach dieser Überschrift beginnt das eigentliche Rezept mit einem Blickfang und einer kurzen Einleitung. Beide haben den Zweck, den Leser in den Text zu ziehen und werden deshalb *Teaser* oder *Anreißer* genannt. In Jimdo eignet sich für diesen Zweck das Element »Bild mit Text«.

Besorgen Sie sich vor dem nächsten ToDo ein geeignetes Foto, zum Beispiel bei der kostenlosen Bilddatenbank *pixelio.de*. Nehmen Sie in Ihrem eigenen Interesse nicht einfach die Google Bildersuche. Mehr darüber, wie man geeignete Bilder findet, ohne eine Abmahnung zu riskieren, erfahren Sie ab Seite 256.

Im folgenden ToDo fügen Sie einen Teaser mit einem Bild und einem kurzen, einleitenden Text hinzu.

ToDo: Teaser mit Bild und Text

1. Fügen Sie unterhalb der Überschrift ein neues Element BILD MIT TEXT ein.

2. Geben Sie im Register TEXT BEARBEITEN den ersten Absatz aus Listing 16.1 ein.

3. Wechseln Sie auf das Register BILD BEARBEITEN.

ToDo: Teaser mit Bild und Text (Forts.)

4. Laden Sie das Teaserbild zu Jimdo hoch und gestalten Sie es nach Ihren Vorstellungen: verkleinern, rechts oder links ausrichten etc.

5. Fügen Sie falls erforderlich in das Feld UNTERTITEL eine Quellenangabe ein.

6. Klicken Sie auf die Schaltfläche SPEICHERN.

Nach diesem ToDo könnte die Webseite so aussehen wie in Abbildung 16.9.

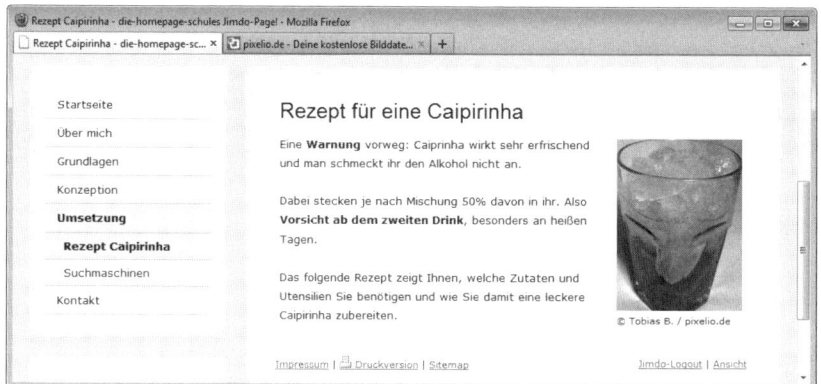

Abbildung 16.9:
Das Rezept mit
einem Teaser

Zutaten und Utensilien: Überschrift 2 und Aufzählung

In diesem Abschnitt beginnen Sie mit dem eigentlichen Rezept und listen die benötigten Zutaten und Utensilien.

Dabei benutzen Sie im folgenden ToDo jeweils eine Überschrift 2 als Zwischenüberschrift und eine Liste zur Aufzählung der Zutaten bzw. Utensilien. Die wichtigsten Begriffe werden dabei fett hervorgehoben. Abbildung 16.10 zeigt die Webseite *nach* dem ToDo:

Abbildung 16.10:
Das Rezept mit
den Zutaten und
den Utensilien

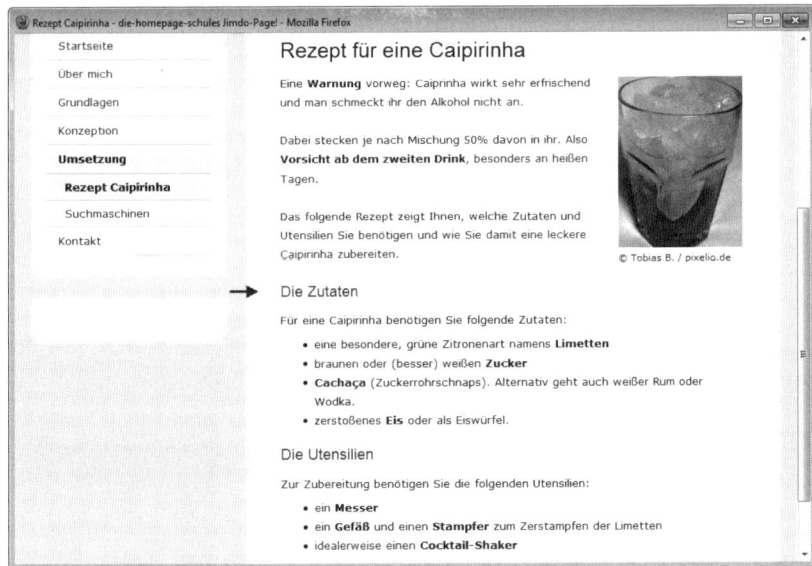

ToDo: Zutaten und Utensilien einfügen

1. Fügen Sie unterhalb des Teasers eine ÜBERSCHRIFT 2 mit dem Text Die Zutaten ein und speichern Sie die Überschrift.

2. Fügen Sie ein neues TEXT-Element ein.

3. Geben Sie wie in Abbildung 16.10 zu sehen einen einleitenden Satz und die Aufzählung der Zutaten ein und speichern Sie den Text.

4. Fügen Sie eine neue ÜBERSCHRIFT 2 mit dem Text Die Utensilien ein und speichern Sie die Überschrift.

5. Fügen Sie ein neues Element TEXT ein.

6. Geben Sie wie in Abbildung 16.10 dargestellt einen einleitenden Satz und die Aufzählung der Utensilien ein und speichern Sie den Text.

Die Zubereitung: Überschrift und Nummerierung

Zutaten und Utensilien sind gelistet, jetzt fehlt nur noch die Zubereitung. Da in diesem Fall die Reihenfolge der Listenpunkte wichtig ist, wählen Sie eine Nummerierung und keine ungeordnete Aufzählung.

Abbildung 16.11 zeigt die Zubereitung *nach* dem darauffolgenden ToDo.

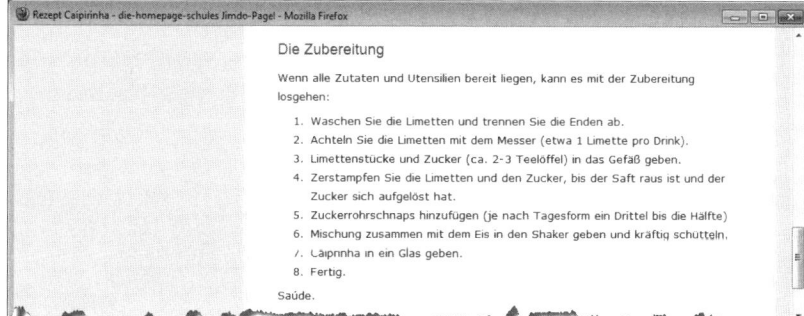

Abbildung 16.11:
Die Zubereitung –
Überschrift 2 und
Nummerierung

ToDo: Die Zubereitung erstellen

1. Fügen Sie am Ende des Textes eine ÜBERSCHRIFT 2 mit dem Text Die Zubereitung ein und speichern Sie die Überschrift.

2. Fügen Sie ein neues TEXT-Element ein.

3. Geben Sie wie in Abbildung 16.11 zu sehen einen einleitenden Satz und die Nummerierung ein.

4. Speichern Sie den Text.

Damit ist das Rezept für die Caipirinha fertig und Sie haben gesehen, wie man einen Text bei Jimdo mit den Inhaltselementen aufteilt und unter Verwendung von Überschriften, einer Einleitung mit Blickfang, kurzen Absätzen, Zwischenüberschriften und Listen leicht lesbar macht. Jimdo bietet Ihren Besuchern übrigens automatisch eine Druckversion des Rezeptes an.

Das Jimdo-Menü STYLE zur Gestaltung des Fließtextes

Im Jimdo-Menü verbergen sich unter dem Menüpunkt STYLE einige nützliche Optionen zur Gestaltung des Fließtextes, die ich Ihnen in diesem Abschnitt kurz vorstellen möchte.

Der Menüpunkt STYLE ist im Jimdo-Menü der zweite von oben, direkt unter LAYOUT. Nach dem Öffnen des Menüs sind Sie direkt im Register

SCHRIFTFORMAT, mit dem Sie die Überschriften und den Fließtext auf allen Webseiten quasi per Fernsteuerung gestalten können.

Unterhalb der Option VORSCHLÄGE sehen Sie die vier Eintragungen *style1* bis *style4*, die Sie zumindest in diesem Abschnitt einfach ignorieren. Klicken Sie einfach auf den Bereich TEXT. Daraufhin klappt der entsprechende Bereich aus und zeigt die in Abbildung 16.12 dargestellten Optionen.

Abbildung 16.12: Vorschau und Optionen im Menü STYLE

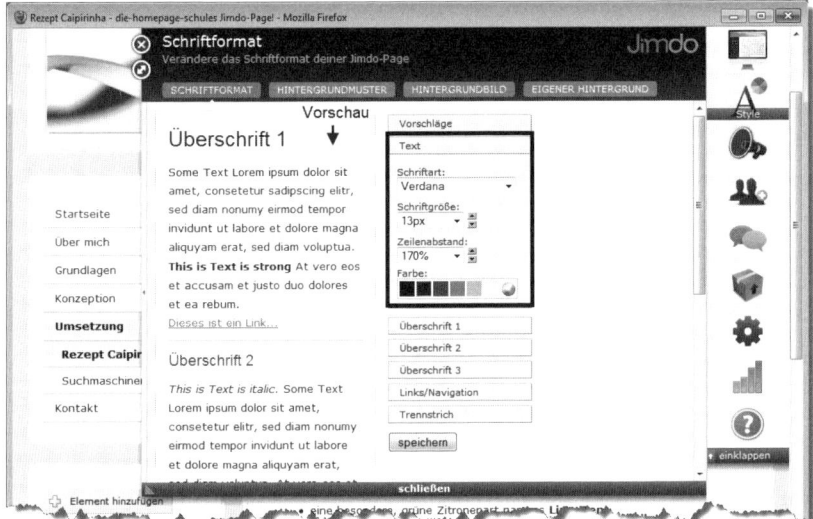

Im Bereich TEXT können Sie vier Optionen einstellen, die wie gesagt für alle Seiten der Site gelten:

■ **Schriftart**. Verdana ist für Fließtext eine gute Wahl, denn die Schrift ist extra für Fließtexte am Bildschirm entwickelt worden und ist auch bei kleinen Schriftgrößen sehr gut lesbar. Probieren Sie einfach einmal eine andere Schriftart und beachten Sie links in der Vorschau die Auswirkungen.

■ **Schriftgröße**. 13px sind für den Fließtext ein guter Kompromiss. Machen Sie die Schrift nicht zu klein. Das wirkt auf den ersten Blick vielleicht eleganter, ist aber auf vielen Bildschirmen einfach schlechter lesbar.

■ **Zeilenabstand**. Ab Seite 236 haben Sie bereits gesehen, dass ein großer Zeilenabstand die Lesbarkeit von Fließtext enorm erhöht.

170% ist eine gute Einstellung, aber experimentieren Sie ruhig ein bisschen. Achten Sie dabei wieder auf die links angezeigte Vorschau.

- **Farbe**. Die Schriftfarbe sollte einen ausreichenden Kontrast zur Hintergrundfarbe haben. Schwarz-weiß ist natürlich okay, aber ein dunkler Grauton wirkt meist etwas sanfter und ist immer noch gut lesbar. Probieren Sie es aus.

Diese Einstellungen gelten für alle Elemente mit Fließtext und sichern so ein einheitliches Erscheinungsbild Ihrer Webseiten.

Außer den Einstellungen für Text gibt es dort noch Optionen für die drei Überschriftsebenen, für Hyperlinks und das Erscheinungsbild für die horizontalen Trennlinien. Eine hellgraue, gepunktete Trennlinie wirkt sehr viel weniger aufdringlich als eine schwarze, durchgezogene.

Abbildung 16.13 zeigt die Einstellungen für das Element Überschrift 1: Helvetica statt Verdana und eine Größe von 25px. Statt des Zeilenabstandes können Sie hier bestimmen, ob Sie bei Überschriften die Art der Hervorhebung (*fett* oder *kursiv*) und die Ausrichtung (*linksbündig*, *zentriert* oder *rechtsbündig*) festlegen.

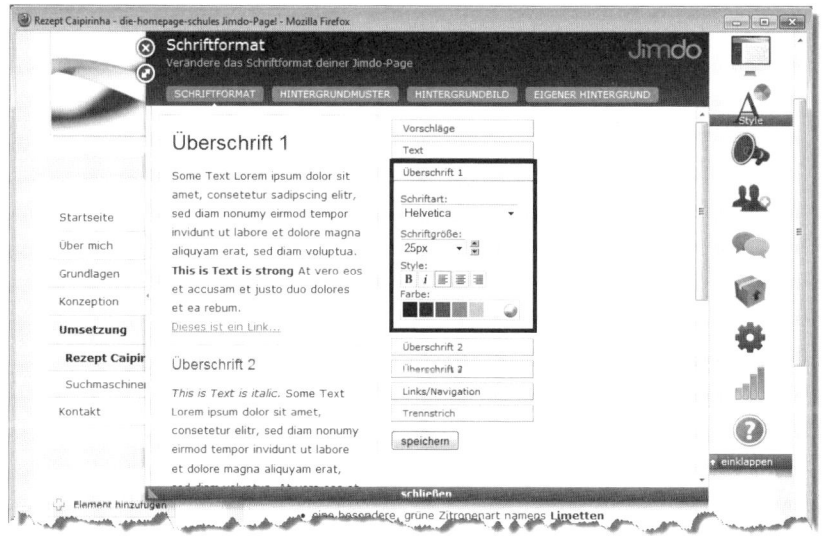

Abbildung 16.13:
Die Schriftformatierung für alle Überschriften der Ebene 1

Überschriften, Listen, Absätze und Hervorhebungen plus ein größerer Zeilenabstand und eine gut lesbare Schriftart sorgen also für gut lesbare Texte auf Ihren Webseiten, und bei Jimdo können Sie die Formatierung über das Menü STYLE – SCHRIFTFORMAT quasi per Fernsteuerung regeln. So schwer ist Schreiben im Web für Menschen gar nicht.

16.8 Auf einen Blick

Die wichtigsten Punkte dieses Kapitels im Überblick:

- Webseiten werden nicht Wort für Wort gelesen, sondern überflogen.

- Auf der Suche nach relevanten Informationen durchlaufen Surfer beim Sichten einer Webseite drei Phasen

  - Scannen (Überfliegen)

  - Skimmen (Zwischenlanden)

  - Lesen (Konzentriert Infos aufnehmen)

- Um die Verständlichkeit von (Web)Texten beurteilen zu können, gibt es das Hamburger Verständlichkeitsmodell.

- Für Webseiten, Webtexte und einzelne Absätze gilt gleichermaßen das Prinzip »Das Wichtigste gehört an den Anfang«.

- Übersichtliches Schreiben lockert Webtexte auf: Überschriften, kurze Absätze, Hervorhebungen, Listen und Hyperlinks.

- Im Fließtext erhöhen große Zeilenabstände und Abstände zwischen den Absätzen die Lesbarkeit.

- Serifenlose Schriften sind bei kleinen Schriftgraden am Bildschirm meist besser zu lesen. Besonders Verdana ist für Fließtexte gut geeignet.

- Der als Hyperlink hervorgehobene Text sollte selbsterklärend sein.

- Linklisten sind leicht scannbar und erhöhen die Übersichtlichkeit.

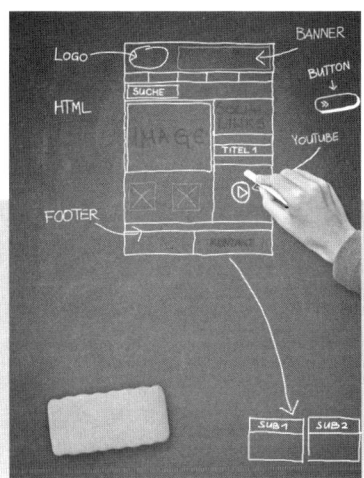

Kapitel 17

Grafiken fürs Web vorbereiten

Worin Sie das Wichtigste zur Vorbereitung von Grafiken zur Benutzung im Web erfahren. Welche Formate sind erlaubt, woher bekommt man gute Grafiken und wie bereitet man sie vor?

In diesem Kapitel geht es um die folgenden Themen:

17.1 Webgrafiken – Das Wichtigste in Kürze

In diesem Abschnitt erfahren Sie das Wichtigste über die Besonderheiten von Bildern und Grafiken im Web.

Grafiken laden länger als Text

»Ein Bild sagt mehr als tausend Worte« heißt es im Volksmund, und es stimmt. Bilder sind oft hilfreich, um komplexe Sachverhalte zu veranschaulichen. Im Web könnte man den Satz allerdings umwandeln in »ein Bild lädt länger als tausend Worte«. Die erste Grundregel lautet deshalb:

▧ Grafiken sind die Beilage, nicht die Hauptspeise!

Grafiken sollen die Wirkung einer Webseite unterstützen. Sie sind kein Selbstzweck. Es sei denn, die Grafiken *sind* der Inhalt. Otto Normalsurfer verbringt einen nicht unbeträchtlichen Teil seiner Surfzeit mit dem Warten auf Grafiken. Achten Sie darauf, dass Ihre Grafiken so klein wie möglich sind, oder anders ausgedrückt:

▧ Prüfen Sie die Dateigröße Ihrer Grafiken!

Im Stile von Wilhelm Busch könnte man anmerken: »*Drum prüfe, wer ein Bild einbindet, ob sich nicht ein klein'res findet.*«

Frisch aus der Kamera: Bildgröße und Dateigröße

Bei digitalen Bildern taucht das Wort »Größe« in zwei verschiedenen Zusammenhängen auf. Manchmal ist damit die Bildgröße gemeint und manchmal – wie ein paar Zeilen weiter oben – die Dateigröße:

▧ Die **Bildgröße** wird in Pixel angegeben. Kleine Vorschaubilder sind oft nur ca. 100px breit und hoch, größere Bilder ungefähr 800x600 Pixel. Mehr benötigen Sie im Web nur selten.

▧ Die **Dateigröße** wird in Kilobyte (oder Megabyte) gemessen und bezeichnet den Speicherplatz, den das Bild zum Beispiel auf dem Webspace benötigt. Außerdem ist die Dateigröße wichtig, weil jedes Byte über das Internet zum Besucher transportiert werden muss.

Natürlich hängen die beiden zusammen und wenn Sie die Bildgröße verkleinern, wird auch die Dateigröße kleiner, aber es bleiben trotzdem zwei Faktoren.

Ein Foto aus einer durchschnittlichen Digitalkamera mit sagen wir mal 7,1 Megapixel hat bei mittlerer Bildqualität leicht und locker 3072x2304 Pixel und eine Dateigröße von zwei bis drei Megabyte. Beides ist viel zu groß für ein Bild auf einer Webseite und sollte vorher vorbereitet werden.

Im Web sind nur GIF, JPEG oder PNG erlaubt

Auf Webseiten sind zurzeit drei Grafikformate einsetzbar: GIF, JPEG und PNG. Hier eine Faustregel, welches Format für welche Grafiken am besten geeignet ist:

- **GIF** (*.gif*; mit hartem G gesprochen, nicht »dschif«). Geeignet für alle kleineren Bilder mit wenig Farben, z. B. Logos, Schaltflächen oder Buttons, Schriften und Zeichnungen.

- **JPEG** (*.jpg*; »dschäi-peg« gesprochen). Geeignet für alle Fotos und Grafiken mit Farbverläufen.

- PNG (*.png*; »ping« gesprochen, oder p-n-g). Wurde entwickelt, um die Vorteile von JPG und GIF zu kombinieren, ist aber nicht so verbreitet wie JPG und GIF.

Im Zweifelsfalle probieren Sie es aus: Speichern Sie die gewünschte Grafik als GIF, JPG und PNG und nehmen Sie die mit der kleinsten Dateigröße. Mehr zu diesen drei Grafikformaten erfahren Sie gegen Ende des Kapitels, ab Seite 265.

Hinweis

Umbenennen ist nicht konvertieren

Um einem möglichen Missverständnis vorzubeugen: Zum Konvertieren reicht es nicht, eine Grafik wie z. B. *wolken.tif* im Windows Explorer in *wolken.gif* oder *wolken.jpg* umzubenennen. Konvertieren ist nicht dasselbe wie Umbenennen.

Beim Konvertieren einer Grafik wird der Inhalt der Datei verändert, beim Umbenennen lediglich der Dateiname. Wenn zum Beispiel auf dem Frühstückstisch ein Salzstreuer steht und man schreibt »Zucker« drauf, dann bleibt trotzdem Salz darin. Genauso bleibt in einer TIFF-Datei TIFF drin, auch wenn Sie GIF oder JPG draufschreiben.

17.2 Grafiken – Woher nehmen und nicht stehlen?

Grafiken sind auf Webseiten mehr als nur das Salz in der Suppe, aber besonders für Nicht-Grafiker stellt sich immer wieder die Frage: »Woher nehmen …?« Dazu möchte ich auf den folgenden Seiten einige Anregungen geben.

Vorsicht bei Grafiken von anderen Webseiten

Eine offensichtliche Quelle für Grafiken ist das World Wide Web selbst. Jedes in Ihrem Browser dargestellte Bild können Sie ganz einfach speichern:

- mit der rechten Maustaste auf das gewünschte Bild klicken

- Befehl BILD SPEICHERN UNTER oder GRAFIK SPEICHERN UNTER oder Ähnliches auswählen

Das Substantiv »Copyright« wird dabei zum Verb mit Leerstelle: »copy right«.

Um keine Missverständnisse aufkommen zu lassen: Die gesetzlichen Bestimmungen zum Urheberrecht gelten natürlich auch im Web. Im Web ist es genauso wenig erlaubt, das Eigentum anderer ohne deren Erlaubnis zu benutzen, wie in der richtigen Welt. Es ist nur manchmal etwas schwieriger zu kontrollieren. Ein Bild im Browser ist ja bereits im Arbeitsspeicher Ihres Rechners und niemand kann prüfen, ob Sie es auf Ihrer Festplatte speichern. Das kann man erst, wenn Sie es irgendwo wieder *veröffentlichen*.

Wenn Sie eine Grafik oder ein Foto finden, das Sie selbst gern benutzen würden, hilft eine nett formulierte E-Mail an den Autor oft schon weiter. Schließlich ist es ja auch ein Kompliment, wenn Sie seine Arbeit und Ideen so gut finden, dass Sie sie gern einsetzen würden.

Die Google-Bildersuche ist keine gute Quelle …

Weil es so leicht ist, eine Grafik zu speichern, erscheint die Google-Bildersuche für viele Homepagebetreiber eine naheliegende Quelle. Wenn sie zum Beispiel das Bild einer Tomate benötigen, gehen viele Surfer einfach zur Google-Bildersuche und geben dort »Tomate« ein:

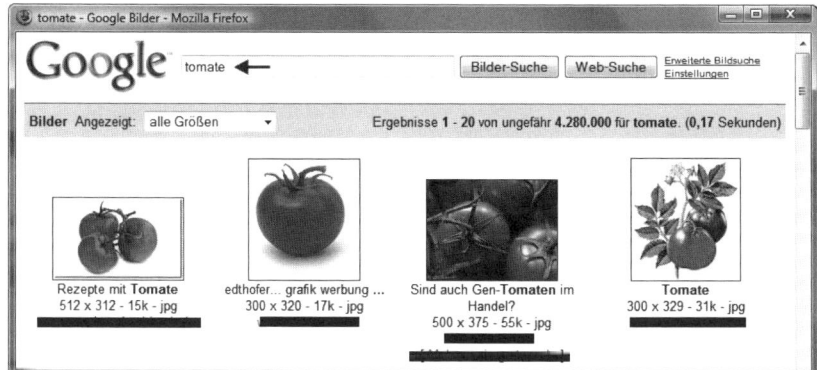

Abbildung 17.1:
Tomatenbilder
mit der Google-
Bildersuche

Wenn Sie eines dieser Bilder abspeichern und auf Ihrer Website veröffentlichen, kann der Autor es natürlich finden. So soll es Fotografen geben, die das Web nach den eigenen Bildern durchsuchen. Wenn dann eines der eigenen Fotos auf einer anderen Webseite gefunden wird, kommt eine Abmahnung ins Haus geflattert. Dann doch lieber das Gemüse selber knipsen. Oder eine andere Quelle suchen.

Vorsicht ist die Mutter der Porzellankiste

Tipp

Auch bei kostenlosen Bilddatenbanken ist man nicht hundertprozentig vor dem allgemeinen Abmahnwahn geschützt. Wenn Sie von einem Dienst lizenzfreie Bilder verwenden möchten, lesen Sie auf jeden Fall die AGB´s und die Nutzungsbedingungen (Terms of use) und notieren Sie sich, welches Foto sie wo gefunden haben, vielleicht sogar zusammen mit einem Screenshot der jeweiligen Webseite.

pixelio.de – kostenlose Bilddatenbank für lizenzfreie Fotos

Eine deutschsprachige und gute Quelle für Bilder ist pixelio.de, das früher einmal *Pixelquelle* hieß. Der Untertitel »Deine kostenlose Bilddatenbank für lizenzfreie Fotos« drückt den Kern der Website recht passend aus (Abbildung 17.2).

Abbildung 17.2:
pixelio.de – die
kostenlose Bild-
datenbank

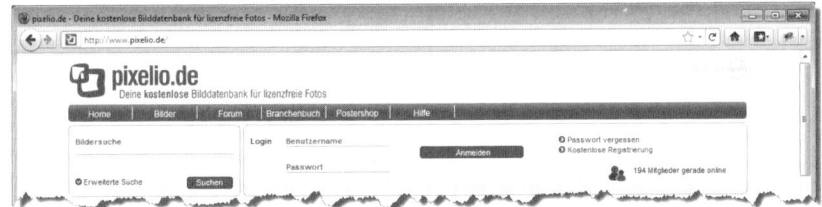

Pixelio hat jede Menge brauchbare, lizenzfreie Fotos im Angebot und eine Bildersuche, um sie zu finden. Nach einer kostenlosen Registrierung können Sie das volle Spektrum von Pixelio nutzen.

Unter welchen Bedingungen Sie die jeweiligen Fotos nutzen können, steht jeweils bei dem Foto. Für den Blickfang des Caipi-Rezepts auf Seite Seite 247 sieht das zum Beispiel so aus wie in Abbildung 17.3.

Abbildung 17.3:
Die Caipi von
pixelio.de

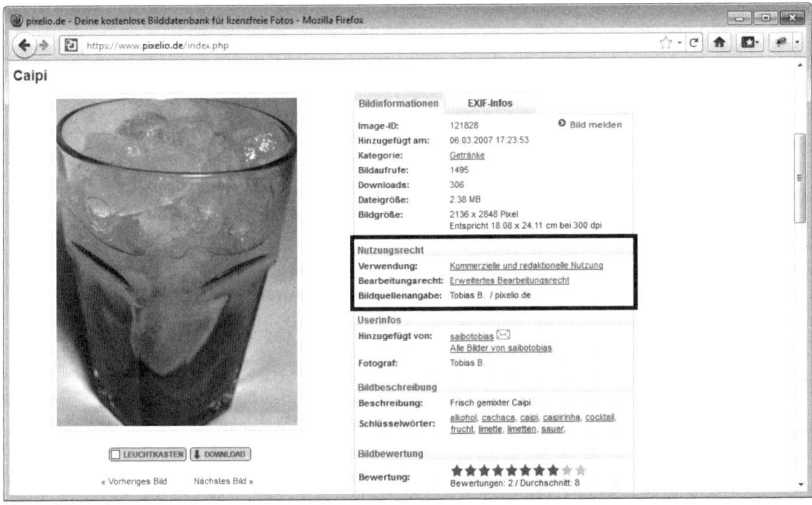

CreativeCommons und flickr.com

CreativeCommons ist der recht gelungene Versuch, im Internet ein länderübergreifendes, verständliches Lizenzierungsmodell für Inhalte zu etablieren (*creativecommons.org*).

Die Foto-Community *flickr.com* hat dieses Konzept übernommen und so können Autoren auf Flickr ihren Fotos eine CC-Lizenz mit auf den Weg geben und andere Nutzer können die Bilder nach diesen Kriterien filtern:

■ *flickr.com/creativecommons/*

Am häufigsten anzutreffen ist die CreativeCommons-Lizenz mit den folgenden drei Bedingungen:

■ **Namensnennung**: Andere dürfen die Fotos kopieren, weitergeben, anzeigen und verwenden, wenn Sie als Urheber namentlich genannt werden.

■ **Nicht kommerzielle Nutzung**: Andere dürfen die Fotos kopieren, weitergeben, anzeigen und verwenden, wenn es sich um einen nicht kommerziellen Zweck handelt.

■ **Keine Bearbeitung**: Andere dürfen die Fotos kopieren, weitergeben, anzeigen und verwenden, jedoch darf keine Bearbeitung erfolgen.

Im Zweifelsfall kontaktieren Sie wie erwähnt einfach den Autor und fragen, ob Sie das Foto für diesen oder jenen Zweck verwenden dürfen.

Andere Websites mit lizenzfreien Fotos

Es gibt aber auch noch jede Menge andere Websites, bei denen Sie Ihren Grafikbedarf völlig legal decken können. Hier drei gute Adressen:

■ **Stock.XCHNG** wird »stock exchange« gesprochen, ist unter *sxc.hu* (Ungarn) zu finden und gehört zu Getty Images.

■ **iStockphoto** gehört nicht zu Apple und ist unter *istockphoto.com* zu finden.

■ **Wikimedia Commons**: *commons.wikimedia.org*

Es gibt also auch ohne die Bildersuche von Google mehr als genügend Auswahl.

Tipp

Über 100 kostenlose Quellen

Malte Landwehr hat sage und schreibe über 100 Quellen für kostenlose Fotos gesammelt und in seinem Blog veröffentlicht:

■ *lorm.de/2008/01/02/102-quellen-fuer-kostenlose-fotos/*

Der Beitrag ist zwar schon älter, aber immer noch sehr hilfreich.

17.3 Fotos für das Web vorbereiten mit picnik.com

In diesem Abschnitt möchte ich Ihnen einige grundlegende Dinge zeigen, die Sie mit Ihren Fotos am häufigsten machen werden müssen.

Welches Bildbearbeitungsprogramm Sie dazu benutzen, spielt im Grunde genommen keine Rolle, aber in diesem Kapitel möchte Ihnen ich die flashbasierte Webanwendung *picnik.com* zeigen, die sehr einfach zu bedienen ist und wirklich Spaß macht.

Ohne Registrierung: Bilder mit Picnik online bearbeiten

Der Name »Picnik« leitet sich vom Wort *pic* ab (kurz für »pictures«, Bilder). Ganz unten auf der Startseite gibt es einen Link, um auf die deutsche Version umzuschalten (Abbildung 17.4).

Abbildung 17.4:
Die Startseite von
picnik.com

Die Bildbearbeitung selbst starten Sie mit einem Klick auf den Button
JETZT LOSLEGEN! unten in der Mitte oder auf den Link JETZT KANN DAS PIC-
NIK LOSGEHEN » rechts oben.

Beim Laden der Anwendung wird die Metapher vom Picknick wörtlich genommen und unterhalb des Fortschrittsbalkens vorbereitet:
*Vogelgezwitscher ... Butterbrote werden geschmiert ... Brombeeren werden
gepflückt ...*

Ein Foto in Picnik bearbeiten

Nach dem Starten der Anwendung können Sie ohne Registrierung
gleich loslegen und ein Bild zur Bearbeitung hochladen (FOTO HOCH-
LADEN), und zwar entweder von Ihrem Computer oder direkt von einer anderen Site wie Flickr. Falls Sie gerade kein geeignetes Foto zur
Verfügung haben, gibt es bei Picnik auch ein paar Testfotos zur Auswahl. Nach dem Laden präsentiert Picnik das Foto und zeigt gleich
die wichtigsten Bearbeitungsschritte (Abbildung 17.5).

Abbildung 17.5:
Picnik mit einem
Foto, fertig zum
Bearbeiten

Das Beispielfoto kommt direkt aus einer Digitalkamera und ist ziemlich groß, weswegen rechts unten am Rand ein kleines Warndreieck
erscheint. Wenn Sie ein solches Bild unbearbeitet online stellen, ist
es unheimlich langsam und viel zu groß, denn es hat mehr Pixel als
so mancher Monitor.

Ziel der Grafikoptimierung ist eine möglichst kleine Datei in möglichst guter Qualität und die Bedienleiste von Picnik zeigt bereits die

möglichen Befehle zur Bearbeitung des Bildes. Zur Optimierung von Grafiken für das Web sind die wichtigsten Schritte:

- **Zuschneiden**: Foto auf einen gewünschten Bildausschnitt reduzieren.

- **Größe ändern**: Bildgröße verändern, entweder prozentual oder mit genauen Pixelangaben.

- **Belichtung:** Helligkeit und Kontrast des geladenen Bildes korrigieren.

Baukästen wie Jimdo verkleinern die Bilder beim Hochladen oft automatisch, aber manchmal muss man selbst Hand anlegen, und im Folgenden möchte ich Ihnen zeigen, wie das geht. Los geht es im nächsten Schritt mit dem Zuschneiden des Fotos.

»Zuschneiden«: Einen Ausschnitt bestimmen

Im ersten Schritt werden Sie die Beispielgrafik verkleinern, indem Sie ein Stück herausschneiden. In Picnik heißt diese Funktion *Zuschneiden*. Nach einem Klick auf die Schaltfläche Zuschneiden sieht das Foto im Browser ungefähr so aus wie in Abbildung 17.6.

Abbildung 17.6:
Grafik zuschneiden in Picnik

Oberhalb des Fotos gibt es diverse Optionen zur Bearbeitung und auf dem Foto selbst ein Rechteck. Um den gewünschten Bildausschnitt zu bestimmen, ändern Sie mit der Maus einfach die Größe des Auswahlrechtecks. Wenn der Ausschnitt stimmt, klicken Sie rechts oben auf OK.

»Größe ändern«: Die Bildgröße verkleinern

Der Bildausschnitt stimmt, aber das Bild ist mit über 1000 Pixel immer noch viel zu groß. In diesem Schritt verkleinern Sie die Bildgröße auf etwa 600px. Dazu klicken Sie in Picnik auf die Schaltfläche GRÖSSE ÄNDERN.

Geben Sie oben im Feld NEUE ABMESSUNGEN die gewünschten Daten ein und klicken Sie dann rechts oben auf OK.

Abbildung 17.7:
Größe ändern in
Picnik

Die bearbeitete Grafik abspeichern

Nach diesem Schritt ist das Bild schon fast fertig und Sie müssen es nur noch wieder auf Ihrem Computer abspeichern. Wechseln Sie dazu in Picnik auf das Register FOTO SPEICHERN (Abbildung 17.8).

Abbildung 17.8:
Das bearbeitete
Foto speichern

Fotos werden als JPEG gespeichert, und JPEG bedeutet in der Praxis immer einen Kompromiss zwischen Qualität und Quantität, also zwischen der Qualität des Bilds und der Dateigröße. In fast jedem Bildbearbeitungsprogramm gibt es beim Speichern in JPEG deshalb eine Art Schieberegler, um den Kompressionsgrad zu bestimmen. Im Zweifelsfalle ist die Standardeinstellung um die 80 % (entspricht in Abbildung 17.8 der Zahl 8 beim Schieberegler) ein guter Kompromiss.

Wenn alles stimmt, klicken Sie auf FOTO SPEICHERN, wählen Sie einen passenden Ordner auf Ihrem Computer und speichern Sie das fertige Foto. Die Dateigröße hat sich übrigens um den Faktor 20 von knapp 2 Mb auf gut 100Kb verringert.

Hinweis

Kreative Bearbeitung in Picnik mit der Option ERSTELLEN

In der Picnik-Abteilung ERSTELLEN können Sie die geladene Grafik kreativ weiterbearbeiten und mit zahlreichen Effekten, Formen und Texten versehen. Einfach mal ausprobieren. Macht richtig Spaß.

17.4   Know-how: JPEG, GIF und PNG im Detail

Zum Abschluss dieses Kapitels möchte ich Ihnen noch einige wichtige Details zu den Grafikformaten GIF, JPEG und PNG mit auf den Weg geben.

Besonderheiten von JPEG: Kompressionsrate vs. Qualität

Beim JPEG-Format können Sie die Kompressionsrate stufenlos einstellen. Je größer die Kompressionsstufe, desto kleiner die Dateigröße, aber desto schlechter wird auch die Bildqualität. Die meisten Bildbearbeitungsprogramme schlagen 80 % vor, und das ist in der Regel auch ein guter Kompromiss.

Wenn man JPGs bearbeitet und abspeichert, bilden sich leicht so genannte JPEG-Artefakte, die als flächige kleine Kästchen im Bild erscheinen. Wenn Sie diese Artefakte einmal richtig in Aktion sehen möchten, speichern Sie ein Bild als JPEG mit niedriger Qualität, zum Beispiel 10%. Achten Sie in Abbildung 17.9 auf die flächigen Pixelblöcke in der Mitte des Bildes.

Abbildung 17.9:
Ein JPEG mit sehr großer Kompression (10 %)

Hier die Vor und Nachteile im Überblick:

- **Vorteile**: komprimiert komplexe Grafiken wie Fotos und Grafiken mit vielen Farben sehr gut, bei hoher Qualität fast verlustfrei

- **Nachteile**: keine transparenten Hintergrundfarben, keine Animationen, schlecht zur Weiterverarbeitung

Besonderheiten von GIF: Interlaced, Transparenz und Animation

GIF gibt es bereits seit Ende der 80er Jahre und es hat drei Besonderheiten:

■ **Interlaced** (Zeilensprung)

Sie können ein GIF-Bild als *Interlaced* abspeichern. Das bewirkt beim Laden des Bilds im Browser den so genannten Jalousien-Effekt: Das Bild wird Zeile für Zeile aufgebaut und wird nach und nach immer deutlicher. Manchmal heißt diese Option auch *Zeilensprung*.

■ **Transparenz**

In GIF-Bildern können Sie beim Abspeichern eine einzige Farbe als transparent, d. h. als durchsichtig festlegen. Diese Farbe wird dann im Browser nicht dargestellt, sodass die Hintergrundfarbe der Seite durchscheint und das Bild viel plastischer und eingebundener wirkt. Um in einem vorhandenen GIF-Bild eine bestimmte Farbe transparent zu machen, brauchen Sie ein Bildbearbeitungsprogramm, das diese Option unterstützt.

■ **Animationen**

Ein GIF-Bild kann aus mehreren Einzelbildern bestehen, die im Browser hintereinander dargestellt werden wie ein Daumenkino. Die Entdeckung dieser Möglichkeit hat in den 90ern zu einer Flut von animierten GIF-Bildern geführt.

Bis auf die Animationen kann PNG-8 (siehe unten) auch alles das, was GIF kann und komprimiert dabei meist sogar besser, aber Menschen sind Gewohnheitstiere und setzen deshalb oft trotzdem weiterhin GIF ein.

■ **Vorteile**: komprimiert einfache Grafiken verlustfrei. Eine Farbe kann transparent sein. Animationen sind möglich.

■ **Nachteile**: Komprimierung nicht so gut wie PNG-8, für Fotos und andere komplexere Grafiken ungeeignet.

Besonderheiten von PNG: Alphatransparenz

Genau genommen gibt es gleich zwei PNG-Formate, PNG-8 und PNG-24, die zwar unterschiedliche Fähigkeiten, aber trotzdem beide die Endung *.png haben, sodass man einer PNG-Datei von außen nicht ansehen kann, ob sie mit 8 oder 24 Bit gespeichert wurde.

- PNG-8 hat ein ähnliches Einsatzgebiet wie GIF, komprimiert aber besser. Der Name leitet sich von der Farbtiefe ab. 8 Bit pro Pixel ermöglichen maximal 256 verschiedene Farben (für die Mathematiker: 2^8 sind 256).

- PNG-24 ermöglicht wie JPEG 16,7 Millionen verschiedene Farben (2^{24}) und durch einen so genannten 8-Bit Alphakanal wesentlich flexiblere Transparenz als GIF. So könnten z. B. Grafiken mit runden Ecken und Übergängen zu Hintergründen in wechselnden Farben sehr viel einfacher realisiert werden. Bei Fotos und komplexen Grafiken komprimiert PNG-24 meist allerdings schlechter als JPEG.

JPG, GIF und PNG im Überblick

Die folgende Tabelle zeigt die wichtigsten Eigenschaften der drei Grafikformate im Überblick:

	JPG	GIF	PNG	
Abkürzung	Joint Photographic Expert Group	Graphical Interchange Format	Portable Network Graphics	Tabelle 17.1: Übersicht der Grafikformate für Webgrafiken
Anzahl Farben	16,7 Millionen	256	PNG-8: 256 PNG-24: 16,7 Millionen	
Einsatzgebiet	Fotos, größere Bilder	Logos, Buttons, Schriften, Zeichnungen	PNG-8 wie GIF, PNG-24 Alphatransparenz	
Kompression	je kleiner, desto schlechter	verlustfrei	verlustfrei	
Besonderheiten	progressive (Jalousien-Effekt)	interlaced (Jalousien-Effekt) Transparenz (nur eine Farbe) Animation	PNG 24 kennt Alphatransparenz (mehrere Farben)	

17.5 Auf einen Blick

Hier noch einmal die wichtigsten Themen im Überblick:

- Grafiken benötigen mehr Speicherplatz als Text und brauchen daher im Web mehr Übertragungszeit: »Ein Bild lädt länger als tausend Worte ...«

- Im Web sind nur die Grafikformate GIF, JPEG oder PNG erlaubt.

- Grafiken ungefragt von anderen Webseiten zu kopieren, verletzt das Urheberrecht und die Google-Bildersuche ist keine gute Quelle für Tomatenbilder.

- Lizenzfreies Bildmaterial finden Sie auf Websites wie *pixelio.de*.

- Creative Commons bietet ein länderübergreifendes, leicht verständliches Lizenzierungsmodell für Inhalte im Web. Zum Beispiel bei Flickr kann man die Bilder nach Creative Commons Lizenzen filtern.

- Um ein Foto für das Web vorzubereiten, sollten Sie es zuschneiden und nicht größer machen als nötig.

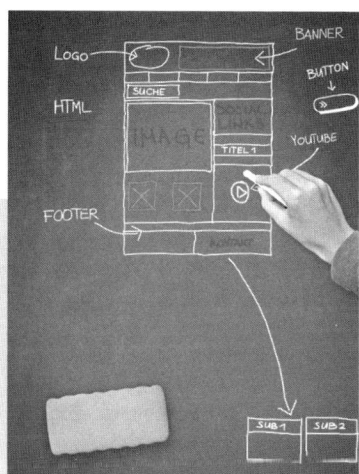

Kapitel 18

Schreiben im Web für Maschinen

Worin Sie erfahren, wie Texte im Web von Maschinen gelesen werden und worauf man beim Schreiben der Texte achten muss, damit man über Suchmaschinen gefunden wird.

Eine Besonderheit beim Schreiben von Texten fürs Web ist, dass diese nicht nur von Menschen, sondern auch von Maschinen gelesen werden, insbesondere natürlich von Suchmaschinen.

Die Themen im Überblick:

Dieses Kapitel will kein Handbuch zur Suchmaschinen-Optimierung sein, aber doch einen kurzen Einblick darin geben, wie man durch webgerechtes Schreiben von Texten die Zusammenarbeit mit den Suchmaschinen positiv beeinflussen kann.

18.1 Wie Maschinen im Web lesen

Webseiten werden wie erwähnt nicht nur von Menschen gelesen, sondern auch von Maschinen, insbesondere von Suchmaschinen-robots.

Robots sammeln den Quelltext der Webseiten ein

Wenn Sie bisher alles gelesen haben, dann wissen Sie schon ein biss-chen über Suchmaschinen und ihre Robots:

- Suchmaschinen haben *Robots* (auch *Crawler* oder *Spider*) genann-te Programme, die eine Liste mit URLs bekommen, den Quell-text der besuchten Seiten einsammeln und in der Datenbank der Suchmaschine speichern (Seite 54).

- Suchmaschinenrobots können nicht lesen, nicht hören, nicht denken und nicht klicken (Seite 115).

Für einen Suchmaschinenrobot sieht eine Webseite denn auch etwas anders aus als für einen menschlichen Besucher. Die Startseite von little-boxes.de sieht für einen Suchmaschinenrobot ungefähr so aus wie in Abbildung 18.1.

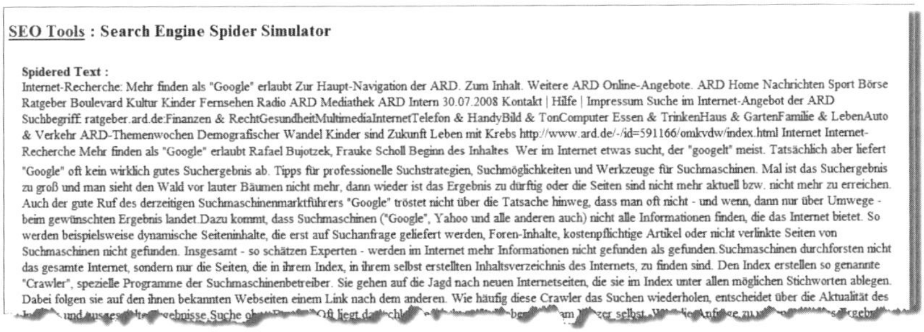

Abbildung 18.1:
So etwa sieht
ein Suchmaschi-
nenrobot eine
Webseite.

Dieser Text wird zusammen mit der entsprechenden URL in der Da-tenbank der Suchmaschine gespeichert.

Hinweis

Links zu Suchmaschinensimulatoren

Falls Sie einen solchen Search Engine Simulator einmal selbst ausprobieren möchten, hier ein paar URLs:

- *webmaster-toolkit.com/search-engine-simulator.shtml*
- *webconfs.com/search-engine-spider-simulator.php*
- *linkvendor.com/seo-tools/se-spider.html*

Oder Sie geben bei Google ins Suchfeld search engine simulator ein.

Suchmaschinen lesen auch den head-Bereich

Der Quelltext besteht überwiegend aus HTML. <HTML-Elemente> sind von spitzen Klammern umgeben und teilen jede Webseite in zwei große Bereiche:

- head

  Der Head ist eine Art Vorspann, der im Quelltext zwischen den Anweisungen <head> und </head> liegt. In diesem Bereich gibt es Elemente wie zum Beispiel title und meta, die zum Teil im Browserfenster nicht sichtbar, aber trotzdem wichtig sind.

- body

  Dieser Bereich beginnt mit <body>, endet mit </body>, enthält den im Browserfenster sichtbaren Teil des Quelltextes und ist oft in Kopf-, Navigations-, Inhalts- und Fußbereich unterteilt.

Abbildung 18.2 zeigt den Quelltext einer Webseite mit markiertem head und body.

Auch wenn die menschlichen Surfer den Quelltext meist nicht zu Gesicht bekommen, die Programme unter den Besuchern interessieren sich sehr dafür und während Menschen meist nur den im Browserfenster sichtbaren body betrachten, lesen Suchmaschinenrobots immer auch den unsichtbaren head-Bereich. Besonders wichtig sind hier der Seitentitel und die Seitenbeschreibung.

Abbildung 18.2:
head und body
im Quelltext

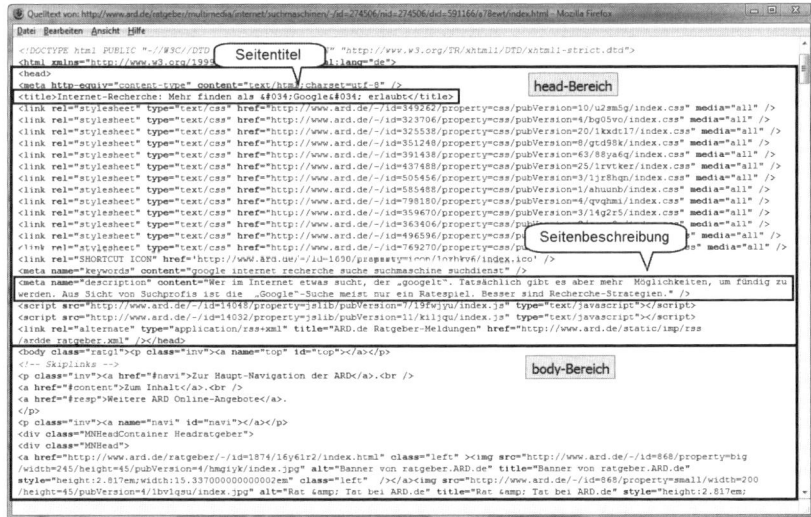

Ungefähr in der Mitte ist eine Auflistung relevanter Suchbegriffe mit dem Element `<meta name="keywords">`. Diese Auflistung richtet keinen Schaden an, wird aber von aktuellen Suchmaschinen ignoriert. Mehr dazu unter *bit.ly/google-no-keywords* im offiziellen Google-Blog. Vielleicht kommt es ja irgendwann mal wieder in Mode.

18.2 Übersichtliches Schreiben hilft auch bei Suchmaschinen

Auf Seite 57 hatte ich erwähnt, dass Suchmaschinen nur Buchstaben vergleichen. Die erste Grundfrage für eine Suchmaschine lautet also, *ob* die Suchbegriffe im Quelltext der Webseite überhaupt vorkommen. Falls sie auftauchen, wird dann noch untersucht, *wo* genau auf der Seite die Suchbegriffe stehen. Aber der Reihe nach.

Sprechen Sie die Sprache Ihrer Benutzer

Beim Schreiben eines Webtextes sollten Sie sich vorstellen, welche Suchbegriffe der gewünschte Leser benutzen würde, um diesen Artikel zu finden, und diese Begriffe, auch *Keywords* genannt, sollten im Text vorkommen. Anders ausgedrückt:

■ Benutzen Sie Wörter, die den Suchanfragen der Benutzer entsprechen.

Menschen suchen zum Beispiel wahrscheinlich eher nach »Billigflieger« als nach »preiswerten Discountflügen«.

Beim Erstellen von Wortfeldern rund um die Suchbegriffe können Sie ganz einfach den Thesaurus von Word (Wort markieren und ⇧ + F7 drücken) benutzen. Für speziellere Ansprüche ist ein *Keyword Generator*, wie Google ihn im Rahmen seiner Werbeprogramme AdSense und Adwords anbietet, natürlich besser geeignet.

■ *https://adwords.google.com/select/KeywordToolExternal*

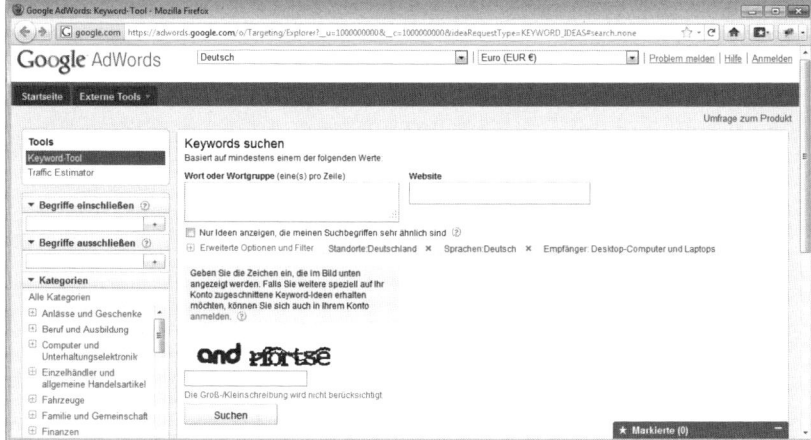

Abbildung 18.3:
Der Keyword
Generator von
Google

Bei der Saturierung Ihrer Texte mit Keywords sollten Sie aber nicht übertreiben und statt eines lesbaren Textes eine gestelzte Anhäufung von Suchbegriffen kreieren. Erstens wird Ihr Text von Maschinen *und* von Menschen gelesen und zweitens mögen es weder Menschen noch Maschinen, wenn sie merken, dass sie veräppelt werden.

Robert Brandl von *websitetooltester.com* hat die Bedienung des *Google Keyword Tools* in einem gut 8-minütigen Video erläutert:

■ *youtube.com/watch?v=VFyBv4zMv8g*

Tipp

»keywords« und »keywords« sind nicht dasselbe

Das Wort keywords bedeutet in diesem Zusammenhang einfach nur Suchbegriffe. Der Keyword Generator generiert also relevante Suchbegriffe. Das hat mit dem weiter oben beschriebenen Element `<meta name="keywords">`, das von aktuellen Suchmaschinen ignoriert wird, nichts zu tun. Ist nur zufällig dasselbe Wort.

Einige HTML-Elemente sind wichtiger als andere

Für das Ranking in den Suchmaschinen ist also nicht nur wichtig, *dass* der Suchbegriff auf der Webseite gefunden wird, sondern auch *in welchem HTML-Element* er steht. Folgende Elemente sind dabei von besonderer Bedeutung:

- Überschriften: `<h1>` bis `<h6>`
- Hervorgehobener Text: `<strong>` und `<em>`
- Text in Hyperlinks: `<a href="">Anklickbarer Text</a>`

Einige dieser Elemente möchte ich Ihnen im Folgenden kurz vorstellen.

Suchbegriffe in Überschriften

Im Abschnitt »Übersichtliches Schreiben: Texte scannbar machen« ab Seite 234 ging es um den Einsatz von Überschriften, Absätze, Hervorhebungen, Listen und Hyperlinks, um einen Text für Menschen möglichst übersichtlich und scannbar zu gestalten.

Den Suchmaschinen ist es zwar herzlich egal, ob der Text übersichtlich und scannbar ist, denn sie können sowieso nicht lesen, aber trotzdem ist der Einsatz von Überschriften, Absätze, Hervorhebungen, Listen und Hyperlinks auch beim Schreiben für Suchmaschinen hilfreich.

Suchmaschinen bewerten in Überschriften gefundene Suchbegriffe höher als solche in normalem Fließtext. Für eine Suchmaschine ist eine Textstelle eine Überschrift, wenn sie im Quelltext in den HTML-Elementen für Überschriften (h1 bis h6) steht.

Abbildung 18.4 zeigt zwei Sätze, die im Browserfenster fast identisch aussehen.

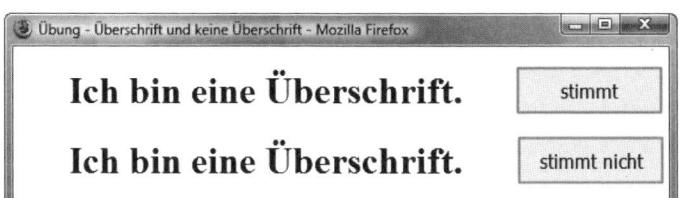

Abbildung 18.4:
Die erste Über-
schrift ist eine, die
zweite nicht.

Die erste Überschrift in der Abbildung ist tatsächlich eine Überschrift, denn im Quelltext wird das HTML-Element h1 eingesetzt, das
für die wichtigste Überschrift auf einer Seite gedacht ist:

```
<h1>Ich bin eine Überschrift</h1>
```

Listing 18.1:
So kann im
HTML-Quelltext
eine Überschrift
aussehen.

Die zweite Überschrift sieht der ersten zwar sehr ähnlich, ist aber keine Überschrift, denn im Quelltext findet sich nur das Absatzelement
p, ein völlig veralteter Befehl zur Vergrößerung der Schrift (font) und
eines zum Einfetten (b für *bold*):

```
<p><font size="7"><b>Ich bin eine Überschrift</b></font></p>
```

Listing 18.2:
Das ist keine
Überschrift,
sondern großer,
fetter Text.

Eine Schwalbe macht noch keinen Sommer und großer fetter Text
noch keine Überschrift, denn wie Text auf der Webseite aussieht,
spielt für die Suchmaschine keine Rolle. Wichtig sind nur die HTML-
Elemente im Quelltext, und Text gilt nur als Überschrift, wenn er in
einem Überschriften-Element enthalten ist (h1 bis h6).

Mehr zu HTML in »Das große Little Boxes-Buch«

Falls Ihnen das Gerede über HTML-Elemente so gut wie nichts sagt:
»Das große Little Boxes-Buch« beginnt mit einer kurzen Einführung
in HTML, in der Sie die Grundlagen lernen. HTML ist nicht schwer, aber
wichtig.

Diese HTML-Einführung können Sie online kostenlos lesen:

▪ *little-boxes.de/lb1/2-so-funktioniert-html.html*

Hinweis

Suchbegriffe in Hervorhebungen

Auf Seite 235 haben Sie gelesen, dass wichtige Begriffe im Fließtext
hervorgehoben werden sollten, damit das Auge des Lesers sie auf
den ersten Blick findet. Maschinen haben keine Augen und können

nicht lesen, aber im Quelltext achten sie auf die HTML-Elemente zur Hervorhebung von Textstellen:

- `strong` bedeutet stark hervorheben und wird in visuellen Browsern **fett** gedruckt.

- `em` steht für *emphasize*, auf Deutsch betonen; wird meist *kursiv* dargestellt.

Die Hervorhebung von wichtigen Begriffen hilft also nicht nur dem menschlichen Leser, sondern auch dem maschinellen. Ähnliches gilt für Listen: Wenn der Text durch sein Listendasein aus dem Fließtext heraussticht, könnte eine Suchmaschine glauben, dass er wichtiger ist als normaler Text. Besonders wenn er auch noch in einem Link steht.

Suchbegriffe in Hyperlinks und Listen

Der Text in Hyperlinks bekommt von vielen Suchmaschinen besonderes Gewicht. Achten Sie also beim Schreiben des Textes auf die Formulierungen für die Links und vermeiden Sie das auf Seite 241 beschriebene »Hier«-Syndrom.

Google zum Beispiel durchforstet nicht nur den Inhalt einer Webseite nach den eingegebenen Suchbegriffen, sondern auch den Text von Links, mit dem andere Seiten darauf verweisen. Das Suchergebnis beinhaltet somit nicht nur Seiten, die den gesuchten Text enthalten, sondern auch Seiten, auf die entsprechend benannte Links verweisen.

In den meisten Fällen führt diese Technik zu brauchbaren Suchergebnissen, in einigen zu einer so genannten »Google Bombe«:

- Eine Zeit lang führte eine Suche nach `"miserable failure"` direkt zur offiziellen Biographie von George W. Bush.

Die Suchbegriffe kamen im Text der Biographie nicht vor, aber zahlreiche Websitebesitzer hatten verabredet, einen Link mit den Suchbegriffen »miserable failure« auf Bushs Biographie zu setzen, und Google ist darauf reingefallen.

Hinweis

Google Bomben

In der Wikipedia steht noch eine Menge mehr über Google und seine
»Bomben«:

- de.wikipedia.org/wiki/Google_Bombe

18.3 Nicht zugänglich: Wie Sie sehen, sehen Sie nichts

Zum Abschluss dieses Abschnitts noch eine Seite, die optisch recht
ansprechend aussieht, die aber für Suchmaschinen nicht existiert,
da sie nur aus einem Flash-Objekt besteht (Abbildung 18.5).

Abbildung 18.5:
Hübsche Seite …

Für einen Suchmaschinensimulator sieht diese Seite so aus wie in Abbildung 18.6.

A spider's eye view of the page

Medien Kommunikation

Abbildung 18.6:
… aber für die
Suchmaschine
ohne Inhalt

Nova Forma Scribendi steht auf der Seite. Die neue Art des Schreibens. Für die Suchmaschinenrobots ist dieser Text jedoch nicht vorhanden, weil er Teil einer Flash-Anwendung ist. Auch wenn die Suchmaschinen beim Lesen von Text in Flash-Filmchen immer besser werden, die neue Art des Schreibens sieht anders aus.

Hinweis

> ## Die Geschichte vom Suchmaschinenrobot und dem Webdesigner
>
> »An einem schönen Sommerabend in einer rheinischen Großstadt lehnte ein Suchmaschinenrobot gelassen an einer Kneipentheke und genoss nach seinem langen Arbeitstag ein paar Gläser kühles Altbier ...«. So beginnt die Geschichte vom Suchmaschinenrobot und dem Webdesigner, die Sie auf der folgenden Seite ganz lesen können:
>
> ■ *woodshed.de/publikationen/dialog-robot.html*

18.4 Suchergebnis, Seitentitel und Seitenbeschreibung

Die Seiten mit den Suchergebnissen der Suchmaschinen heißen im Englischen *search engine result pages* und werden daher manchmal als SERP abgekürzt. Sie können das Erscheinungsbild Ihrer Webseiten auf diesen Ergebnisseiten ein bisschen mitbestimmen.

Im head-Bereich einer Webseite sind dabei – wie ab Seite 271 erwähnt – zwei Elemente von besonderer Bedeutung:

■ Der **Seitentitel** ist das Element title im head-Bereich. Es enthält einen kurzen Text, der unter anderem auf den Ergebnisseiten der Suchmaschinen als dicker blauer Hyperlink oberhalb eines Treffers wieder auftaucht. Ein guter Titel ist kurz (fünf bis sieben Worte) und beschreibt den Inhalt der Webseite, wenn man diese *nicht* sieht. Ein paar wichtige Begriffe, die den Inhalt der Webseite beschreiben, und der Name der Firma oder der Site sind ein guter Ausgangspunkt.

■ Die **Seitenbeschreibung** ist ein kurzer Text, den Google und andere Suchmaschinen zur Beschreibung eines Suchergebnisses benutzen. Die genauen Empfehlungen für die Seitenbeschreibung sind je nach Quelle unterschiedlich, lassen sich aber wie folgt umschreiben: zwei bis drei ganze Sätze mit zwischen 80 und 150 Zeichen (keine Romane) und den für diese Seite relevanten Suchbegriffen. Machen Sie in der Seitenbeschreibung Werbung für die Seite, kurz und knackig.

Abbildung 18.7 zeigt die beiden Elemente in Aktion. Oben sehen Sie den Seitentitel und die Seitenbeschreibung im Quelltext einer Webseite, unten auf der Ergebnisseite von Google.

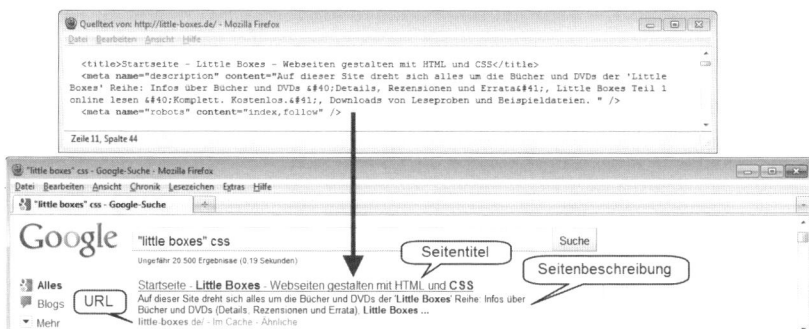

Abbildung 18.7: Seitentitel und Seitenbeschreibung im Quelltext und bei Google

Das dritte Element zur Beschreibung eines Suchergebnisses ist übrigens die URL, bestehend aus dem Domain Namen und dem Namen der Webseite. Bei Google erscheint dieser Teil in grün.

Googles Empfehlungen für Seitentitel und -beschreibung   Tipp

Bei Google gibt es einige Informationen zu meta-Elementen sowie zur Erstellung von Seitentitel und -beschreibung:

- allgemeine Infos zu meta-Elementen: *bit.ly/google-meta*
- Empfehlungen: *bit.ly/google-title-meta*

Google experimentiert gerne und nimmt manchmal nicht den von Ihnen festgelegten Seitentitel, aber trotzdem lohnt es sich, diesen im folgenden Abschnitt zu definieren. Auch die Positionierung der Elemente ist nicht für die Ewigkeit. Seit kurzer Zeit erscheint die URL zum Beispiel oberhalb der Seitenbeschreibung.

18.5 Übung: Seitentitel und -beschreibung bei Jimdo

Bei Jimdo können Sie den Seitentitel und die Seitenbeschreibung festlegen, und zwar im Jimdo-Menü im Punkt EINSTELLUNGEN. Dort scrollen Sie etwas nach unten, bis Sie den Bereich SUCHMASCHINEN sehen (Abbildung 18.8).

Abbildung 18.8:
Die Einstellungen
für Suchmaschi-
nen bei Jimdo

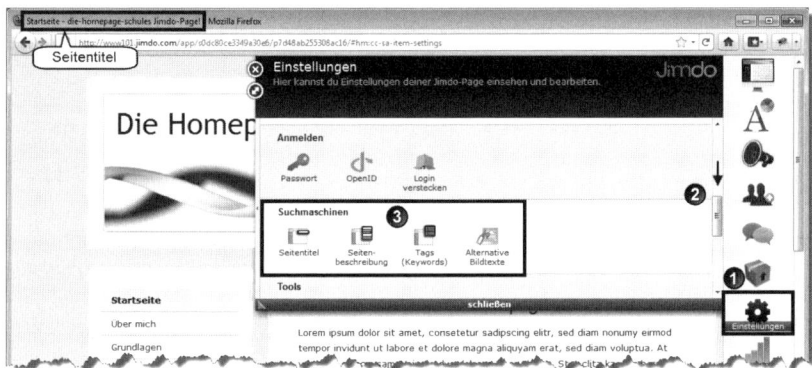

Der Seitentitel

Der Seitentitel einer Webseite taucht an vielen Stellen wieder auf:

- links oben in der Titelleiste des Browsers und in den Ausklapplisten für die Buttons VOR und ZURÜCK.

- als Beschriftung der Registerkarten (Tabs) in Browsern

- als Namensvorschlag für Favoriten und Lesezeichen

- auf den Ergebnisseiten der Suchmaschinen

In Abbildung 18.8 sehen Sie links oben den Titel der im Browser angezeigten Webseite, der aus zwei Teilen besteht:

- *Startseite* ist der Name der Webseite, so wie er auch in der Navigation auftaucht

- *die-homepage-schules Jimdo-Page!* ist ein Zusatz, der auf allen Webseiten steht und besteht aus dem Jimdo-Benutzernamen und dem Zusatz *Jimdo-Page!*.

Diesen Seitentitel kann man im Bereich Seitentitel ändern (Abbildung 18.9).

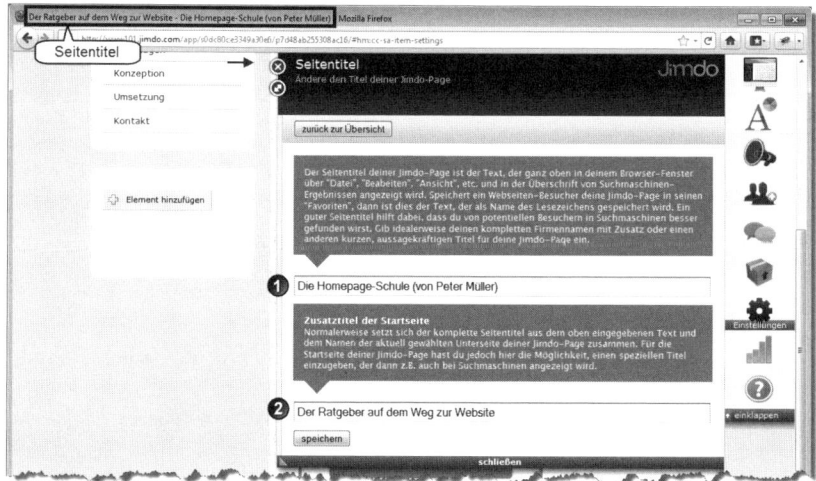

Abbildung 18.9:
Die Einstellungen
für den Seitentitel
in Jimdo

Hier können Sie zwei Einstellungen für den Seitentitel festlegen:

1. Der rechte Teil des Seitentitels erscheint auf jeder Webseite. Schreiben Sie hier etwas hin, was die Website als Ganzes beschreibt, zum Beispiel den Namen der Firma, des Vereins oder der Organisation.

2. Für die Startseite können Sie einen Zusatztitel eingeben. Dieser erscheint nur auf der Startseite in der ersten Hälfte des Seitentitels.

Im folgenden ToDo optimieren Sie den Seitentitel für Ihre Webseiten.

ToDo: Den Seitentitel ändern

1. Klicken Sie im Jimdo-Menü auf den Menüpunkt Einstellungen.

2. Scrollen Sie im Flyout runter bis zum Bereich Suchmaschinen.

3. Lesen Sie den blau hinterlegten Text und geben Sie im ersten Eingabefeld einen Text für die zweite Hälfte des Seitentitels ein. Die Änderungen erscheinen sofort in der Titelleiste des Browsers.

4. Lesen Sie auch den zweiten Text und geben Sie im zweiten Eingabefeld den Zusatztitel der Startseite ein.

5. Klicken Sie auf Speichern.

Die Seitenbeschreibung

In Jimdo Free können Sie eine allgemeine Seitenbeschreibung eingeben, die für alle Seiten der Site genommen wird. In den Bezahlversionen von Jimdo verschwindet nicht nur die Werbung, sondern Sie können auch für jede Seite eine eigene Seitenbeschreibung eingeben (Abbildung 18.10).

Abbildung 18.10:
Die Seitenbe-
schreibung bei
Jimdo

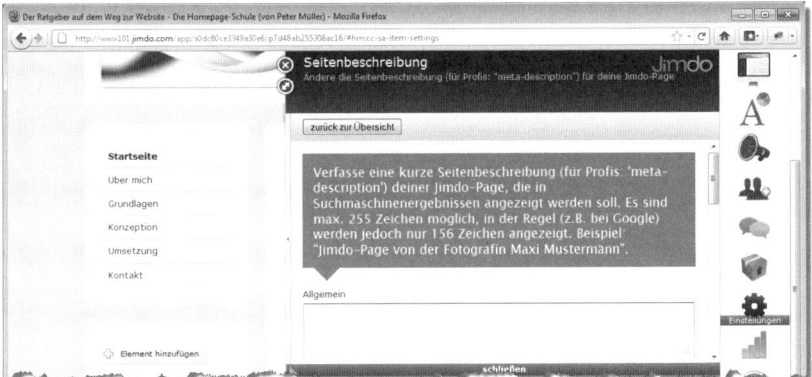

Falls Sie keine Seitenbeschreibung für Ihre Seiten definieren, versuchen die Suchmaschinen, einen möglichst sinnvollen beschreibenden Text zusammenzubauen.

Tipp **Keywords und alternativer Bildtext**

In Abbildung 18.8 sehen Sie noch die Optionen Tags (Keywords) und Alternative Bildtexte. Die meta-Keywords können Sie einpflegen, aber Sie sollten sich davon nicht allzuviel versprechen (siehe »Suchmaschinen lesen auch den head-Bereich« ab Seite 271).

Die Option zur Aktivierung der alternativen Bildtexte in Jimdo hingegen ist sehr nützlich. Danach können Sie für jedes Bild einen alternativen Text einfügen, und die Möglichkeit sollten Sie nutzen. Im Abschnitt »Die Site ist suchmaschinenfreundlich geschrieben« ab Seite 291 sehen Sie ein Beispiel für ein Bild mit alternativem Text.

18.6 Auf einen Blick

Hier die wichtigsten Themen dieses Kapitels im Überblick:

- Suchmaschinenrobots sammeln den Quelltext der Webseiten ein und sammeln ihn in der Datenbank der Suchmaschine.

- Suchmaschinen analysieren den Quelltext und lesen auch den head-Bereich.

- Suchmaschinen benutzen zur Beschreibung eines Suchergebnisses den Seitentitel, die Seitenbeschreibung und die URL. Alle drei können Sie selbst beeinflussen.

- Übersichtliches Schreiben ist auch für Suchmaschinen gut. Suchbegriffe in Überschriften, Hervorhebungen, Listen und Links werden höher bewertet als Suchbegriffe in normalem Text.

- Texte in einem Flash-Objekt sind für Suchmaschinen oft nicht vorhanden.

- SERP ist die Abkürzung für »Search Engine Result Pages«, also die Ergebnisseiten der Suchmaschinen.

- Suchmaschinen verwenden zur Darstellung der Suchergebnisse drei Details:

  1. Seitentitel

  2. URL der Webseite

  3. Seitenbeschreibung

- Seitentitel und Seitenbeschreibung können Sie in den Einstellungen von Jimdo selbst festlegen, die URL besteht aus Domain und dem Namen der Seite.

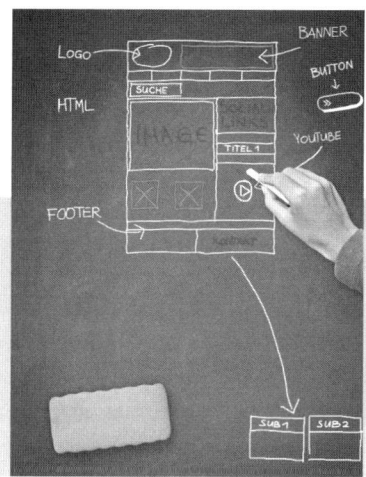

Kapitel 19

SEO: Die Optimierung für Suchmaschinen

Worin Sie erfahren, was Google bei der Sortierung der Suchergebnisse wichtig findet, und lernen ein Beispiel aus der Praxis kennen. Zum Abschluss bekommen Sie noch einige Hinweise, wie Ihre Homepage gut mit Google zusammenarbeitet.

Die Themen im Überblick:

19.1   Ranking: Bei Google auf Platz 1 ...

Webdesigner können ein Lied davon singen, dass viele Kunden früher oder später sagen:

- »Ach ja. Bei Google will ich natürlich auch ganz oben stehen.«

Am besten stellen Sie gleich die Gegenfrage:

- »Bei welchen Suchbegriffen denn?«

Eine vordere Platzierung für »Klompfastikumpi« etwa ist relativ einfach, »Digitalkamera« hingegen wird schon schwieriger. Da gibt's einfach mehr Konkurrenz. Das Kunstwort »Klompfastikumpi« hat Stefan Karzauninkat in seiner Suchfibel erfunden:

▪ *suchfibel.de/2kunst/zeichenketten.htm*

Kapitel 2 der Suchfibel, »Die Kunst des Suchens«, ist eine empfehlenswerte Grundlagenlektüre für alle Suchmaschinenbenutzer.

Hinweis

SEO und Co.

Bevor es losgeht, noch ein Hinweis: Übertreiben Sie es nicht mit der Suchmaschinenoptimierung. Letztlich gilt der Grundsatz »Was gut ist für Ihre Besucher, ist in der Regel auch gut für die Suchmaschinen«. Rund um die Optimierung von Webseiten ist ein ganzer Industriezweig entstanden und Sie sollten sich von dreibuchstabigen Abkürzungen wie SEO und SEM und dergleichen nicht zu sehr beeindrucken lassen.

Google mag Hyperlinks ...

Das Besondere am World Wide Web ist Hypertext und Hyperlinks mag Google am liebsten. Im Rahmen einer inzwischen leider nicht mehr verfügbaren Einführung hat Google selbst das einmal so ausgedrückt:

Das Herz unserer Software ist PageRank(TM), ein System der Beurteilung von Webseiten, das von den Gründern von Google, Larry Page und Sergey Brin, an der Universität von Stanford entwickelt wurde. [...]

PageRank verlässt sich auf die einzigartige demokratische Natur des World Wide Webs, indem es die weitverzweigte Link-Struktur als einen Indikator für die individuelle Einschätzung der Qualität einer Seite nimmt. D.h., dass Google einen Link von Seite A zu Seite B als ein 'Votum' von Seite A für Seite B interpretiert.

Mit »einzigartige demokratische Struktur des World Wide Webs« ist gemeint, dass Google schaut, wie viele Hyperlinks auf eine bestimmte Seite zeigen. Jeder dieser eingehenden Links wird als Stimme gewertet und je mehr Stimmen sie hat, desto wichtiger ist die Seite.

Gleichzeitig schaut Google auch, ob die Stimme von einer seinerseits wichtigen Seite kommt, denn dann zählt sie mehr:

Das Votum von einer Seite, die selber 'wichtig' ist, zählt mehr und hilft, andere Seiten 'wichtig' zu machen.

So viel zu Google und der demokratischen Struktur des World Wide Web …

Backlinks: Hyperlinks, die auf Ihre Homepage zeigen

Diese simple Tatsache hat weitreichende Folgen, denn um eine Seite bei Google möglichst gut zu platzieren, benötigen Sie Backlinks, also Links, die auf Ihre Seiten zeigen. Dabei gehen einige Sitebetreiber weite und zum Teil auch nicht ganz legale Wege.

Es lohnt sich, auf Dauer nicht zu mogeln, und Sie sollten keinesfalls auf Backlink-Angebote eingehen, die Sie per E-Mail erhalten, aber was Sie selbst in dieser Richtung tun können, ist zum Beispiel Folgendes:

▨ Bitten Sie Freunde und Bekannte, einen Link auf Ihre Seiten zu setzen.

▨ Wenn Sie in Foren oder Chats aktiv sind oder bei anderen Blogs kommentieren, setzen Sie in der Signatur einen Link auf Ihre eigene Site.

▨ Tragen Sie die URL Ihrer Site in den Profilen bei XING und anderen Social Networks ein.

Und nochmal der Hinweis: Ohne guten Inhalt und ohne eine benutzerfreundliche Website lohnt sich dieser Aufwand nicht. Dann kommen die Besucher zwar vielleicht, gehen aber gleich wieder weg.

Der Pagerank™ von Google

Die Wichtigkeit einer Seite misst Google mit dem Pagerank, der von 1 (nicht wichtig) bis 10 (superwichtig) reicht und den Sie mit der Google Toolbar in Ihrem Browser anzeigen lassen können: *toolbar.google.com*. Ohne die Toolbar können Sie Pageranks z. B. bei *https://tools.sistrix.de/pr/* abfragen.

Einen Pagerank von 10 haben übrigens nur ganz wenige Seiten wie z. B. *w3.org*. Ein Pagerank von 2 oder 3 ist normal, 7 schon ziemlich gut. Aber denken Sie dran: Ein Pagerank ist nur ein Kriterium von vielen. Nehmen Sie ihn nicht zu wichtig.

Hinweis

19.2 Ein Beispiel: IKEA in Groningen

In diesem Abschnitt möchte ich Ihnen an einem konkreten Beispiel zeigen, wie man das Schreiben im Web für Maschinen umsetzen kann. Abbildung 19.1 zeigt die Startseite der Website *groningen-info. de*.

Abbildung 19.1:
Die Startseite von
groningen-info.de

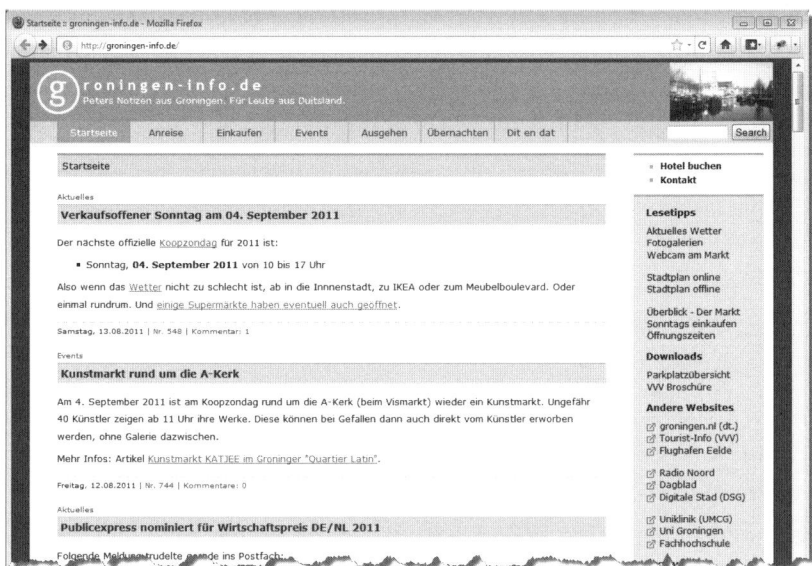

Einige kurze Anmerkungen zu diesem Beispiel vorweg:

▨ Die Website ist ein Hobby von mir. Mehr dazu etwas weiter unten auf Seite 290.

▨ Die Suche ist nicht gestellt und funktioniert schon seit Jahren, aber sowohl die Seite als auch das Ranking von Google ändern sich ständig. Wenn Sie diese Zeilen lesen, kann die Beispielsuche also durchaus ein anderes Ergebnis liefern.

▨ Der Ranking-Algorithmus von Google ist sehr komplex und nur zum Teil bekannt. Die in diesem Kapitel geschilderten Maßnahmen *verbessern* das Ranking einer Seite, sind aber in keinster Art und Weise eine Garantie für einen vorderen Platz.

Die Suche nach »Ikea Groningen Öffnungszeiten«

Eine Suche nach IKEA Groningen Öffnungszeiten bei *google.de* bringt momentan das in Abbildung 19.2 dargestellte Ergebnis.

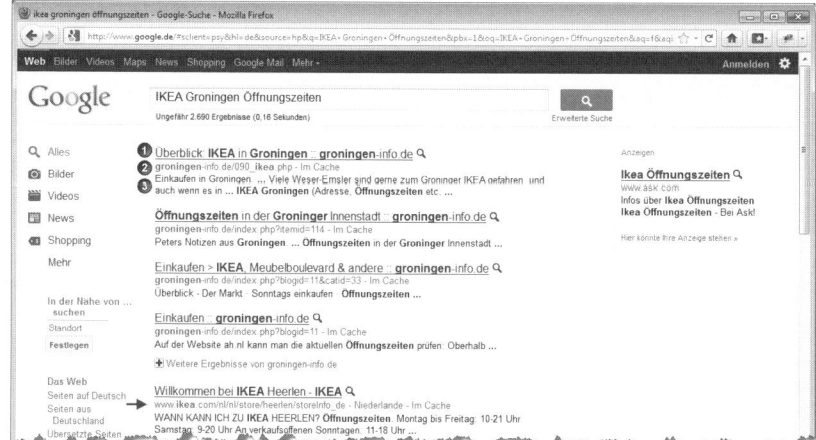

Abbildung 19.2:
Google-Suche nach »IKEA Groningen Öffnungszeiten«

Aber wie kommt es, dass Google bei der obigen Suche eine kleine Hobby-Website namens *groningen-info.de* auf der Ergebnisseite *vor* der offiziellen IKEA-Site auflistet? Letztendlich ist das die Summe vieler Kleinigkeiten plus ein bisschen Glück.

In Abbildung 19.2 sehen Sie, dass die Suchbegriffe an mehreren Stellen wieder auftauchen:

1. im Seitentitel: *Überblick: IKEA in Groningen – groningen-info.de*

2. in der URL: *groningen-info.de/090_ikea.php*

3. in der Seitenbeschreibung: *IKEA Groningen ... Öffnungszeiten ...*

Das ist kein Zufall. Das Geheimnis des Ranking-Algorithmus gibt Google nur zum Teil preis, aber im Folgenden möchte ich Ihnen zeigen, dass die in Kapitel 18, »Schreiben im Web für Maschinen«, gezeigten Maßnahmen zum Schreiben für Maschinen einen kleinen Teil dazu beitragen können.

Die Site gibt es schon länger und der Inhalt wird gepflegt

Die Site *groningen-info.de* wurde im Jahre 2003 erstellt und ist ein reines Hobby. Groningen liegt gut 50 km jenseits der deutsch-niederländischen Grenze und ist für die Bewohner der nordwestdeutschen Tiefebene ein beliebtes Wochenendziel, insbesondere der Markt, die Innenstadt und – IKEA.

Als ich Anfang des Jahrtausends nach Groningen zog, stellten mir Freunde und Bekannte in Deutschland immer wieder dieselben Fragen, sodass ich irgendwann beschloss, eine kleine Site mit den entsprechenden Antworten zu bauen.

Im Laufe der Jahre sind so Hunderte von Beiträgen entstanden, die je nach zur Verfügung stehender (Frei)zeit immer mal wieder aktualisiert werden. Erstellt wurde die Site ohne Layout-Tabellen mit einem reinen CSS-Layout, sodass der Quelltext übersichtlich ist und von den Suchmaschinen gerne mitgenommen wird.

Ich erwähne diese Vorgeschichte, weil daraus zwei Dinge resultieren:

- Die Site existiert nicht erst seit letzter Woche.
- Die Inhalte auf der Site wurden über Jahre hinweg regelmäßig gepflegt.

Beide Faktoren haben Einfluss auf das Ranking bei den Suchmaschinen. Ältere Sites werden von Google besser bewertet als ganz neue und regelmäßig erscheinender Inhalt wird ebenfalls belohnt.

Es zeigen viele Links auf die Site

Etwas weiter oben hatte ich erwähnt, dass Google Hyperlinks mag. Neben gutem Inhalt, ein bisschen Hintergrundwissen und viel Zeit hilft letztendlich auch ein bisschen Glück.

Mit dem Befehl `link:groningen-info.de` können Sie bei Google überprüfen, wie viele Hyperlinks auf eine Site zeigen. Da diese Angabe bei Google als nicht besonders zuverlässig gilt, zeigt Abbildung 19.3 die Suche mit dem Site Explorer von Yahoo! (*siteexplorer.search.yahoo.com*). Die Backlinks heißen dort übrigens *Inlinks*.

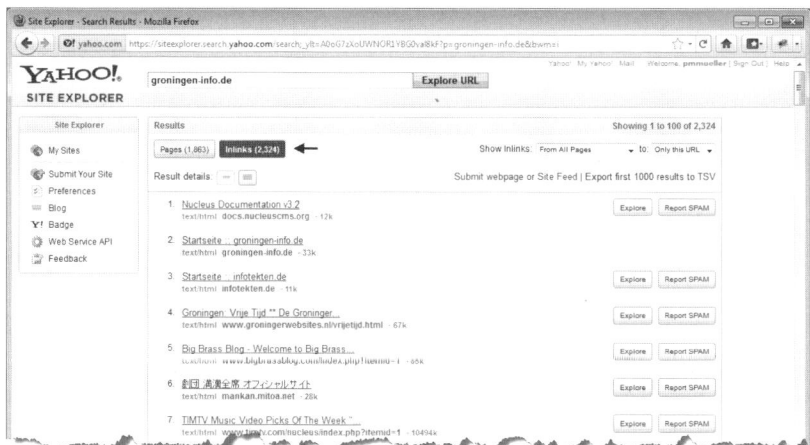

Abbildung 19.3:
Über 2300
Links, die auf
groningen-info.de
zeigen

Insgesamt zeigen also mehr als 2300 Links auf *groningen-info.de*, darunter auch einer von der deutschen Wikipedia. Zu einem guten Suchmaschinen-Ranking gehört eben wie gesagt auch ein bisschen Glück: Die Website wurde mit der Multi-Blogsoftware NucleusCMS erstellt und war bei der Standardinstallation von NucleusCMS lange Zeit als Beispielsite gelistet. NucleusCMS ist unter anderem in Japan sehr beliebt, und aus diesem Grunde zeigten und zeigen Links aus der ganzen Welt zurück auf GRONINGEN-INFO.DE. Von so etwas lassen Suchmaschinen sich beeindrucken.

Ein Alternative zum Site Explorer

Eine gute Alternative zum Site Explorer von Yahoo! ist Backlinktest. com:

■ *backlinktest.com*

Dort können Sie »kostenlos, schnell und zuverlässig Backlinks prüfen«.

Tipp

Die Site ist suchmaschinenfreundlich geschrieben

Beim Schreiben des IKEA-Artikels habe ich zuerst überlegt, welche Suchbegriffe jemand eingibt, um Informationen über IKEA in Groningen zu bekommen und bin ziemlich bald bei den Begriffen *IKEA* und *Groningen* gelandet.

Aus diesem Grunde wäre es keine besonders pfiffige Idee, den Artikel »Das schwedische Möbelhaus kurz hinter der Grenze« oder »Billy und Antje: Blau-Gelb in Oranje« zu nennen. Das ist vielleicht witzig, aber danach sucht niemand. Eine Überschrift mit einer klaren Aussage wie »Überblick: IKEA in Groningen« ist im Web einfach besser. Abbildung 19.4 zeigt die betreffende Webseite im Web.

Abbildung 19.4:
Einfach, aber
wirksam –
suchmaschi-
nenfreundlich
schreiben

Die Webseite in Abbildung 19.4 hat sechs bemerkenswerte Stellen:

1. Der *Seitentitel* enthält die Überschrift des Artikels und die Domain. Somit sind im Seitentitel zwei der Suchbegriffe enthalten.

2. In der *URL* des Artikels sehen Sie zwei der Suchbegriffe.

3. Das Logo mit dem Suchbegriff *Groningen* besteht fast nur aus Text, der im HTML als *Überschrift 1* (`<h1>`) gekennzeichnet wurde.

4. Die Artikelüberschriften sind im HTML als *Überschrift 2* (»IKEA, Meubelboulevard & andere«) und *Überschrift 3* (»Überblick: IKEA in Groningen«) markiert und enthalten ebenfalls die Suchbegriffe.

5. Im *Fließtext* des Artikels stehen alle Suchbegriffe. Der Suchbegriff »Öffnungszeiten« steht übrigens fett hervorgehoben etwas weiter unten.

6. Die Grafik hat einen alternativen Text mit dem Suchbegriff *IKEA*.

Jeder dieser Faktoren beeinflusst das Ranking ein klitzekleines bisschen, aber wie sagt man: Kleinvieh macht auch Mist.

Fazit: Gut schreiben und fleißig linken

Wenn Sie bei Google und anderen Suchmaschinen gefunden werden wollen, definieren Sie die Suchbegriffe, unter denen Sie gefunden werden möchten und berücksichtigen Sie dies bereits bei der Planung der Site und besonders bei der Erstellung des Inhalts.

Je aktiver Sie im Web sind und je mehr Spuren Sie auf Ihre eigene Site hinterlassen, desto eher werden Sie belohnt. Aber denken Sie dran, dass die Suchmaschinen die Besucher nur auf Ihre Site bringen. Wenn es dort dann nichts Interessantes zu lesen oder zu gucken gibt, sind sie auch ganz schnell wieder weg. Der Inhalt Ihrer Site sollte also einen Besuch wert sein, sonst lohnt sich die ganze Optimierung nicht.

Noch einmal zur Deutlichkeit:

- Ich habe *nicht* den Anspruch, ein Experte für Suchmaschinen-Optimierung zu sein, und dies ist auch *kein* Buch zu diesem Thema.

- Kapitel 18 und 19 zeigen lediglich, wie man Webtexte so schreibt, dass Suchmaschinen damit etwas anfangen können, und wie man seine Seiten ohne viel Aufwand suchmaschinenfreundlich einrichten kann.

Zu einer bewusst für Suchmaschinen optimierten Site gäbe es bei *groningen-info.de* bestimmt noch jede Menge Luft nach oben, aber die Site ist nur ein Hobby.

19.3 Ihre Homepage bei Google

In diesem Abschnitt möchte ich Ihnen ein paar Dienste von Google vorstellen, die das Finden Ihrer Homepage erleichtern. Voraussetzung zur Nutzung dieser Dienste ist ein *Google Konto*. Falls Sie bereits GoogleMail oder einen anderen Dienst von Google nutzen, haben Sie bereits ein solches Google Konto.

Die Maßnahmen bis jetzt im Überblick

Sie haben im Verlaufe der bisherigen Kapitel Ihre Homepage schon von Anfang an als suchmaschinenfreundlich angelegt:

- In Kapitel 4 haben Sie gesehen, dass Suchmaschinen nur Zeichen vergleichen.

▣ Am Ende des Kapitels haben Sie ab Seite 58 eine Liste mit Suchbegriffen erstellt.

▣ Im Abschnitt 5.5 und in Kapitel 12 ging es um einen geeigneten Domain Namen.

▣ In Kapitel 18 haben Sie gesehen, wie man suchmaschinenfreundliche Texte verfasst.

▣ In Abschnitt 18.5 haben Sie den Seitentitel und die Seitenbeschreibung optimiert und alternative Texte für Bilder kennen gelernt.

Schließlich haben Sie in diesem Kapitel gesehen, wie Google über die Reihenfolge der angezeigten Suchergebnisse entscheidet. Mit diesen einfachen Maßnahmen ist Ihre Homepage gut vorbereitet für die Aufnahme in die Suchmaschinen.

Einige nützliche Dienste von Google

Um herauszufinden, ob Ihre Seiten überhaupt bei Google in der Datenbank sind, geben Sie im Suchschlitz folgende Suche ein:

```
site:ihre-domain.de
```

Google zeigt Ihnen daraufhin alle Seiten der eingegebenen Domain, die es in seiner Datenbank hat. Im Beispiel von Abbildung 19.5 sind das über 3000.

Abbildung 19.5:
Kennt Google die
Seiten aus Ihrer
Homepage?

Ganz oben in den Suchergebnissen taucht bei dieser Suche übrigens eine Werbung von Google in eigener Sache auf. Google fordert Sie auf, die **Google Webmaster Tools** zu testen, die Sie unter der URL *google.de/webmasters/* finden. Mit diesen Tools erhalten Sie detaillierte Informationen darüber, wie Google Ihre Seiten sieht. Unter anderem können Sie dort eine so genannte *XML-Sitemap* einreichen und so genau bestimmen, welche Seiten Google indizieren soll und welche nicht.

Falls in einer Suche ein Ortsname auftaucht, gibt es mit **Google Places** einen Dienst, mit dem Sie in den Suchmaschinen eine gute Figur machen (Abbildung 19.6).

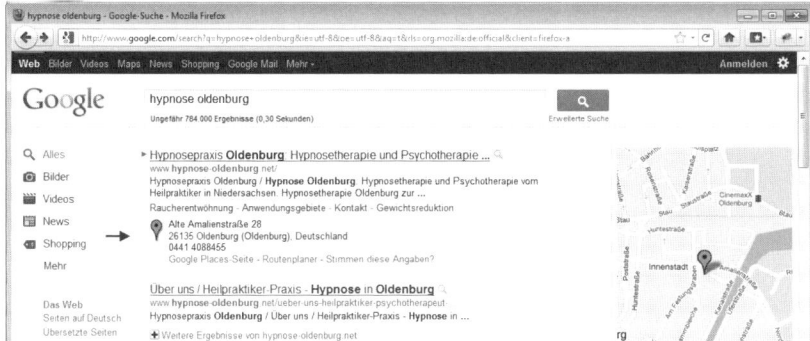

Abbildung 19.6:
Google Places bei einer Suche mit Ortsnamen

Rufen Sie einfach die Adresse *google.de/places/* im Browser auf und erstellen Sie in Google Places einen kostenlosen Eintrag, der bei Suchen mit Ortsnamen und in Google Maps berücksichtigt wird.

Ein weiterer Dienst ist **Google Analytics**, mit dem Sie detaillierte Besucherstatistiken erstellen können. Die Nutzung beginnt mit einer kostenlosen Anmeldung unter der URL *google.de/analytics/*. Anschließend müssen Sie einen so genannten Tracking Code in Ihre Seiten integrieren.

Falls Sie Ihre Homepage mit Jimdo erstellen, ist nicht einmal ein eigene Anmeldung bei Google Analytics erforderlich. Die Statistiken von Jimdo basieren auf Google Analytics und wenn Sie kein eigenes Analytics-Konto haben, wird ein Partner-Code von Jimdo eingebunden. Diese Statistiken werden dann exklusiv über Jimdo erfasst und auch nur im Jimdo Interface angezeigt. Jimdo erfasst die IP-Adresse anonymisiert und erzeugt eine Datenschutzerklärung, die automatisch auf Ihren Seiten eingebunden wird.

Last, but not least können Sie auf Google natürlich auch Werbung schalten. Mit den **Google Adwords** (»Ad« für »Advertisement«, zu deutsch »Werbung«) können Sie dafür sorgen, dass Sie in der Ad-Word-Liste rechts neben den Suchergebnissen dabei sind. Das Einblenden der Anzeige kostet nichts. Sie bezahlen erst, wenn jemand auf die Anzeige klickt, und Sie bestimmen selbst, wie viel Ihnen das wert ist.

19.4 Auf einen Blick

Hier die wichtigsten Themen dieses Kapitels im Überblick:

- Suchmaschinen mögen Hyperlinks.
- Schreiben Sie gut und linken Sie fleißig.
- Google bietet zahlreiche Dienste für Ihre Homepage
  - Webmaster Tools
  - Places
  - Analytics zur Analyse der Besucherstatistiken
  - Adwords für die Werbung neben den Suchergebnissen

Teil IV

Werkzeuge zum Selberbauen

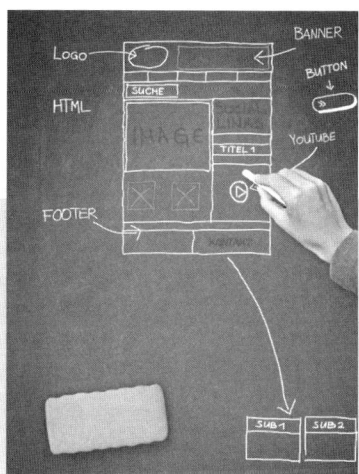

Kapitel 20

Werkzeuge zum Selberbauen

Worin Sie ein paar nützliche Programme und Websites kennen lernen, die Ihnen dabei helfen, falls Sie HTML und CSS selbst schreiben möchten.

Die Themen im Überblick:

- Browser zum Testen von Webseiten, Seite 299
- Editoren zum Erstellen von Webseiten, Seite 302
- Editoren zum Bearbeiten von Grafiken, Seite 307
- FTP: Veröffentlichen von Webseiten, Seite 308
- HTML und CSS: »Das große Little Boxes-Buch«, Seite 309

Für dieses Kapitel benötigen Sie einen Browser, einen Internetzugang zum Downloaden der gewünschten Programme und ein bisschen Zeit zum Installieren und Ausprobieren.

20.1 Browser zum Testen von Webseiten

Fast jede Webseite wird in einem Browser betrachtet, und deshalb beginnt dieses Kapitel mit einer kleinen Browserübersicht und Hinweisen zum Testen von Webseiten im Internet Explorer. Eine gute Einführung zum Thema »Browser« und ein wunderschön gemachtes

Online-Buch ist übrigens »20 Things I Learned About Browsers and the Web«:

▨ *20thingsilearned.com*

Abbildung 20.1:
20 Things – ein
Online-Buch über
Browser

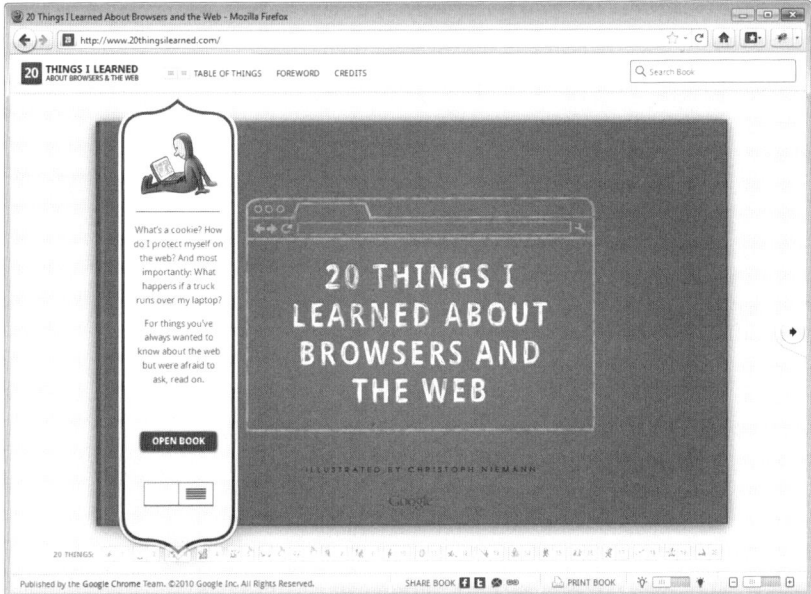

Die aktuellen Browser in der Übersicht

Die jeweils aktuelle Version der folgenden Browser sollte jeder Web-entwickler auf seinem Rechner haben:

▨ **Mozilla Firefox** ist auf *getfirefox.com* erhältlich. Hier finden Sie immer die aktuellste Version. Firefox ist sehr standardkonform und insbesondere aufgrund zahlreicher Add-ons ideal zum Ent-wickeln und Testen von Webseiten. Für Windows, Mac und Linux.

▨ **Internet Explorer**. Alle erhältlichen Versionen können Sie auf *bit.ly/download-ie* (bei Microsoft) downloaden. Der IE9 läuft nur unter Windows 7 und Vista, für XP-Benutzer wird deshalb der IE8 empfohlen. Aber auch den IE7 und den IE6 können Sie hier downloaden. Das Problem dabei ist, dass Sie nicht alle auf einem Rechner parallel laufen lassen können. Siehe unten.

■ **Opera** kommt aus Norwegen und ist auf *opera.com* zu Hause. Er ist der älteste der aktuellen Browser und wird bereits seit 1995 entwickelt. Win, Mac und Linux.

■ **Google Chrome** gibt es auf *google.com/chrome/*. Chrome wird erst seit 2008 gebaut und ist der jüngste unter den aktuellen Browsern. Erhältlich für Windows, Mac und Linux. Die Philosophie hinter Chrome verdeutlicht ein interessanter Comic von Scott McCloud: *google.com/googlebooks/chrome/*

■ **Safari** gibt es bei Apple: *apple.com/de/safari/*. Ursprünglich nur auf Mac OS X erhältlich, gibt es inzwischen auch eine Windows-Version.

Auf *portableapps.com* können Sie einige dieser Browser auch als portable Versionen z. B. auf einem USB-Stick installieren:

■ *portableapps.com/apps/internet*

Falls Sie an der Entwicklung der Browser interessiert sind, zeigt Andy Crofford in seiner Infografik »Browser Evolution – The History of Web Browsers« eine sehr gelungene grafische Übersicht über die Geschichte der wichtigsten Browser:

■ *bit.ly/browser-evolution* (führt zu *testking.com/techking/*)

Verschiedene IE-Versionen auf einem Rechner

Da er sehr eng mit dem Betriebssystem Windows verbandelt ist, funktioniert der IE nach dem Highlander-Prinzip »Es kann nur einen geben«, und deshalb kann man nicht so einfach verschiedene Versionen des Internet Explorers auf einem Computer installieren.

Der Internet Explorer 9 enthält eine einfache, aber gut versteckte Möglichkeit, sich die aktuell geladene Seite im IE8 oder IE7 anzuschauen:

■ Rufen Sie im Menü Extras die F12 Entwicklertools auf.

■ Klicken Sie in der Menüleiste auf Browsermodus.

■ Wählen Sie die gewünschte IE-Version zur Darstellung der Seite.

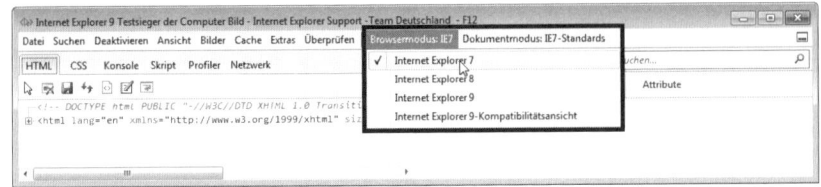

20.2 Editoren zum Erstellen von Webseiten

Das wichtigste Werkzeug beim Schreiben von HTML und CSS ist ein Editor zum Bearbeiten von Text.

Quelltext-Editor oder visueller Editor

Zum Erstellen von Webseiten brauchen Sie einen Editor zum Bearbeiten der Sprachen HTML und CSS. Dazu kommen dann im Laufe der Zeit eventuell noch Programmiersprachen wie JavaScript und PHP.

Es gibt dabei zwei Typen von Editoren:

- Quelltext-Editoren zeigen während der Bearbeitung den Quelltext an.

- Visuelle Editoren zeigen während der Bearbeitung die fertige Webseite.

Quelltext-Editoren erleichtern Ihnen die Arbeit mit dem, nun ja, Quelltext. Sie helfen beim Einfügen der Sprachelemente, färben den Quelltext übersichtlich ein, überprüfen, ob die Befehle korrekt verwendet wurden, und vieles mehr. Abbildung 20.3 zeigt eine Beispielseite aus »Little Boxes« in einem Quelltext-Editor.

Das Gegenteil von Quelltext ist WYSIWYG. Die Abkürzung steht für »What You See Is What You Get«, was frei übersetzt »Was Sie sehen, ist, was Sie bekommen« bedeutet und im Deutschen meist »wüsiewück« gesprochen wird.

Erfunden wurde der Begriff Anfang der 90er-Jahre, als in Textverarbeitungen der Text auf dem Monitor endlich fast genauso aussah wie der gedruckte Text: *what you see* (was Sie bei der Erstellung auf dem Monitor sehen) ist identisch mit *what you get* (aus dem Drucker). Das war früher nicht so selbstverständlich, wie es heute erscheinen mag.

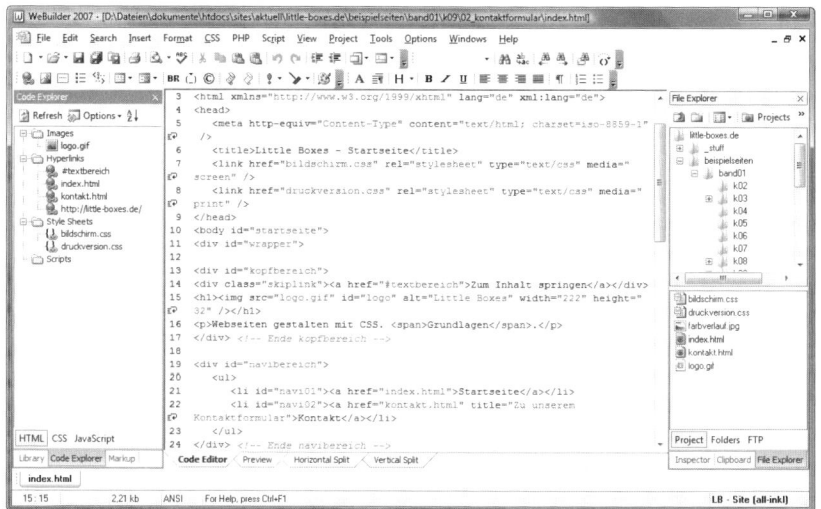

Abbildung 20.3:
Webseite in
einem Quelltext-
Editor namens
WeBuilder

Abbildung 20.4 zeigt dieselbe Webseite wie oben, aber in einem visuellen Editor:

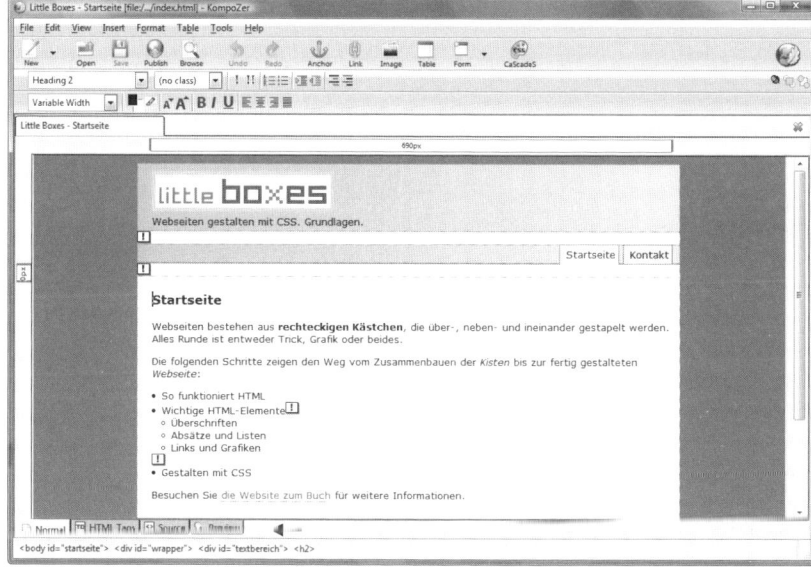

Abbildung 20.4:
Webseite in
einem WYSIWYG-
Editor namens
Kompozer

WYSIWYG-Editoren erzeugen den Quelltext automatisch und ersparen Ihnen dadurch so weit es geht die manuelle Eingabe der Befehle. Das klingt zunächst verlockend, hat aber einen Haken: Auf Webseiten gibt es im Gegensatz zu Papierseiten eigentlich gar kein WYSIWYG. Eine Webseite besteht aus Quelltext und sieht auf jedem Rechner ein klein bisschen anders aus. Nicht der Autor im Editor bestimmt wie die Seite aussieht, sondern der Betrachter im Browser.

Wenn Sie sich entschlossen haben, Webseiten selbst zu bauen, sollten Sie sich mit dem Quelltext auseinandersetzen und sowohl von HTML als auch von CSS zumindest die Grundlagen lernen. Im Klartext:

▨ Der Quelltext *ist* die Webseite.

Und die Arbeit mit dem Quelltext ist nicht schwer. So schrieb zum Beispiel ein Leser nach der Lektüre von »Little Boxes«:

Angenehmer Nebeneffekt: man muss sich seinen Rechner nicht mehr mit bombastisch überladenen WYSIWYG-Klickibunti-Editoren vollmüllen, mit dem erworbenen Wissen aus den Little Boxes und einem kleinen Freeware-Editor geht's viel schneller und schlanker.

Übersicht: Editoren für den Quelltext

Falls Sie jetzt auf eine Empfehlung für einen Editoren hoffen, muss ich Sie enttäuschen. Welcher Editor Ihnen gefällt, ist zum großen Teil einfach Geschmackssache. Probieren Sie ein paar aus. Hier zunächst eine kleine Auswahl kostenloser Editoren:

▨ **PSPad**: *pspad.com/de/*
»Der ultimative Editor für Programmierer« steht auf der Site. Unterstützt aber auch ganz simpel HTML und CSS. Hat eine Projektverwaltung und FTP-Unterstützung eingebaut.

▨ **Notepad++**: *notepad-plus-plus.org*
Auch ein kostenloser Editor, der in erster Linie für Programmierer gedacht ist. Einfach ausprobieren, welchen Sie lieber mögen.

Der folgende Editor hingegen kostet ein bisschen Geld:

■ **WeBuilder**: *blumentals.net/webuilder*
Kostet 35–50 Euro. Inklusive Projektverwaltung und FTP-Programm zum Hochladen der Dateien. Gibt es auch etwas günstiger in abgespeckten Versionen als *Rapid CSS*, *HTMLPad* und *Rapid-PHP*.

Editoren für den Mac

Neben dem Dreamweaver gibt es auch für den Macintosh gute Texteditoren:

■ Textwrangler: *barebones.com/products/textwrangler*

■ Textmate: *macromates.com*

Angeblich haben sich einige Leute nur einen Mac gekauft, weil Textmate so klasse ist.

Hinweis

Visuelle Editoren: Dreamweaver & Co.

Zum Abschluss noch eine Anmerkung zum *Adobe Dreamweaver*, der eierlegenden Wollmilchsau unter den Editoren. Dreamweaver kostet ca. 500 Euro, ist ein Programm für Webdesign-Profis und entsprechend komplex.

In vielen Seminaren hatten besonders Einsteiger mehr Probleme mit der Bedienung von Dreamweaver, als mit dem Quelltext, und daher vergleiche ich das Programm oft mit einer Kettensäge: In der Hand eines Profis ein sehr nützliches Werkzeug, für Einsteiger oft eher gefährlich als nützlich.

Falls Sie Dreamweaver zufällig auf Ihrer Festplatte haben und es unbedingt ausprobieren möchten, hier ein Crashkurs in 30 Sekunden, damit nicht gleich der erste Schnitt ins Bein geht:

■ Drücken Sie gleich nach dem Start die Taste F4, um alle Fenster auszublenden.

■ Erstellen Sie mit Site – Neue Site... zunächst eine neue Site. Dahinter verbirgt sich die Projektverwaltung von Dreamweaver, auf der viele Funktionen beruhen. Falls Sie noch keinen Webspace haben, stellen Sie die *Verbindung zur Remote-Site* (damit ist der Webspace gemeint) auf *Keine*.

▣ Im Editorfenster können Sie zwischen den Ansichten CODE (Quelltext) und ENTWURF (WYSIWYG) wählen. Ideal zum Lernen ist die Option TEILEN, die oben den Quelltext und unten die Entwurfsansicht zeigt. »Entwurf« ist übrigens die Übersetzung von »Design«.

Abbildung 20.5 zeigt den Dreamweaver mit der geteilten Ansicht.

Abbildung 20.5:
Dreamweaver in
der geteilten An-
sicht mit einigen
Fenstern

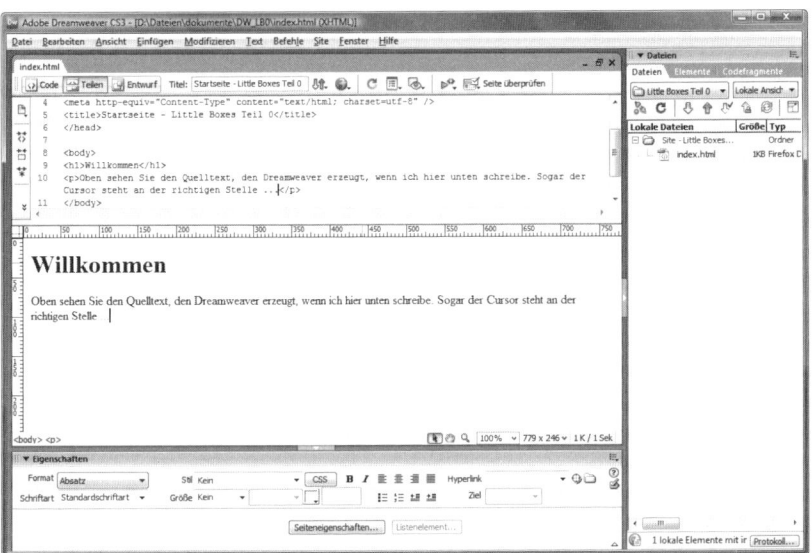

Probieren Sie über das Menü FENSTER aus, welche Fenster Sie nützlich finden. Im Einsteiger-Alltag sind EIGENSCHAFTEN (zeigt unterm Editorfenster die Eigenschaften des gerade ausgewählten Elements an) und DATEIEN (zur Dateiverwaltung und zum Hochladen) sehr hilfreich. Blenden Sie nicht benötigte Fenster konsequent aus.

Editor und Browser im Alltag: Per Tastatur wechseln

Im Alltag hantieren Sie beim Webpublishing ständig mit mehreren Programmen und am schnellsten geht es, wenn Sie per Tastatur zwischen diesen Programmen hin und her wechseln.

Wenn Sie Editor und Browser gleichzeitig geöffnet und in beiden dieselbe Webseite geöffnet haben, geht das zum Beispiel wie folgt:

1. Speichern der Seite im Editor: ⌷Strg⌷ + ⌷S⌷ (wie *Speichern*)

2. Wechseln in den Browser: ⌷Alt⌷ + ⌷⇆⌷

3. Aktualisieren der Seite im Browser: ⌷Strg⌷ + ⌷R⌷ (wie *ReLoad*) oder
    ⌷F5⌷

4. Wechseln zurück in den Editor: ⌷Alt⌷ + ⌷⇆⌷

Oder als Kurzformel zum Merken:

- ⌷Strg⌷ + ⌷S⌷

- ⌷Alt⌷ + ⌷⇆⌷

- ⌷Strg⌷ + ⌷R⌷

- ⌷Alt⌷ + ⌷⇆⌷

Auf einem Mac einfach ⌷⌘⌷ statt ⌷Strg⌷ oder ⌷Alt⌷ drücken. Immer
wenn Sie wissen wollen, ob eine Änderung im Editor wirklich funktioniert hat, sollten Sie in einen Browser wechseln und die Seite zum
Testen neu laden.

20.3 Editoren zum Bearbeiten von Grafiken

In Abschnitt 17.3 haben Sie bereits eine Online-Bildbearbeitung kennen gelernt, deshalb möchte ich hier mit einigen Webanwendungen
beginnen:

- **Picnik**: *picnik.com*
  Ideal zur Bearbeitung von Fotos. In der Basisversion kostenlos.

- **Photoshop Express**: *photoshop.com/tools/expresseditor*
  Abgespeckte Version von Adobe Photoshop als Webanwendung,
  die sich vor allem an Anfänger und private Nutzer richtet, die nur
  die grundlegenden Funktionen einer Bildbearbeitung benötigen.

Natürlich gibt es auch jede Menge Bildbearbeitungsprogramme, die
Sie ganz traditionell auf Ihrem Computer installieren müssen.

Für die grundlegenden Bearbeitungsschritte wie Zuschneiden, Bildgröße ändern und Helligkeit sowie Kontrast regeln, reichen einfache Programme, wie sie bei einem Scanner, einer Digitalkamera mitgeliefert werden. Auch zum Lieferumfang von Microsoft Office gehören einfache Bildeditoren wie den *Picture Manager* (ab Office 2003).

Etwas leistungsfähiger sind die folgenden Programme:

- **Photoshop Elements**: *photoshop.com/products/photoshopelements*
  Lightversion von Adobe Photoshop für ca. 80 Euro, aber mit mehr Funktionen als die oben erwähnte Webanwendung *Express*. Gut zur Bearbeitung von Fotos. Auch für Mac.

- **Gimp**: *gimp-win.sourceforge.net/stable.html*
  Kostenlos und frei. Leistungsfähig, aber eine eher ungewöhnliche Bedienung steht vielen Einsteigern beim Kennenlernen von Gimp im Weg.

Der *Adobe Photoshop* ist der große Bruder von *Elements* und ebenso wie Dreamweaver ein Profiprogramm. Kostenpunkt um die 1000 Euro. Wenn Sie mit Photoshop umgehen können, werden Sie kein anderes Bildbearbeitungsprogramm mehr benötigen. Wenn Sie noch nicht mit Photoshop umgehen können: Zur Erstellung einer Homepage ist es definitiv nicht nötig, Photoshop zu lernen. Es sei denn, Sie haben vor, Grafikdesigner zu werden.

20.4 FTP: Veröffentlichen von Webseiten

Um die auf Ihrem Computer erstellten Webseiten auf Ihren Webspace zu übertragen, benötigen Sie ein FTP-Programm (auch oft *FTP Client* genannt). Einige Editoren haben entsprechende Funktionen gleich mit eingebaut. Falls Ihnen diese Funktionen ausreichen, benötigen Sie natürlich kein zusätzliches Programm.

FileZilla ist ein sehr beliebtes FTP-Programm:

- **FileZilla**: *filezilla-project.org*
  Ein sehr beliebtes und kostenloses FTP-Programm.

Falls Sie bereits ein FTP-Programm benutzen und damit zufrieden sind, sollten Sie einfach dabei bleiben.

20.5 HTML und CSS: »Das große Little Boxes-Buch«

Tja. Was soll ich sagen. Natürlich gibt es unzählige Bücher zum Erstellen von Webseiten, zu HTML, zu CSS und zu vielen anderen Themen. Wenn Ihnen dieses Buch aber gefallen hat und Sie beschlossen
haben, Ihre Webseiten selbst zu bauen, dann schauen Sie sich doch
einmal »Das große Little Boxes-Buch« an:

- *little-boxes.de*

Dort finden Sie die neuesten Infos, Rezensionen und Links.

Stichwortverzeichnis

Sie möchten Webseiten erstellen? Mit HTML & CSS, standardkonform, anspruchsvoll gestaltet und browser-kompatibel von der Navigation bis zum Inhalt? Dann ist das "Große Little Boxes-Buch" genau richtig für Sie.

Als Praxisleitfaden durch das Labyrinth von HTML und CSS führt es Sie von den ersten Schritten bis zur professionellen Gestaltung mit CSS. Anhand einer Beispielwebsite und vielen Praxisübungen lernen Sie alle wichtigen Techniken und Tools kennen - vom richtigen Floaten und der Fehlersuche mit Firebug bis zum Einsatz von HTML5 & CSS3.

Peter Müller
ISBN 978-3-8272-4714-8
34.95 EUR [D], 36.00 EUR [A], 54.90 sFr*
800 Seiten
http://www.mut.de/24714

Das perfekte Video-Training für Einsteiger und Weiterlerner in der Websiteerstellung - mit Verstehens-Garantie. Peter Müller erklärt alles von den HTML- & CSS-Grundlagen über die richtigen Entwicklertools bis hin zu professionellen Design-Lösungen für Navigationen, Texte, Formulare und Bilder. Natürlich mit HTML5 und CSS3, den kommenden Standards der Webprogrammierung! Sie möchten Webseiten erstellen? Standkonform, barrierefrei und ohne Tabellen? Dann ist das "Little Boxes"-Video-Training genau richtig für Sie. Als Praxis-leitfaden durch das Labyrinth von (X)HTML und CSS führt es Sie von den ersten Schritten bis zur professionell gestalteten Website. Unterwegs helfen Ihnen zahlreiche praktische Übungen zu allen wichtigen Themen, das Erlernte zu festigen und zu vertiefen.

Peter Müller; video2brain
ISBN 978-3-8272-0793-7
39.95 EUR [D], 40.30 EUR [A], 65.00 sFr*
24 Seiten
http://www.mut.de/20793

Mehr Bücher & Video-Trainings auf **www.mut.de**

Markt+Technik Einfach besser.

*unverbindliche Preisempfehlung